湛庐CHEERS

与最聪明的人共同进化

HERE COMES EVERYBODY

把思考作为习惯

THINKING HABITS

韩焱 著

天津出版传媒集团
天津科学技术出版社

上架指导：商业 / 职场

图书在版编目(CIP)数据

把思考作为习惯 / 韩焱著 . -- 天津 : 天津科学技术出版社，2022.4

ISBN 978-7-5576-8932-2

Ⅰ. ①把… Ⅱ. ①韩… Ⅲ. ①思维科学 Ⅳ. ① B80

中国版本图书馆 CIP 数据核字（2021）第 060244 号

把思考作为习惯
BA SIKAO ZUOWEI XIGUAN
责任编辑：王 冬
责任印制：兰 毅

出 版：天津出版传媒集团 / 天津科学技术出版社

地 址：天津市西康路 35 号
邮 编：300051
电 话：（022）23332377（编辑部）
网 址：www.tjkjcbs.com.cn
发 行：新华书店经销
印 刷：河北鹏润印刷有限公司

开本 880 × 1230 1/32 印张 14.25 字数 353 000
2022年4月第1版第1次印刷
定价：89.90元

雨过琴书润，风来翰墨香

和晓晖一起，把此书献给最亲爱的家人们

测一测

你的思考工具够丰富吗?

扫码鉴别正版图书
获取您的专属福利

你的思考工具够丰富吗?
扫码获取全部测试题及答案

- 能帮助我们用好一天的时间，获得最佳的产出和成效的是?（ ）

  A. 时间管理

  B. 时机管理

- 以下有助于你发挥创造力的是?（ ）

  A. 创造余闲

  B. 思想流动

  C. 跨界思考

  D. 以上全部

- 下列哪种方法无法将消极情绪转化成职场动力?（ ）

  A. 积极利用焦虑

  B. 主动表达脆弱

  C. 用团队合力化解个体压力

  D. 养成习得性乐观

扫描左侧二维码查看本书更多测试题

在不确定的社会中寻找确定性

朱永新
新教育实验发起人，中国陶行知研究会会长，
民进中央副主席

这些年来，我的案头上似乎总有湛庐的书。

如果说，商务印书馆的汉译世界名著更多的是致力于经典之作的翻译的话，那么湛庐则是更多地把目光聚焦在了当代伟大思想家及其作品之上：从哈佛大学心理学教授史蒂芬·平克的《语言本能》《心智探奇》《思想本质》《白板》《当下的启蒙》，到“多元智能理论”提出者霍华德·加德纳的《智能的结构》《多元智能新视野》《从多元智能到综合思维》，再到斯坦福大学前校长约翰·汉尼斯的《要领》、苹果教育前副总裁约翰·库奇的《学习的升级》、国际 AI 教育学会会长罗斯玛丽·卢金的《智能学习的未来》，以及国际公认的儿童学习与发展研究泰斗级专家艾莉森·高普尼克的《园丁与木匠》。回想起来的话，我喜欢的许多当代思想家，几乎被湛庐“一网打尽”。

敏锐的眼光，惊人的魄力，“跑马”的精神

认识韩焱之前，我一直很难理解，一家民营出版公司，为什么会有如此敏锐的眼光和惊人的投资魄力？

2019 年 7 月，一个偶然的机会，我认识了湛庐的创始人韩焱。记得那是刚刚提到的苹果首任教育掌门人约翰·库奇先生来华，湛庐作为出版方为他举行了欢迎晚宴，并邀请我担任嘉宾陪同。作为创始人和东道主，韩焱动情地为我们所有人介绍了她的出版使命与理念，这给我们留下了深刻的印象。当然，我也因此与库奇进行了一场很有意思的对话。

后来，我又先后几次受邀到湛庐访问，与汉尼斯、卢金等进行视频对话，得以近距离感受湛庐与韩焱的个性和魅力。

第一次去到湛庐的人，总会被一个特别的地方所感染，那就是湛庐作者墙。在整整两面墙上，有几百位大名鼎鼎的作者和译者以及他们的作品，这是让整个湛庐人引以为傲的地方，也是让所有参观者都觉得震撼的地方。毫不夸张地说，他们都像我上面提到的思想家一样，是各个领域的理论奠基人，其中不乏诺贝尔奖得主、全球知名趋势专家，以及顶尖的认知科学家、心理学家、生物学家等。韩焱骄傲地告诉我，湛庐的重磅作者有 1000 多位！难怪有人称她是全球前沿思想的“天才捕手”。这也让我再一次惊叹于韩焱的视野以及眼光，我想只有拥有这样眼界的人，才能与伟大的思想产生真正的连接。

还有一个让我记忆深刻的地方，那就是湛庐的马拉松墙。虽然知道韩焱和她的团队在思想的挖掘上充满了独到性，但是当知道她还是一位马拉松跑者时，我对她的认知就又多了一层。湛庐的马拉松墙上有许多不同等级的证书。韩焱和她爱人晓晖以及整个创始人团队都是颇为专业的马拉松跑者，她本人更是世界马拉松大满贯六星跑者之一。有趣的是，在她和晓晖的带领下，全公司大部分员工都爱上了马拉松，而不追求急功近利，坚持长期主义，有足够的耐心去寻找、出版好书，马拉松也因此成为公司的文化基因。我想对于她来说，马拉松不仅是一场体能的竞赛，而且变成了一场思想的追逐。他们所有人都乐在其中。

从“盗火”到“点火”，有思考的人生才更值得过

从来没有一种成功是无中生有的，湛庐和韩焱也不是。

很多人不知道的是，其实韩焱在创立湛庐之前，就在这个领域有非常出彩的成绩。她 24 岁进入西蒙 & 舒斯特工作，为国内引入了很多知名的商业图书。当时说实话，国内还没有什么商业图书，受大环境的影响，那时候大家对这类图书非常渴望。随后，她又加盟机械工业出版社，在华章公司担任副总经理，现在被很多人奉为经典的“管理大师德鲁克世纪经典系列”就是韩焱当时引入的。再后来，她创办了湛庐。可以说，她在出版业耕耘的 20 多年取得了相当了得的成就。在我看来，她就像一个“盗火者”，这么多年源源不断地把最前沿的思想之火引入国内，功不可没。

前不久，韩焱告诉我，她的新书《把思考作为习惯》就要出版了，希望我作为湛庐成长的支持者、推动者和见证者，以及作为她加入中国民主促进会的介绍人，能够为这本书写一篇推荐序。

尽管工作紧张、事务繁重、“欠账”太多，我还是无法拒绝这份美丽的邀约。不仅仅因为她是众多优秀作品的出版人，是对话过众多最伟大头脑的思想者，还因为她是我们中国民主促进会的会员。

这么多年来，我看到韩焱在“对话最伟大的头脑，与最聪明的人共同进化”的理念上一直进化与迭代。在我看来，这里面有两层意思：一方面，阅读最伟大的经典，本身就是对话最伟大的头脑，就是与最聪明的人共同进化；另一方面，与其说最伟大的头脑告诉你具体的知识或方法，不如说他们是教你学会思考。韩焱的这本书告诉我们，今天的很多人读书总是想尽快从书中得到“干货”，找到立竿见影的解决问题的具体方法，这其实是一种懒汉思维，是一种留在舒适区的阅读方法。

一定意义上来说，这本书是韩焱的“读书”笔记，是她对话那些伟大的哲学家、心理学家、经济学家、社会学家甚至物理学家的读书笔记，她先从他们那里“盗火”，寻找各种各样的思维工具，然后再“点火”，搭建起属于她自己的思维框架和工具箱。不过，使用这些工具本身也是需要思考的。韩焱的这本书就是想告诉人们，所有的思想都有其时空的适用性和局限性，在这样一个充满不确定性的社会，答案不可能轻易地出现在书籍之中，生活也不可能有任何标准答案。

苏格拉底说："未经审视的人生是不值得过的。"意思是：如果没有思考，就没有真正的人生。而韩焱写这本书的目的，就是帮助人们学会思考，把思考作为习惯，丰富思维工具箱，做到能从一个问题迁移到另一个问题，让自己的人生更值得过。在某种意义上，他们的时空产生了融合。

写于北京滴石斋

阅读加思考的力量，助你开启“英雄之旅”

钱小军
清华大学经济管理学院领导力与组织管理系教授

与韩焱的相识，我已经不太记得是哪一年的事情了，但我记得当时她还是机械工业出版社华章公司的副总经理，出版了一批非常优秀的商业图书，成绩斐然。大概 2005 年前后的一天，她忽然告诉我说要辞职创业。我很诧异，忙问她打算做什么，她说：“想给企业家提供阅读解决方案。”她说这句话时候的样子，坚信而笃定，给我留下了极其深刻的印象，至今历历在目，这其中一个重要的原因就是——我没听懂。什么是“给企业家提供阅读解决方案”？难道不是出书或者出好书吗？如果是的话，她在华章做的不就是这件事吗？

因为带着疑惑，所以我对韩焱和她要干的事业非常感兴趣。自从她开始创业，我便一直关注着她和湛庐文化的每一步发展：从最开始的用心选好书、出好书，到后来组织企业家在各领域专家的带领下去海外游学，拜访思想大师与进行研讨活动，再到后来创办阅读服务社群“庐客汇”，举办促进全民阅读的“12+ 思想节”，最后到推出湛庐阅读 App，开办思想大咖云集的湛庐年度大会……一路走来，她为读者提供了一个又一个能够满足不同阅读需求的平台，不仅汇聚了 3 000 多万读者，还成功带领湛庐从一个出版机构转型升级成了优秀的知识服务和阅读服务提供者。这一份成长与蜕变，让我逐渐理解了彼时韩焱所说的“提供阅读解决方案”的含义，也让我成了她一步一个脚印实践自己的使命与初心的见证者。

在我看来，韩焱是个能力超强且特别全面的人。作为一个出版人，她拥有独到、犀利的专业能力，十几年坚持高标准、前瞻性，引进与策划了众多公认的好书，例如《影响力》《大数据时代》《噪声》《鞋狗》《牛奶可乐经济学》等，是名副其实的“思想捕手”，获奖无数。她具备极好的领导力，我所认识的湛庐高管团队成员基本上都是跟随她从创业初期就在一起奋斗的伙伴。她还拥有超强的运动能力和耐力，一直坚持跑马拉松，是世界马拉松大满贯六星跑者。她不仅自己跑，还带动了湛庐的大多数同事，所以他们公司现在有一整面墙上全都贴满了员工参加马拉松活动的号码牌。她还拥有超强的演讲能力，语言流利、收放自如、睿智自信，每一次的观点输出都堪称高水平的知识盛宴与愉悦享受。而作为一位深度阅读的实践者和不遗余力的阅读推广人，她主理的“韩焱精选”“精英思维训练营”和“对话最伟大的头脑”等系列专栏课程，累计播放量数百万，惠及无数人。而如今，她又有了一个新的身份——作者，作为韩焱新书的第一批读者，我又发现，她的写作能力竟然也非常了得，这本《把思考作为习惯》就是明证。

一次又一次，韩焱展现出的各项能力不断地惊艳到我，她是怎么做到的呢？我想，她的成长首先得益于长年累月的大量阅读，尤其是阅读顶尖思想者写就的书籍。无疑，阅读帮助韩焱积累了无数重要的概念与思维方式，让她掌握了观察事物的多样化视角以及精准凝练的表达。“书籍是人类进步的阶梯”，阅读的重要作用不言而喻。然而，更为重要的则是，她将思考内化成了习惯。

作为教育工作者，我尤为认同要做到把思考作为习惯：一方面，阅读虽然能帮我们获取知识，但“思考才（能）使我们阅读的东西成为我们自己的”；另一方面，思考还是人类心智成长的必需品。我在清华大学教学的对象基本上都是研究生，其中大多数甚至已经是拥有若干年工作经验的 MBA 或 EMBA 学生，而我的课程多涉及伦理与基于价值观的决策和领导力。众所周知，成年人的世界观与价值观已经（基本）形成，他们面对挑战时一般都是依靠直觉思维进行判断和选择的，所谓的逻辑分析基本上都是在为已经做出的判断寻找佐证。可见，如果我们想影响学生们的价值观，就需要在他们做直觉判断的阶段下功夫。然而，没有一位教师或者是一堂课是可以让人们改变自己的直觉思维的，能够做到这件事情的只有他们自己。把思考作为习惯，韩焱在这本书中提到的观点击中了我，这不就是解决的方法吗？如果他们想更快地成长，如果他们想成为有能力、有影响力、能推动世界向善的人的话，一定要养成思考和反思的习惯。

韩焱的成长与成功经历充分说明了阅读加思考的力量，缺一不可。借此机会，我要向广大读者推荐韩焱的这本新书。阅读它，不仅能帮助你了解和掌握众多思想者定义的重要概念，更有助于你养成通过这些概念来观察和解释工作与生活中常见现象的思考方式，“与聪明的人共同进化”。愿我们都能热爱阅读，并把思考作为习惯，一起“踏上我们每个人的‘英雄之旅’”！

“耕脑”模式更新命运

孙路弘

知名销售行为学家，

畅销书《用脑拿订单》《妈妈教的数学》作者

整本书读完后，我便处在恍惚之中。

是因为我读得太快，还是我对句子的理解吃力，抑或是全新的概念太多？这种似曾相识的感觉，一下子把我拉回了初学英语的时候，那就是虽然每个词都认识，但连接成句子时就不懂了。可是，眼前的这本《把思考作为习惯》明明是一本用中文写就的图书呀，而且中文还是我的母语，我怎么就恍惚了呢？

把思考作为习惯，是一场“耕脑”的过程

古人说，遇到晕眩时就去睡一觉。觉睡好了，自然神清气爽。顺着

古人的经验，我也随心入睡。我做了一个梦，梦中，我看到了一片未被开垦的田野，先是荒无人烟，然后是植物生长，接着是人的出现，开始开垦土地，再接着土地有了形状，出现了垅、垛、脊，然后作物在天时之下生长、繁茂、丰盛……但忽然间，这片田野又开始变得杂乱无章，变成了一团又一团的云雾……因为在开垦的过程中，人们太着急了，时间不够，心愿遥不可及，愿景瞬间崩塌。一觉醒来，我恍然大悟，梦中人们并不是在耕地，而是在“耕脑”啊！

这样看来，《把思考作为习惯》这本书更像是一本“耕脑”手册，是用来更新人生、升级命运的全套思维再造法典啊！古人的经验确实是对的，冥冥之中全说中了。阅读它，就是一场“耕脑”的过程。当回想整个阅读过程时，我发现了恍惚的根源。入睡前，我读了全书的5个部分，共28章。最先，我用了“快速阅读法”，2个小时读完。午饭后，我又用了“匀速阅读法”，5个小时读完。此时，我仍然觉得意犹未尽，所以打算启用“图书精读术”来攻克，也就是在这个时刻才觉得有点晕的。可以说，当我真正带着思考去阅读它时，才迈出了“耕脑”的第一步。

我们的大脑确实与我梦里的那片荒野有异曲同工之处，或者从根本上说，大脑本身就是一片荒野。思维的荒野上是不会生长出任何有用的“作物”的，更不可能帮助我们应对人生的挫折和挑战。而韩焱的这本《把思考作为习惯》，就是我梦中的“人”、我梦中的“工具”以及“一系列耕种行为”，全书的5个部分介绍了28个操作方法，都是“耕种”级别的做法，可以帮我们梳理出思维模块，深挖到“思想厚土”，并串联成行行列列的思维线索。应用这些方法的结果，就是思路升级、思维更新，命运的新篇也会就此展开。

那么，这本书是如何开启“耕脑”的呢？第一部分不破不立，带你跳出脑感的舒适区；第二部分持续夯实思维框架；第三部分深耕影响力的底层代码；第四部分切入心脑一体化的生产力；第五部分奏鸣万箭齐发的复杂系统。可见，“耕脑”的第一步就是破除陈旧的思维意识，形成一个互为支撑的框架，接着辅以影响力、生产力、交响力这样的三足鼎立之势，最终形成锐利的思维模式、以不变应万变的因果逻辑，雕刻出一把又一把钥匙，以解全新数据时代之惑，以策人工智能天下之律。而上述 5 个部分之下的 28 个操作方法，重视的不是空洞的理念，而是实际的方法，对应的是思维的具体操作环节，让做法推动想法的涌现，让想法落实做法的达成，最终形成标准的方法论。

没错，这些道理我们似乎都明白，观念也都听过，这个时代不缺聪明人，也不缺思想，那么多数人为什么还是徘徊在日复一日的循环“内卷”之中呢？对此，《把思考作为习惯》这本书给出了鲜明的答案，那就是摆脱“谷歌效应”的诅咒，脱胎换骨，让“元认知”的种子在大脑中有落地生根的缝隙，学会“扔掉知识”，让技能从思维中诞生，让本领在认知中塑造，让精神从输赢中启航，这样才能迎接动荡不安的内外世界。

“耕耘”思维，才是迎接今日巨变的本质法理

我们常说，一本书往往可能会开启一个时代，推动一次浪潮，形成

一种趋势。我们看到，数据化、电子化、信息化毫不留情地“破门而入”，进入我们的“思维家园”，冲击我们陈旧的意识与行为模式。但是当人们的思维陷入莫衷一是、混沌不堪的时候，又该如何去求解呢？我想，有《把思考作为习惯》这样一本能从思维层面入手、从思路线索开篇、从思维模式切入，让读者不仅可以学习具体的操作动作，还可以了解细致的思辨过程，行文丝丝入扣，借鉴现实的图书，解题的窍门自然会在不知不觉中生根发芽。回忆起来，那个在阅读中感觉到的晕眩时刻，不就是颠覆性、革命性的“黎明”正在“敲开”我的思维之门吗？在这个时刻，有这样一本书，是值得庆幸的。

还有一点非常好的是，你可以像做游戏一样去阅读它。它是一本不必按照页码顺序阅读的书，你不必从第一页读到第二页，再依次读到第三页、第四页甚至到第一百页。你只需要通过目录页，找到那些激发你脑内敏感源的词，按图索骥。或者你也可以像我一样，如果在阅读过程中发现正在读的内容恰好激发了你大脑内新的热词，那么请继续按图索骥。你可以像玩游戏一样，跟着自己脑回路中的线索，敏感地去探索书中的智慧，让智慧贴近你原生大脑的脉络，羽化出实用、实惠的解法。这样的阅读，才是最大化地汲取了它的精髓。

当我从梦中醒来，匆匆敲击键盘的时候，这篇文章流淌而出。我惊讶地发现，很多话语竟然都是书中的“金句”“警言”，原来它们早已在不知不觉间附着在了我的脑海深处。还从来没有一本具有如此效应的书，能够通过唤醒沉睡的智力，激发出全新的思维、革命性的模式以及天翻地覆的精神境界。

如此这般，就是你手里的这本《把思考作为习惯》。任性地读下去吧，忘我后，才是自我，才是自觉，才是自省，然后便是升级的命运以及更新的人生。

你的“脑盘”，也该更新了吧！

你的思维能力，决定你的人生高度

打开一瓶红酒，最好的工具是开瓶器。组装一件家具，最好的工具是一把扳手。

好的思维工具能极大地提高处理问题的效率，在面对复杂抽象的问题时，思维工具能让知识发挥出更大的效能，让你在工作和生活中事半功倍。

我在《把思考作为习惯》这本书里，为你搭建了一个训练思维的“专属场域”。在这个场域中，你不仅能学会如何用工具解决思考难题，更能灵活地在不同的思考方式之间自由切换，让这些思维“武器”帮你进一步提高应对未来复杂问题的能力。

两种心态，让你不被发展淘汰

你一定能感知到，自己在工作和生活中面对的复杂性正变得越来越高。人类可以称得上是一个正在“飞奔着进化的物种”：我们从农业革命到工业革命用了 10 000 年的时间；从蒸汽时代到电气时代只用了 100 年；从点亮第一个电灯泡到实现登陆月球仅仅用了 90 年；从成功登月到万维网的出现只用了 22 年；从互联网出现到完成人类基因组测序才用了 9 年……

重大科学创新出现的速度不断加快，在这个复杂性大爆炸的时代，你能做出的最大努力就是通过科学的学习方法，不断提升自己的智慧等级，这样才能更深刻地理解世界、掌控人生。

这个时代，每个人都应该同时用两种心态要求自己和对待世界。第一，对自己可能进入的无知状态或不了解的领域保持一种警觉和好奇的心态；第二，对自己的学习能力和洞察能力保持一种乐观和自信的心态。只有成为“警觉的乐观主义者”，才能既不过分自大，又不过分自卑，既知道自己知道什么，也知道自己还不知道什么。如果你能灵活切换这两种视角，同时不断用科学的学习方法升级自己的思维，才能不被这个时代的快速发展所淘汰。

思考工具不在于“多”，而在于“对”

有这样一句话：“不要空着脑袋思考。”如今，能运用多种思维工具来审视和解释世界的能力，已经成了一个人的核心竞争力。很多人在面对难题时，遇到的第一个障碍是“思维工具不够多”，而这本书的核心思想就是：帮助你掌握一系列思维工具，依靠对它们的灵活运用和自由组合来提升你的思维水平。你会更擅长评估层出不穷的各类社会事件，从经济发展到科技进步，以及不断变化的社会环境。你还能更轻松地识别出自己和他人的认知缺陷，以及各种信息在不同层次上的丰富含义。不同的思维工具可以帮助你从不同的视角发现不同事物之间的相关性，当你把这些丰富的洞察交织在一起时，就能以更加丰富和细致入微的方式理解这个世界，更好地做出决策。

好的思维工具虽然是多多益善，但是你并不需要过分焦虑，做不到“多”的时候可以先争取做到“对”。很多伟大的思想家、科学家和实践者，比如哲学家丹尼尔·丹尼特（Daniel Dennett）①、投资大师查理·芒格（Charlie Munger）都认为，一个人只要熟练地掌握和运用几十种思维工具，就能为自己的智慧升级构建一个很好的出发点。但是，这些思维工具必须具备一定的多样性，它们需要是跨界多元的。我在这本书里从心理学、行为科学、脑科学、哲学、经济学、生物学和物理学等领域中为你进行了广泛的遴选。这些思维工具是通用的，适用于不同的人生场景，从职场、家庭到社群，从商业、教育到社交。

我相信，只有从“把思考作为方法”“把思考作为答案”真正转变

① 世界知名哲学家、认知科学家。他的《直觉泵和其他思考工具》一书中就为我们介绍了丰富的、辅助性的思考工具，可以帮助我们拓展想象力、保持专注力，真正妥当、优雅地思考难题。本书中文简体字版已由湛庐策划、由浙江教育出版社出版。——编者注

为“把思考作为习惯”，才能更好地探究问题的本质。

从跨界思维到跨域思维，促生超越日常的宏大想法

2005 年，我创办了湛庐，我们的使命是“对话最伟大的头脑，与最聪明的人共同进化”。而在这近 20 年的出版和管理工作中，我最大的感触就是，想要解决复杂问题，想要先人一步看到未来，想要和伟大的思想共同进化，都要做到把思考作为习惯，成为思想界的关键物种。而湛庐能够成长为中国出版业的头部品牌，也并不像大家眼中的那么神秘，其实只是因为我们做到了把思考作为习惯，以及我们上上下下时刻都在践行这一点。当然，也因为“把思考作为习惯”的反哺，湛庐的使命才得到了实在的落地，内化成了我们每一件事情的原点，以及每一次选择的基因。

除了能让你更好地解决生活和工作中的问题，把思考作为习惯还能对整个人类文明的不断进步产生助力，因为思想进化和社会进步的交汇接近于一种耦合关系。

如果不挑剔下面这个比喻的科学严谨性，只是借用它的具象表达的话，那么你可以把思想进化和社会进步想象成两条彼此靠近的大河，两条大河随着历史的演进各自发展，或近或远，或高或低，当它们之间的远近高低正好契合的时候，就会汇聚成一股巨大的力量，共同改变人类社会的文明进程。

我们必须要想办法搞明白，这些重要的力量可能会在哪些地方、哪些时间点产生，想要做到这一点，肯定需要具备跨界思维，就像一位哲学家要学会像火箭科学家一样思考，而一位量子密码专家则要学会像艺术史学家一样思考。但是，更加重要的是，我们还需要跨域思维，能够同时在思想进化和社会进步的两条大河里畅游，不断找到那些影响力巨大的爆发点。

我们必须要具备跨界思维和跨域思维，因为在真实的历史中，思维总是先行的。换句话说，先有思维方式的重大改变，才有文明的重大进步。

比如，在人类在几百万年的演化过程中，一直都是以几十个人的部落形式生活的。然而在距今约 7 万至 3 万年前，人类由于某种偶然的基因突变，拥有了全新的语言功能，可以去讨论“虚构的事物”，相信一套共同的神话故事，建立一种前所未有的共同体认知，这种新的思维方式让人类得以展开大规模的合作，进而彻底改变了人类的命运。

思维方式的改变，能引导我们产生超越日常的有价值的、宏大的新想法，这些想法不仅会改变社会生活方式，还能进一步引导思维方式持续进化，这正是文明进步的本质，也是我写作这本书想要不断促生的东西。

希望这本书能陪伴你在这个不确定的世界中不断蜕变，让我们一起，共同进化。

CONTENTS 目录

Thinking Habits

第一部分

想做好任何事，都要先打破自己

试想一下，你的面前有一颗鸡蛋，光滑干净，毫无缝隙。你能在不弄破它的情况下顺利把它立起来吗？尝试之后，你会发现，每当鸡蛋被竖起，只要你稍一松手，它就会倒下，滚向不可预知的方向。

很多人对待职场的态度，就宛如这个场景：想自立，但更想保护脆弱的自我。这个两难困境的破局之法恐怕只能是，好好孵化这颗蛋，让它从内破壳而“自立”，这样，打破带来的就不是毁灭，而是一场新生。

01

成长的第一步，是直面“元无知”

有一样东西
你没法上网搜索，
那就是你脑海里
并不存在的观点。

思考力训练

有一种说法是，大多数人的大脑潜能只开发了 10% 左右。你觉得这个说法正确吗？

虽然这个说法广为传播，但它其实是错误的。现代科学证明，每个人的大脑都会 100% 被用到，没有任何一个部分是闲置的。这个问题的正确答案其实在互联网上很容易搜到，但因为人们非常愿意相信错误的说法，所以会不假思索地接受它。

在职场上，新人往往是最谦虚的，他们知道自己“不知道”，所以会虚心请教别人，甚至举一反三，把新学到的知识和技能横向迁移到其他领域中去，所以他们总是进步得最快。

然而，随着经历的增长，很多人会以为自己已经“知道了”，于是不再认真地对待每一件事，开始凭经验和直觉做事，即使面对的是新鲜事物，也会用自己熟悉的模式去“套”，然后宣称“这个东西我知道”。此时他们的认知心态逐渐发生了改变，就像在一个装了半杯水的杯子上加了一个盖子，是永远不可能装满的。

这种状态，我们可以统称为“无知”。陷入无知状态的人，既不知道自己有几成功力，也不知道自己还有什么欠缺，更不知道该如何进步，这样就很难和别人协作。

你可能会说，这个道理你明白，而且你肯定不会犯这种错误。但这种现象其实非常普遍，也很容易导致人们犯下一些莫名其妙、匪夷所思的错误。关于这一点我来给你举个例子。

对自身水平的无知 = 扭曲的认知地图

1995 年 4 月 19 日，这一天的匹兹堡天气晴朗，就在人们闲适地享受着好天气时，两家银行的警铃在一个小时之内接连被拉响。警察迅速出警，并对两家银行的职员进行了询问，他们惊讶地发现，这两家银行的职员对抢劫犯的描述出奇地一致：抢劫犯是一名身高约 1.7 米、体重约 100 千克的男性，很有可能是一个人连续犯案。这个人不仅在光天化日之下手持一把枪直指银行柜员，更为猖狂的是，他竟然没有采取任何伪装措施，没有戴面罩，甚至没有任何遮挡。

警方迅速调取了这两家银行的监控录像，很快就查明了嫌犯的身份。当警察敲开他家门时，这个男人难以置信地望着警察，脱口而出的第一句话是："你们怎么这么快就找到我了？"紧接着他疑惑地说出了第二句话："可我在脸上涂满了柠檬汁啊！"

原来，这个嫌犯无意间知道了一个"天大的秘密"：如果用柠檬汁在纸上书写文字，那么等柠檬汁干了之后，这些文字就会消失，只有当给纸张加热的时候，字迹才会再次显现出来。所以他就想，如果把柠檬汁抹在自己脸上，那么摄像头和照相机拍下来的图像里将不会出现他的面孔，这简直是上帝赐予他的一条致富之路。于是他起了邪念，堂而皇之地去抢劫银行。

这名嫌犯在当年登上了世界最愚蠢罪犯的榜单。大多数人在听到这个故事时都会哄然大笑，而康奈尔大学的心理学教授大卫·邓宁（David Dunning）则对这件事萌生了很大的兴趣，他和同事贾斯廷·克鲁格（Justin Kruger）对此做了一系列的心理学研究。他们的研究成果后来成了心理学领域一个著名的理论，叫作“邓宁－克鲁格效应”（Dunning-Kruger Effect），简称“达克效应”。邓宁和克鲁格也因此获得了 2000 年的另类诺贝尔心理学奖。

达克效应的主要结论是，无知或能力差的人往往具有以下四个特点：

- 通常会高估自己的技能水平；
- 不能正确认识到其他真正掌握此项技能的人的水平；
- 无法认知并正视自身的不足，以及这种不足的程度；
- 能够经过恰当的训练大幅度提高认知水平，进而认识到并承认自己之前的无知。

达克效应揭示了无知给人类带来的诅咒，并告诉我们：对自己无知这件事本身的无知，会给我们带来灾难性的后果。身处互联网时代，信息的高速流转让我们可以随时获取想要的信息，但同时也让我们更难意识到自己有哪些盲区。而且越是技能水平低的人，越难准确判断自己的真实水平。**可以说，知识的欠缺让我们对世界构建了扭曲的认知地图，而这些误解会严重影响我们的选择、行为和观点。**想要有所提升，我们必须打破这种盲目的过度自信，破解这种对自身水平的无知，顺畅地接受新的认知。

最可怕的是，对“无知的无知”

不了解自己的实际水平以及对具体知识的无知还不是最可怕的，**真正可怕的是“元无知”，也就是“不知道自己不知道”。**

我们来看图 1-1，图的横坐标代表的是一个人的知识水平，纵坐标代表的是一个人的自信程度。一开始，在有了一点点知识后，人们的自信心会不成比例地高涨，站上“愚昧之巅”，因为他们“不知道自己不知道”，可以想见，这时他们会自以为是、骄傲自满，会错过很多学习和成长的机会。但是随着知识的增加，人们就会意识到自己的知识还有很多欠缺，“知道自己不知道”，这时就处于“绝望之谷”。接下来，随着不断积累知识，人们开始攀爬“开悟之坡”，逐渐“知道自己知道”。最终，随着知识体系趋于完整，甚至达到“不知道自己知道”的境界，这时他们就真正来到了一片“可持续发展的高原”，能达成更高的成就。

但是我要提醒你，这个过程并不是自然发生的，一个站在“愚昧之巅”的人，在故步自封的状态下才是最自然、最舒适的。这个时候，只有真实有效、有冲击力的反馈，能让他跌下“绝望之谷”，破除错觉，让他清醒过来，意识到自己的不足，开始主动学习。

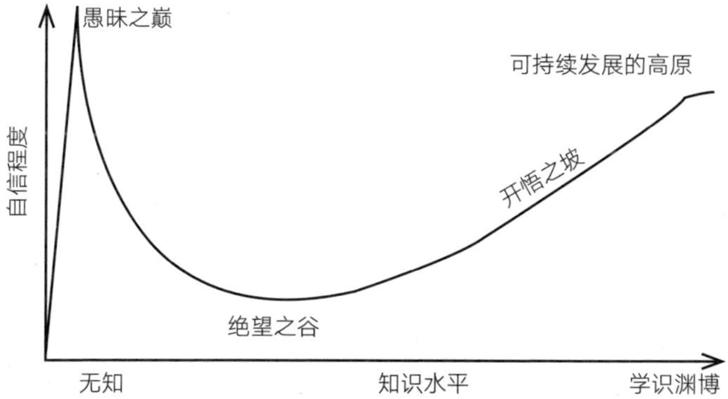

图 1-1　邓宁 - 克鲁格效应

这种给处在“愚昧之巅”的人的有效反馈，是非常重要和稀缺的，需要你时刻保持警觉，才能发现那些不起眼的蛛丝马迹其实都是对你的提示。

不过可惜的是，很多人明明知道自己的知识有所欠缺，却并不在乎。

因为我们很容易盲目自信地认为，在互联网时代，有了共享的云端知识库，借助手机搜索，自己就可以成为一个知识渊博的人，把云端的集体记忆视为自己的知识储备。

但实际情况可能是，你只掌握了一些肤浅的方法性知识，而没有积累足够的事实性知识。所谓方法性知识，指的是各种批判性思维工具和技能，比如用三段论推导一件事，或者用互联网查找你要的信息等；所谓事实性知识，指的是具体的事实性信息，比如全国各地的省会、历史事件的发生日期、法律条文等。

通常我们会说“授人以鱼不如授人以渔”，也就是传授给人既有的知识，不如传授给人学习知识的方法。这句话听起来很有道理，但如果因此就忽视了积累事实性知识，只会得不偿失。

打个比方，我们可以把一个人掌握的事实性知识看作一块块砖石，把方法性知识看作水泥，那么学习的过程就像是用砖石和水泥建起一面知识的墙。衡量一个人的学识水平和认知能力，看的就是这个人构建的这面墙有多高大，有多坚固。

如今，教育赋予我们的方法性知识比过去任何时候都要多，而对于事实性知识的获取却往往被人忽视了。这就导致我们构建墙体时才发现，往往水泥还绰绰有余，砖块却不够用了。少几块砖，墙体依然能够挺立，尽管有些不牢固。但砖块缺得太多时，砖块间的间隙太大，就没法连接在一起了，墙体坍塌就是不可避免的事情。

互联网的发展，特别是搜索引擎的出现更是加剧了这个现象。现代人越来越依赖互联网，我们往往掌握了多种获取知识的新方法，却对很多事实性知识本身不甚了解。可能在很多人看来，花大量的时间精力去记忆这些知识概念是不值得的，因为自己可以随时搜索、马上得到想要的信息。

在研究互联网怎样改变人们的学习和记忆这个话题时，哈佛大学的心理学家丹尼尔·韦格纳（Daniel Wegner）[①] 通过实验发现，人类的大脑有一套实用主义的记忆体系，更容易记住信息所在的位置，而不是信息的具体内容。所以，对于那些看过就容易消失的信息，大脑会更容易记住，而那些在互联网上很容易就能获得的信息则被选择性地忽略了，这个现象被称为“谷歌效应”。换句话说，**在互联网时代，我们的大脑形成了一种新的学习和记忆机制：那就是更少地记忆，更快地遗忘。**

时代的变化，让无知与渊博也被重新定义了。过去，记忆都存储在我们的大脑里，于是，社会很容易用同一种评判标准来衡量一个人的知识水平，那就是这个人是否掌握了那个时代大家公认的许多事实性知识。如果是，那他就是个学识渊博的人，反之就是平庸的人或无知的人。比如，在中国古代，能否熟记“四书五经”就是衡量一个人知识水平的标准。而在当今这个知识爆炸的时代，我们不再有一个统一的标准来衡量一个人能否称得上知识渊博了，就只能退而求其次，看这个人掌握的某个领域的事实性知识能否达到一定水准，如果可以，那他在这个领域就可以称得上知识渊博。不过，在另一个领域，他仍然可能是一个无知的人。

现代人的一个常见问题，就是试图用方法性知识取代事实性知识，但事实表明它们是无法互相替代的。如果你深究搜索的过程就会发现，它就像你从脑海中提取记忆一样，首先是要给搜索引擎发出指令，比如

---

① “谷歌效应”提出者，社会心理学泰斗。他的绝笔之作《人心的本质》用心理科学破解“人心密码”，为我们提供了一套理解复杂人性和行为的极简思维工具，本书中文简体字版已由湛庐策划、由浙江教育出版社出版。——编者注

你要输入“谷歌效应”，那在此之前你就必须先知道这个概念，正确地输入这四个字，才能进行下一步的搜索。搜索出结果后，你还要有能力去评估所有信息的可信度，这些都需要事实性知识发挥作用。如果说搜索引擎是地图里的导航规划，那么，你必须先记住起点和终点这些必要的事实性知识，才能充分利用搜索引擎的多种功能。毕竟，**有一样东西你没法上网搜索，那就是你脑海里并不存在的观点。**

所以，在互联网普及，甚至成为我们身体的一个新“器官”之后，我们更要有意识地去掌握更多的事实性知识，同时不放过任何可能暗示我们“无知”的反馈信息，这样才能打破“元无知”，这样才能更好地提升自己的理解能力和解决问题的能力。

仅仅知道“知识”本身，也是一种“无知”的诅咒

我们要破解“无知”状态，除了要了解自己的知识盲区，扩充自己的知识储备之外，还要有一种所有职场人都必备的意识，那就是了解自己和合作伙伴之间的“共同认知”。换句话说，就是双方是否了解一些和达成目标密切相关的事情？了解到什么程度？因为双方的合作要建立在某种程度的“共同认知”之上。

每个人的成长经历不同，接触的环境不同，往往会形成不同的认知，而我们往往会低估这种认知差异。在沟通中，我们常常会理所当然地认为自己拥有的认知别人也有。而你以为的常识，有可能在对方看来却是完全陌生的概念。一旦出现这种“信息不对称”的情况，沟通就很

容易变成鸡同鸭讲，这就是所谓的**“知识的诅咒”**。

“知识的诅咒”这个概念得名于美国心理学家伊丽莎白·牛顿（Elizabeth Newton）在斯坦福大学所做的一项研究。她设计了一个游戏，把参与者分为两种角色:“敲击者”和“听众”。

每个“敲击者”会拿到一张歌单，包含25首大家耳熟能详的歌曲，例如《祝你生日快乐》《两只老虎》等。然后，“敲击者”要从中挑选一首歌，通过敲击桌子的方式把节奏敲给“听众”听，让对方猜歌名。

这个游戏听起来很简单，但结果却出乎意料，能够猜对歌名的“听众”寥寥无几。结果表明，“敲击者”敲出了120首曲子的节奏，而“听众”仅猜出了里面的3首，正确率大约是2.5%。而此前“敲击者”预测“听众”猜对的概率高达50%。

为什么会这样呢？原因很简单，“敲击者”在敲击曲子时，脑海里一直循环着自己选择的那首歌的旋律。但对于“听众”来说，他们不知道这首歌是什么，也听不出曲调，唯一能听到的是手指叩击桌面的声音：“嗒，嗒嗒，嗒嗒嗒……”

“敲击者”了解歌曲的详细信息，所以他很难理解，为什么自己敲击的节奏那么明显，“听众”却听不出来是什么曲子。这就是“知识的诅咒”。

由此可见，当你需要和别人合作时，只是自己知道还不够，不了解别人也是一种“无知”。那么，我们该怎么破除这种状态，实现“知己知彼”，让合作更顺畅呢？

总的来说，就是要**“拉齐认知”，通过分享背景信息、了解事情的前因后果等方法，让合作双方对一件事建立起共识，填平后续沟通的鸿沟。**

具体来说，你可以先用“乔哈里视窗”建立一个框架，了解自己和对方需要共享哪些信息。所谓乔哈里视窗，就是按照“自己知道 - 自己不知道、对方知道 - 对方不知道”两个维度，画出一个四象限图：双方都知道，那就是开放区；自己知道、对方不知道，那就是隐秘区；自己不知道、对方知道，那就是盲目区；而双方都不知道，那就是未知区。下一步，就要主动提供相关的信息，并且询问对方，对一件事情的理解和自己是不是一样的，努力扩大开放区，缩小隐秘区、盲目区和未知区。“确认共识”的必要性怎么强调也不过分，尤其是在大家第一次合作的时候。因为我们很容易揣度别人，把自己理解的情况误当成真实的情况。

需要特别指出的是，企业管理者尤其要警惕“知识的诅咒”。管理者掌握的信息和视角比普通员工多，经历和经验也都更加丰富，他们很难做到换位思考，所以，常常有管理者抱怨，为什么很多简单的事情，员工却不能理解。

管理者特别需要关注和消除企业中的信息不对称现象，最大限度地减少“知识的诅咒”。比如，著名的奈飞公司，他们的管理文化就倡导，领导者要主动坦承错误、承担责任，这样才能让员工畅所欲言，贡献自己的观点和想法。奈飞还保持着高强度的沟通节奏，不仅每名员工都能向高管提问，高管也会随时随地直接询问员工们的想法。此外，奈飞还发明了各种帮助大家共享信息的技术和工具，方便大家“拉齐认知”。奈飞的这种做法现在已经被很多企业采用，比如，今日头条的创始人张一鸣就分享过他们是如何学习奈飞公司的管理方法的。

此时，再让我们回顾一下本章开头的那个思考题：大多数人的大脑潜能只开发了10%左右。你觉得这个说法正确吗？

事实上，这个说法是错误的。这个很受欢迎的、有着精确数值的“结论”几乎要把神经科学家搞晕了。很多相关研究的结果都否定了这个说法，但在相关调研中，有66%的人都认同这个说法。

为什么这个说法这么受欢迎？因为关于大脑潜能只开发了10%的谣言，与人们对直觉、创造力等精神特质的追求相契合，也被用于论证冥想、瑜伽、心灵成长等活动的必要性。这个说法更像是一张“许可证”，允许我们去幻想人类潜力中蕴含的无限可能。

但是，我们其实应该意识到，对于自身、他人和世界，我们都是“动态无知”的。承认无知并不是什么丢人的事情，承认无知才是我们进步的开始。只有更加谦卑地面对这个世界，时刻保持开放的学习态度，才有机会拥抱未知世界带给你的惊喜。你一定要记住：**一个有盖子的水杯，是永远不可能装满的。**

02

越“怕输”越出错，对抗“想赢怕输”的天性

损失某样东西
让我们难过的程度，
要数倍于得到同一件东西
让我们快乐的程度。

思考力训练

有一个抛硬币的游戏，游戏规则是：如果抛出的硬币正面朝上，玩的人就可以赢得 10 元；如果反面朝上，玩的人就会输掉 50 元。你认为多少人会愿意玩这个游戏？

如果修改一下游戏规则，硬币正面朝上时赢得 50 元，反面朝上时输掉 50 元，这时会有多少人愿意玩这个游戏？

如果再修改一下游戏规则，硬币正面朝上时赢得 100 元，反面朝上时输掉 50 元，这时又会有多少人愿意玩这个游戏？

事实上，尽管规则不断修改，直至硬币正面朝上时人们可能赢得的钱是反面朝上时会输掉的钱的两倍，但大多数人依然不愿意玩这个游戏。因为比起可能获得的收益，人们会更关注潜在的损失。这种选择看上去好像是非理性的和很少见的，但其实，在工作和生活中类似抛硬币游戏这样的博弈非常普遍。

我们在工作中常常会遇到一些左右为难的时刻。比如，你刚刚在 A 公司度过试用期，成功转正，这时 B 公司意外地向你抛出了橄榄枝。B 公司给出的薪资和发展前景都要好于 A 公司。

你身边的朋友都鼓励你跳槽到 B 公司，可你却很犹豫："我之前经历了很多轮面试才进入 A 公司，刚刚理顺了手上的工作，和同事们打成一片，能够稳定下来，现在急着跳槽真的好吗？B 公司虽然规模更大，前景更好，但压力会不会也更大？为了多一点薪水，要重新融入团队，再走一遍试用期，真的划算吗？"

朋友觉得你的想法很糊涂，可你会陷入这样的犹豫之中，并不代表你就是一个优柔寡断的人。事实上，哪怕是聪明绝顶的人，也常常在得与失之间举棋不定，怕输、怕吃亏，怕"丢了西瓜捡了芝麻"。

下面这个发生在英特尔公司的故事，就是一个典型的"畏惧失败"的案例。

"怕输"是人人都有的天性

英特尔公司前任董事长安迪·格鲁夫（Andy Grove）是一位传奇的企业家，他曾经讲述过自己遇到的一个难题：1985 年，英特尔面临一个艰难抉择——到底要不要撤掉制造存储器芯片的生产线。

要知道，英特尔最早就是以生产存储器芯片起家的，事实上英特尔也一度是世界上唯一的存储器芯片制造商。当时，虽然存储器芯片的生产依然是公司收益的主要来源，但是市场上出现了十几个竞争者。英特尔的领先地位逐渐受到了日本同类公司的威胁，很多顾客和合作伙伴都开始倾向于选用日本生产的存储器芯片。

英特尔之所以会在1985年陷入这个艰难抉择，是因为当时公司内部的一个团队开发出了一种叫作微处理器的新产品，并且取得了重大突破。IBM公司已经决定选用英特尔公司的微处理器作为他们最新研制的个人电脑的核心部件。所以，英特尔公司当时主要生产两种产品：一种是存储器芯片，一种是新型的微处理器。

但是，来自日本的公司在存储器芯片市场上的份额不断提升，10年间就翻了一番，从30%上升到了60%。与此同时，英特尔的亏损则越来越大，虽然微处理器业务正在迅速增长，但是它的增幅并不能弥补存储器芯片业务的衰退导致的公司利润总额的下降。

所以，英特尔内部展开了激烈的讨论，管理层分成了三个阵营：第一个阵营提出，要在制造方面勇超日本，他们提议建立一个新的巨型工厂来继续加大存储器芯片的生产；第二个阵营认为，应该继续大力发展存储器芯片相关技术，因为日本人在存储器芯片技术方面比不上英特尔；第三个阵营则想把赌注压在公司之前的成功策略上，也就是为专门的市场提供服务，他们认为这个策略是获取成功的王道。大家的争论非常激烈，好几个月过去了，还是相持不下，也没有得出任何结论。

有一天，董事长格鲁夫和当时的首席执行官戈登·摩尔（Gordon Moore）在办公室里谈到了这件事情，他们俩当时都已经被公司内部的争议搞得疲惫不堪，聊了一会儿就都沉默了。这时格鲁夫突然灵机一动，他问摩尔："如果我们俩都被公司开除了，董事会让一位新总裁来上任，你认为面对目前的这个困局，新总裁会选择如何做呢？"这时摩尔一改之前犹豫不决的态度回答道：“我认为新总裁会让公司立即放弃存储器芯片的生意。”格鲁夫随即回应道：“那为什么我们不走出办公室的这扇门，假装被开除了，然后再假装自己是新上任的董事长和总裁，再次走进这扇门，然后由我们自己做出这个决定呢？”

就是这番对话让英特尔面临的混沌局势一下子清晰了起来。对于英特尔面临的问题，如果是从一个局外人的视角来分析，就不会受到各种历史原因以及内外部因素的影响，那么关停存储器芯片业务就是一个不二选择。“新总裁会选择如何做呢？”就是这样一个小小的问题让格鲁夫和摩尔看待困局的角度发生了变化，帮助他们看清了形势。从 1985 年这项决定实施以来，英特尔逐渐占领了微处理器市场，格鲁夫真是做出了一个无比正确的决定！

回想整个案例，我们可以发现：对于已经大获成功的存储器芯片业务，英特尔的整个管理团队其实都陷入了“损失厌恶”这种心理机制造成的困局。**损失厌恶是指人们在面对同样数量的收益和损失时，会认为损失更难以忍受，当我们对盈亏进行直接的比较或者权衡时，“亏”似乎比“盈”对我们心理的影响更大。**总的来说，积极的期待与体验和消极的期待与体验，对我们的心理所造成的影响常常是不对称的。

即使盈和亏一样大，人们还是更在意亏

这里有一个更加直观的案例，能够说明为什么盈亏的幅度明明一样，我们却对亏更敏感，会遭到更大的情绪冲击。

现在，假设我打算给你一个苹果，一种方式是我直接把这个苹果给你，还有一种方式是我先给你两个苹果，然后再从你手中拿回一个苹果。这两种方式造成的结果是相同的，你最终都得到了一个苹果，但是后一种方式显然会让你没有那么开心，因为在这个过程里，你会产生失去一个苹果的错觉，从而启动损失厌恶的心理机制。

心理学家曾经在大学里做过一个实验，他们找到某一个班的学生，送给其中一半的学生每人一个印有学校校徽的咖啡杯，而另一半的学生只能看一看、摸一摸其他人刚刚得到的这个咖啡杯。然后，实验人员要求这些拿到咖啡杯的学生把杯子卖给那些没有拿到咖啡杯的学生，并请学生们来回答一个这样的问题："你愿意用什么价格卖出你的咖啡杯，或者买入别人的咖啡杯？"结果表明：前者愿意卖出杯子的价格大约是后者愿意出的价格的两倍。心理学家反复在多所大学的几十个班级里进行了这个实验，送出了上千个咖啡杯，结果都是如此。也就是说，一旦拥有了一个杯子，人们就不会轻易放弃它，而对于原来没有拥有过的杯子，人们也并不急于花钱去买。这就说明，人们对物品的价值其实并没有一个固定的评价，当人们不得不放弃某个物品的时候，他的难过程度要高于得到同一件物品时的快乐程度。

损失厌恶容易让人产生一种强烈的维持现状的欲望，这也是一种惰性。如果你因为不想遭受损失而不愿意放弃某些事物，你就会拒绝因此而发生的交易。

心理学家进一步拓展了上面这个实验，他们给班里一半学生的依然是咖啡杯，而给了另一半学生每个人一大块巧克力，其实咖啡杯和巧克力的价格是大体相当的。在得到这些物品之前，同学们都表现出了对这两样物品基本相同的欲望，可是一旦他们真的拿到了咖啡杯或者巧克力，当心理学家要求他们把手里的东西与别人互换时，仅有 10% 的人愿意这样做。由此可见，损失厌恶的心理机制会竭力阻止我们改变现状，即使有些改变对我们非常有益。

人们通常会非常厌恶失去属于自己的东西，我们的直觉思维系统很难接受失去的感觉。研究表明，损失某样东西让我们难过的程度，要数倍于得到同一件东西让我们快乐的程度，这个倍数为 1.5 ～ 2.5。

回到本章开头的思考题：什么情况之下，你会更愿意玩抛硬币游戏呢？

结论是：哪怕抛硬币的规则改为“正面朝上时赢得 100 元，反面朝上时输掉 50 元”，尽管潜在收益达到潜在损失的两倍，最多也只能做到让愉悦感和痛苦感相互抵销，而不足以吸引大家来玩。当然，人和人的风险偏好是不同的，这里说的“两倍”只是个平均值，有些人会更愿意冒险，而有些人则会更厌恶风险。比如，专业的风险投资者就更能容忍损失，这可能是因为他们经过了多年的训练，已经能做到不轻易对每一次经济波动都产生情绪上的反应。受这个道理的启发，心理学家们在实验当中改变了做法，他们引导参加实验的大学生们像做生意一样看待盈亏，果然，实验参与者们的损失厌恶感就没那么强烈了，情绪反应也大大减弱。

损失厌恶会出现在很多不同的情境里，比如，当我们购买了一台比较贵的电子产品之后，销售员往往会紧接着给我们推荐一份保险。这是因为，当我们刚花了一笔不小的钱买了电子产品之后，就格外害怕不小心把它弄坏了。和再花钱买一台新的相比，一份保单的价格就便宜多了。

打破损失厌恶，瞄准人生的关键任务

损失厌恶是每个人与生俱来的天性，它的本质是对未知与不确定性的恐惧和抵触，会给我们带来不愿改变现状的心理惰性，进而导致我们空耗时间，影响工作效率。大家常常提到的“躺平”，就是损失厌恶心理的一种极端表现：既然有可能输给别人，那么干脆不上跑道、不参加比赛，也就不存在失败了。“躺平”这种看似宠辱不惊、无欲无求的心态，背后凸显出来的恰恰是对失败最深的畏惧感。

那要如何规避损失厌恶，打破怕输的心态呢？让我们看看管理大师吉姆·柯林斯（Jim Collins）的解决方法。

> 有一次，柯林斯的顾问向他提出了一个假设：一位朋友在一天之中陆续接到了两个改变人生的电话。第一个电话，他得知自己的一位亲属不幸故去，并且留下了一份遗嘱，让他去继承2 000万美元的遗产，并且没有任何附带条件。第二个电话，他的医生告诉他前几天的体检结果出来了，这位朋友得了一种罕见且难以治愈的疾病，只剩下10年的寿命。
>
> 面对这样两件足以改变人生且令人又喜又忧的事，你认为这位朋友接下来会做出什么样的选择？

其实，不管我们是否得到了医生的最后通牒，人生的时间表都没有那么多空余时间，你在一件事情上多花费一个小时，就意味着在另外一件事情上会少花费一个小时。

自此之后，柯林斯每年都要精心思考，列出一份停止做的事情的清单。

现在，你也可以回顾一下自己过去一周的时间表，问一问自己，如果你需要给自己挤出 5 个小时，那么你会选择不去做哪些事情呢？

我建议你给自己的日常生活做一份表格，在第一列写下自己想做的关键任务，在第二列写下非常重要但并不关键的任务。然后，让自己专注于第一列的关键任务，努力远离第二列重要但不关键的任务。你会发现，这并不容易做到，可是一旦做到，就会受益匪浅。

一位管理专家曾经在《哈佛商业评论》上推荐了一个小技巧，他建议我们给自己设置一个每小时响一次的闹钟，每当闹钟响起的时候，就问自己同一个问题："我当下在做的事情，是我的关键任务吗？"这位管理专家把这种小技巧称为"富有成效的干扰"，这小小的干扰能够帮助你提醒自己，回到关键任务中去。

无论是管理大师柯林斯，还是上面提到的这位管理专家，他们消除损失厌恶的方法都遵循了一个规则，那就是把复杂纷乱的人生百态，简化成最直观的选择题。永远聚焦最关键的任务，就能让你免受感性因素的干扰，做出理性的思考和判断。

史蒂夫·乔布斯在1997年重回苹果公司以后，发现每种产品都要生产若干个版本，而这些新产品都是应零售商要求开发的，但乔布斯认为混乱的产品体系分散了苹果公司的精力，结果却只开发出一些平庸的产品。于是，他果断采取行动停掉了公司70%的生产线，350种产品被他砍到只剩4种。而乔布斯这样大刀阔斧地精简任务创造的价值，时至今日，全世界都有目共睹。停止做错误的事情，并不等于轻言放弃，反而能让你更接近最后的成功。

03

放弃“我对你错”，是职场蜕变的前提

我绝不会
为我的信仰而献身，
因为我可能是错的。
——罗素

思考力训练

假如你想买一款新手机，它让你非常动心，但是也有一丝担心，因为有传言说这款手机经常死机，而且重启后会造成手机里的一些信息丢失。你想去专卖店向店员询问一下，又担心店员可能会回避或否认手机存在某些问题。以下有三个提问策略，你觉得哪一个能更好地帮你了解这款手机？

1. 笼统地问店员："能帮我详细介绍一下这款手机吗？"

2. 直接地问店员："这款手机有什么问题吗？"

3. 委婉地问店员："这款手机看起来挺好的，没有什么明显的问题，对吗？"

实验表明，如果我们想从店员那里了解手机的真实情况，那么，采用第一种方式笼统提问，会主动提到手机问题的店员只有 8%；采用第三种方式委婉提问，会让主动提到手机存在的问题的店员人数上升到 61%；最佳的提问方式是第二种，也就是直接提问，有 89% 的店员会主动提到手机存在的问题。

职场上有一句广为流传的话，叫作"宁要神一样的对手，不要猪一样的队友"，大家对这句话深以为然，以至于"猪队友"已经成了一个文化模因（meme）。

大家讨厌“猪队友”的一个很重要的理由，未必是对方真的拖了自己的后腿，而是觉得和对方实在是没法沟通，白白增加沟通成本，让自己感到身心俱疲，产生“有理说不清”“话不投机半句多”的感觉。比如，这么显而易见的道理，他为什么就是理解不了呢？这么有利无害的建议，为什么他就是听不进去呢？

原因在于，你觉得显而易见的那些结论，未必如你所想的那样正确，你所谓不证自明的真理，有可能只是一种强词夺理，你自以为的好创意，可能早就被证明是行不通的。

证实是天性，证伪是理性

美国密歇根州有一家铜矿，叫作科帕铜矿。它曾经是美国最大的铜矿之一，后来却面临急剧亏损，所以公司董事会和管理层联合召开了一次会议，目的是对铜矿未来的命运进行一次表决。这次会议上出现了两类意见：高管们偏向于关停铜矿，而矿区的直接经营者则不支持这个观点。高管们认为金属价格正在下跌，利润空间缩小，矿区投入了很多却看不到获得收益的希望，所以关闭铜矿这个决定是十分合理的选择。但是，矿区的直接经营者却一再强调关闭铜矿会导致恶劣的后果。比如，铜矿的员工超过 1 000 人，如果关闭铜矿，这些人都要失业。而且，关闭铜矿所带来的连锁反应会给这个小镇的经济生态造成毁灭性的打击。

大家都站在各自的角度上强调自己的论点，同时也围绕着各自的论点提出了很多论据，反驳对方的观点。结果是，讨论陷入了僵局，一直得不出一个双方都认可的结论。这种相持不下的情况正是由于大家掉入了一种心理机制所引发的陷阱，这种心理机制就是社会心理学中的“自我验证”。自我验证理论指的是：人们一旦有了某个想法，就会努力去证明这种想法的正确性。**自我验证理论会带来一种“证实倾向”，它会让人们在做推理和判断时集中精力去证实自己已有的想法，而不是去证伪这种想法。**在这种心理机制的影响下，人们往往会过度关注事情的一面，而忽略另一面。

让我们回到科帕铜矿的故事，来看看上述局面是如何发展和获得突破的。当时参与讨论的还有这家铜矿的管理咨询公司的顾问，看到讨论陷入僵局之后，这位顾问提出了一个解决方案。他说：“我们不要再争论到底谁对谁错了，既然现在的主流意见有两种，那么我们就分成两个小组，支持关闭铜矿的小组和不支持关闭铜矿的小组，大家可以在自己的小组内进行讨论，但是讨论的议题需要互换。也就是说，支持关闭铜矿的小组要讨论的议题是‘如果不关闭铜矿，我们应该怎么做’；而不支持关闭铜矿的小组要讨论的是‘如果关闭铜矿，我们需要考虑哪些问题’。讨论之后交换观点，再进行下一步动作。”

这个建议其实是在强制每个人去证实对方的观点，或者说证伪自己的观点，通过对观点和议题的重新建构，辩论对手在无形中变成了协作伙伴。这个方法非常有效，到会议结束的时候，大家不仅更加理解对方的立场和观点，同时还想出了一些新方案。其中一个方案是：关闭现在即将报废的熔炉，把矿石海运到加拿大，使用那里的新式熔炉对矿石进行提炼。另一个方案是：铜矿的北部蕴藏着尚未开发的矿脉，把铜矿向那里进行扩张，可以弥补现在的铜矿逐渐减少的矿石供应量。

通过互换观点的方式，大家摆脱了自我验证造成的“对自己观点的加强和对别人观点的削弱”这样一种狭隘的思维。这时，大家不仅能从对固有观点的争论中跳脱出来，还能进一步探索出一些新的可能性。从表面上来看，我们对对方观点进行证实或证伪的过程，就好像我们试图在自己或他人的论点中寻找漏洞，这看起来好像是一种很消极的做法，实际上却是一种非常具有建设性的做法。它给我们提出的隐含问题是：假如自己最不认可的那个选项其实是最好的选项，那么结果会如何呢？又有哪些信息可能会让我们转而支持这个选项呢？

当你认为解决一个问题的某个想法是不对的时，如果你不是简单地对这个想法说“不”，而是自行转换想法，站到现有观点的对立面去思考，就会让你的思考方式发生根本性的变化，可以让你不受证实倾向的影响，跳出自我验证理论的陷阱。就是这样一个思路上的微小转变，你就能给自己一次通过探索去学习新东西的机会，并且能在很大程度上提高自己找出更恰当、更准确的解决方案的可能性。就像查理·芒格经常说的那句口头禅：“反过来想，永远要反过来想。”

越是完美无瑕，越要引起警惕

知道了人们普遍存在证实倾向，我们就可以想办法指导自己更好地进行决策，尤其要警惕那种看上去理所应当、无懈可击的选项。一旦你发现有一个特别吸引人的选项摆在面前的时候，就要提醒自己，小心落入证实倾向的陷阱，而应该多尝试从不同的视角进行审视。

通用汽车公司总裁小阿尔弗雷德·斯隆（Alfred Sloan, Jr.）在工作中有一个习惯，每一次和董事会讨论问题的解决方案时，如果大家最后做出了一个决定，那么斯隆就会在讨论结束之前提出一个问题：“先生们，我想我们已经对这个决定达成了统一意见，对吗？”如果与会者全都点头称是，斯隆就会接着说：“好吧，既然大家的意见如此一致，没有反对意见，那么我提议下次会议我们再讨论一下这个问题，我们需要有更多的时间来等待一些不同的看法。也许经过一周的沉淀，我们就能对目前的这个决定有更多的了解和思考。”

在经过一段时间的团队合作之后，大家的思维方式很容易变得过于趋同，这就会导致一些不同的声音被屏蔽、被忽视。尤其是当大家已经在一个问题上投入了大量的时间和精力，那么证实倾向就会随之增强，因为人们不希望自己付出的时间和精力白白浪费掉。这就好像是我们的头脑中产生了一些“认知气泡”，一些固有的观点就被“禁锢”在这些“认知气泡”里。如果我们可以沉淀一段时间，或者故意跟这个问题保持一段距离，就能借助时间之针戳破这些“认知气泡”，有机会去打破那些固有的观念和看法，开拓出更多的可能性。

当然，我们也可以为团队增加能力模块差异更大一些的成员，让团队可以产生认知的多样性红利。比如，我在工作里就发现，团队里“老人”和“新人”的最佳配比是 3∶1 到 5∶1，这样他们既能默契地高效配合，又能获得多样化视角，让团队的综合表现更好。毕竟，不齐的齿轮之间才能擦出激烈的火花。

让我们回到本章开头的思考题：假如你想买一款新手机，它让你非常动心，但是也有一丝担心，因为有传言说这款手机经常死机，而且重启后会造成手机里的一些信息丢失。你想去专卖店向店员仔细询问一下，又担心店员可能会回避或否认手机存在某些问题。以下有三个提问策略，你觉得哪一个能更好地帮你了解这款手机？

1. 笼统地问店员："能帮我详细介绍一下这款手机吗？"
2. 直接地问店员："这款手机有什么问题吗？"
3. 委婉地问店员："这款手机看起来挺好的，没有什么明显的问题，对吗？"

实验表明，如果我们想从店员那里了解手机的真实情况，那么，采用第一种方式笼统提问，会主动提到手机存在的问题的店员只有 8%；采用第三种方式委婉提问，会让主动提到手机存在的问题的店员人数上升到 61%；最佳的提问方式是第二种，也就是直接提问，有 89% 的店员会主动提到手机存在的问题。

这是因为，如果发问者直接提问，那么就能显示出他们是自信且有经验的，这会让店员明白，自己不太可能靠说谎或者提供一些简单、模糊的信息就把顾客糊弄过去。直接提出自己的疑问，甚至加上一些专业术语，这种探究式的提问方式能够在你想获取一些关键信息时发挥更好的作用。

其实在询问店员之前，你的脑海中就已经有了关于是否购买这款手机的倾向。这个时候，自我验证理论会给你带来证实倾向，如果本来你就非常想买这款手机，那么你在潜意识里就会想去挖掘一些关于这款手机的正面信息，或者不自觉地为这款手机的一些负面信息找出合理的解释。所以，如果你能提出更多专业性的探究式问题，你就会得到更多从来没有想到过的对这款新手机进行评判的角度，这会有利于你最终做出更好、更理性的决定。

正确定义问题，让真相自己浮现

证实思维是我们身上普遍存在的认知模式，这意味着，每个人都可能先入为主地抱着自己最开始的观点不放，堵死其他可能的道路。所以，你不仅要警惕自己的证实倾向，还要在和别人沟通的时候，意识到对方也可能存在证实倾向，不要被对方提出的问题限制住自己的思路，而是要想办法跳出自我证实的怪圈，用正确的问题引导思考，这样才能更好地认识事情的真相，找到有效的解决之道。

让我来给你举个例子。

假如你是一位医生，你的一位患者已经快 70 岁了，他一直跟你描述，说他有一种头晕目眩的感觉，你也知道引发这种症状的疾病有很多种，所以你列出了一份项目检查表，包括心电图、脑电图、全脑血管造影、神经科会诊、耳鼻喉科的眼震电图、听力测试，以及其他一些特殊的检查项目，让这位患者去进行全面检查，但各项检查结果都是正常的。于是，你又给他使用了一些治眩晕的药及血管舒张剂等，可都没有起到任何作用，这种病看起来就像是一个谜。这时，你向你们科室的一位专家求助，他非常精通对患者进行临床诊断。果然，他通过和患者的一场谈话，提出了一些问题，成功找到了这位患者的病因。你认为这位专家是如何向患者提问的？

其实这是一个真实的案例，这位成功解决问题的专家是斯坦福大学医学院临床诊断科的巴博，他非常精通和患者之间的开放式访谈。案例中的患者名叫约瑟夫，巴博在和约瑟夫第一次碰面时就问了他一个问题，巴博说："你能不能告诉我，你所说的眩晕具体指的是什么？这种情况多长时间会出现一次？"约瑟夫回答道："自从我妻子去世以后，我就一直处于眩晕状态，我不知道自己该干些什么，我很迷惑。我打开电视，却提不起任何兴趣；我走出家门，却发现自己没有可去的地方。"

通过这段对话，巴博发现，约瑟夫只是使用"眩晕"这个词来表达自己的孤独、寂寞和悲伤，他还没有办法做到在失去妻子之后展开一个人的新生活。约瑟夫之前求助的那些医生，没有一个想到去问一下约瑟夫他说的眩晕指的到底是什么。他们从来也没有想过，所谓的疾病可能只是一种情感不适，而不是生理病痛。

医生们被训练成了发现疾病的能手，但是他们掌握的探寻病因的方法有时会产生适得其反的效果，它会诱使医生们贸然地把目光锁定在某个疾病上，而这种疾病却未必是患者真正的病因。

在交流当中，如果专家或权威的角色是非常明确的，比如医生和患者之间，那么这种探究式的提问方法可能就会产生一些误导。医生如果提出专业性非常强的探究式问题，那么对于患者来说，这些问题通常是非常难以回答和应付的，这只会强化医生的主动地位，导致患者要么拒绝配合，要么顺着医生的“暗示”回答，在诱导下描述自己的所谓症状。医生在这种情况下获得的信息可能会变得不可靠，产生事与愿违的效果。

医生的正确做法是先向患者提出开放性的问题：“你是哪里疼？你的感觉如何？”然后再提出更有针对性的问题：“是酸痛、刺痛，还是隐隐作痛？”通过这种方法，医生就可以提高与患者沟通的效率，做出更准确的诊断。

同样的道理，在职场上，我们也可以运用这种探究式提问的方法，来正确地定义问题。比如，当你想要让团队成员发挥他们的创造力，提出尽可能丰富的创意时，不能一开始就用限制性的封闭问题阻塞大家的思路，比如“怎么才能让用户多使用我们的新服务”？而是应该提出探究式问题，比如“用户为什么要使用我们的这项新服务”？然后，你可以在每个潜在的方向上进行有针对性的追问，比如“我们能如何帮助用户减少操作步骤”？这样不仅能激发大家的思路，找到更有效的解决办法，还能让我们以开放的态度更好地沟通，找到共同成长的道路。

每一个人都应该意识到自我证实倾向的存在，这能让我们更加谦逊和谨慎，就像哲学家罗素曾经说过的：“我绝不会为我的信仰而献身，因为我可能是错的。”在面对每一个决策问题的时候，我们都应该意识到自己可能是错的，只有用全局视角，从各种不同的角度审视问题，在充分考虑各种可能性的前提下，本着“可能犯错”的觉悟再做出决定，这个时候的勇敢才是有意义的。

04

褪去“光环效应”，才能保持客观

偏见，
在很大程度上塑造了
你对人、事、物的看法。

思考力训练

一家公司收到了一批求职简历，你认为以下哪种简历更有可能提高求职者获得面试机会的概率？

1. 没有附上任何照片的简历；
2. 附上了漂亮照片的女性的简历；
3. 附上了帅气照片的男性的简历；

心理学家的研究结果表明，在获得面试机会的可能性上，帅气的男性比一般的同性求职者要高出一倍，但是漂亮的女性获得面试的机会却比长相一般的女性更少。

在面对一个陌生人时，人们往往会根据外表和着装这些容易被观察到的特征，对这个人做出整体的判断。所以，几乎所有的职场达人都会告诉你，在与人初次见面时，比如面试、商业洽谈等场合，尤其要注意自己的形象。

但这也会带来一个问题：当所有人都在刻意营造良好形象，我们该如何分辨人们的真实状态呢？

想要准确识人，你首先要了解“光环效应”这个原理，它解释了为什么人们会通过外表形成对一个人的整体判断。

所有的主角光环，都是先入为主的偏见

第一次世界大战期间，美国心理学家爱德华·桑代克（Edward L. Thorndike）进行了一项研究，他要求军官从智力、体力、领导力和性格等素质方面给士兵们评分。结果让他大吃一惊，军官们似乎一致认为，相貌堂堂、身姿挺拔的士兵肯定射击百发百中、内务优良、多才多艺。桑代克称这种现象为“光环效应”。

光环效应是指在人际知觉中形成的以偏概全的主观印象。对于大多数人来说，独立客观地区别和衡量不同的特质不是一件容易的事。**人们会在心理上创造并且保持连贯统一，来降低自己的认知失调。**

光环效应在很多地方都有体现。举个例子，有一家企业的客户服务中心每天要接到上千个电话，有的问题能够马上被解决，有的问题则需要客服人员查询之后才能给予答复。在随后调查服务满意度的时候，那些问题得到即时解决的客户对服务满意度的评价明显高于那些问题没有立刻得到解决的客户。

这个结果没什么好奇怪的，但是一些细微的地方很有意思：在问题得到即时解决的客户里，58% 的人都觉得自己的电话很快就被接听了，只有 4% 的人认为自己等了很久；而那些问题没有得到即时答复的客户中，只有 36% 的人认为自己的电话很快就被接听了，高达 18% 的人认为自己等了很久。实际上，这家公司配备了自动应答系统，不同客户的等待时间并没有什么差异，造成这种结果的原因是光环效应影响了人们对自己等待时长的判断。

光环效应不仅能减少认知失调，同时还是一种启发、一条经验法则，人们用它来评估那些不好直接判断的与事物有关的信息。我们总是倾向于抓住那些看得见摸得着的、看上去很客观的相关信息，然后把一些模棱两可的因素说成是这些信息的动因。可以说，光环效应是我们日常生活中普遍存在的一种偏见，在无形中塑造了我们对这个世界的看法。

光环效应是思维连贯性形成的部分原因，因为它的存在，我们更有可能把对一个人的某个特质的偏好迁移到对他的整体判断上。比如，我们看到一位运动员既英俊又健壮，那么我们会倾向于认为他的运动能力一定很强，反之，我们就很可能会低估他的运动能力；如果我们看到一位女士既漂亮又健谈，那么我们可能会高估她的智商，而如果这位女士相貌平平，我们可能就会低估她的智商。人们也常常会认为，一家成功公司的总裁必定是头脑灵活、讲究方法、行事果断的人，可是当这家公司的经营状况变得糟糕时，人们又会认为这位总裁头脑糊涂、僵化死板、独断专行。

光环效应的影响的确是太大了，你可能常常会发现自己的想法是前后不一的。由于光环效应的存在，我们很容易把因果关系抛到脑后，有时候错觉就是这样产生的。

“光环”造就的“沃伦·哈丁效应”

光环效应是人类认知模式中的一种“快捷方式”，会让我们对他人产生错误的判断，这种现象在心理学上有一个专有名词——“沃伦·哈丁效应”。沃伦·哈丁（Warren Harding）正是那个公认的历史上最烂的美国总统。

1899年的一个清晨，在美国俄亥俄州一家环球酒店的后花园里，两位男士在并坐擦鞋的过程中相识了。其中一位是律师兼议员哈里·多尔蒂（Harry Doherty），他纵横政界，非常善于把握政治机遇；另一位叫沃伦·哈丁，是来自俄亥俄州某个小镇的报纸编辑。多尔蒂只看了哈丁一眼，就立刻被他吸引了。那一年，哈丁35岁，是位不折不扣的美男子，不仅女性会这样评价他，甚至连男性都会对他帅气的外表大加赞赏。

此时，多尔蒂不断打量着哈丁，一个念头像闪电般击中了他：这个人能不能在自己的助力下成为一位伟大的总统呢？事实是，哈丁除了长得帅气之外，并不是一个天资聪颖的人。虽然在结识多尔蒂一周之后，哈丁就在他的帮助下当选为州议员，但是随后他不间断地从一个政府部门调到另一个部门，却从来没有取得什么可喜的政绩。好的一点是，随着年龄的增长，他变得越发仪表堂堂，所有见过他的人都会说：“这个人长得真像一位总统啊！”

时间很快来到了1920年，距离多尔蒂第一次见到哈丁已经过了21年，在这21年里，多尔蒂一直在支持和培养哈丁。也就是这一年，多尔蒂不顾哈丁的反对，坚决说服他参加总统竞选。后来，哈丁不仅参加了总统竞选，而且还真的赢得了选举，顺利成为美国总统，但是，仅仅在就职两年之后，哈丁就因为中风而猝死了。绝大多数历史学家一致认为：哈丁虽然长得最具总统风范，但他依然是美国历史上最失败的总统之一。

面对相貌出众的人，我们常常会做出一些错误的判断，认为他们真诚可靠、聪明过人、感情丰富、温柔友善、乐于助人、易于合作，而他们似乎也的确生活得更加幸福。外表迷人的政客通常会赢得更多的选票；长得好看的职员往往薪酬更高、更容易得到提拔；相貌端正的律师有着更高的价码。而笑意盈盈的面容往往会激发我们购买商品的欲望，难怪精明的销售员和房产经纪人总是面带微笑。

这种沃伦·哈丁效应，也常常出现在职场当中。

回到本章开头的那个思考题：哪种简历更能提高求职者获得面试机会的概率呢？

心理学家的研究结果表明，在获得面试机会的可能性上，帅气的男性比他的同性求职者要高出一倍，但是漂亮的女性获得面试的机会却比长相一般的女性更少。

为什么漂亮女性获得面试的机会反而要更少呢？

首先，研究者注意到，只有当招聘公司自己来筛选简历的时候，美丽的外表才会对女性产生负面影响，公司内部的筛选人员更加青睐长相平平的女性。如果是借助其他职业中介机构，那么，公司之外的简历筛选员会对所有女性求职者一视同仁，不分美丑。

其次，公司内部绝大多数的简历筛选人员都是女性，对她们来说，美女求职者是一种潜在的威胁，而中介机构的女性筛选人员就没有这样的忧虑。如果某公司雇用了一位美女，中介机构的筛选人员很少会有机会再见到这位美女，但公司内部的筛选人员则很可能天天都要和这位美女碰面。

这种不自觉的嫉妒心理是一种带有偏见的无意识反应，我们不会承认自己对待他人时有不公正的行为，却常常会在没有意识到的情况下这样去做。

退后一步看问题，才能保持客观

沃伦·哈丁俊朗的外表被打造成一道头顶的光环，这道光环掩盖了他平庸的资质，导致选民误以为他能力出众，把他推上了美国总统的宝座。在现实生活中，你肯定不希望被这样的光环蒙蔽，那怎么做才能打破光环效应呢？

假设你是一家企业的人力资源主管，你对人力资源部门负责面试的员工近来的表现和工作成效有些不满意。他们要负责对每一位应聘者进行 15 ～ 20 分钟的面试，你曾经要求这些面试官在面试中要多涉及一些话题，尽量对面试者做出较为客观的整体评价。但实际情况是，这种面试的效率并不高。面试官在面试时，会按照个人的喜好来做出最后的录用决定，而这个决定也会受到面试官当时情绪的影响，所以通过面试的人最后留存的比例不高。因此，你特别想找到一个能够提高面试效率的方法，那么你应该怎么做呢？

就像前文讲到的，由于光环效应的存在，人们很难排除因个人喜好所形成的第一印象对最终判断的影响。所以，为了消除光环效应的影响，面试官可以采用一些方法来提高面试的效率。

著名心理学家、诺贝尔奖获得者丹尼尔·卡尼曼（Daniel Kahneman）①，曾经对以色列国防军面试新兵的工作进行过优化改进。他摒弃借助面试官的整体评估给面试者打分并筛选新兵的方法，转而要求面试官从个性特征的六大方面对新兵进行评估。面试官要为应征者的每一项个性特征单独打分，而最后的结果要由计算机根据一个特定的公式给出，面试官不对计算的结果进行任何干预。

卡尼曼为招募新兵制定的方案，能帮助面试官尽量客观地从更多角度全方位评估面试者，包括责任心、社交能力以及勇气等。同时，他还要求面试官按照固定的顺序去测试新兵个性特征的六大方面，并在进行下一项测试之前，对前一项测试按照 5 分制来打分。面试官唯一的任务就是，找出面试者过去的经历中与某项个性特征相关的信息，并据此给出分数。

卡尼曼认为，面试官的作用就是提供可靠的测定值，而关于预测有效性的工作不归他们管，而应该由计算出的总分来决

---

① 诺贝尔经济学奖得主，“行为经济学之父”。他酝酿 10 年思考的全新力作《噪声》讲述了行为科学领域的又一重大发现——哪里有判断，哪里就有“噪声”，直击人类决策中的“黑洞”，并给出了减少决策噪声的关键指导原则，本书中文简体字版已由湛庐策划、由浙江教育出版社出版。——编者注

定。按照卡尼曼提出的方案面试几百次之后，新兵指挥中心收集了对新招募的士兵的评价，结果表明，优化后的面试过程的效果与原来的方法相比有质的飞跃。

我们完全可以用上面的方法来优化企业招聘，这种招聘方式上的改变，能够让新员工的素质有大幅度的提高。需要注意的是，为了免受光环效应的影响，面试官必须要在一定时间内完成关于某个特征的信息的采集，并对这个特征进行打分，完成之后才能开始下一个，不要越过某个特征去评测其他特征。在评估每一位候选者时，都要把个性特征六大方面的评分累加起来，最后雇用得分最高的人。即使你认为其他候选人更合适，也要尽量克制自己。

大量的研究结果表明，只要按照这种方式操作，企业就能找到最合适的人选。这比依据主观判断来招聘人才要有效得多，因为它在很大程度上排除了光环效应和第一印象对面试官决策的影响。

卡尼曼的这种筛选新兵的方法，还可以应用到现实中的许多具体问题上。比如，团队的领导可以把团队中每个成员的优势和劣势列出来，做到知人善任，避免任人唯亲。又比如，有人在理财时，一看到某个产品高额的收益率就冲动买入，却没注意到高昂的手续费，算下来实际收益并没有高多少。所以，不能只盯着理财经理最想让你看到的收益率，还要冷静下来仔细阅读交易细则，搞清认购费用、锁定年限、赎回手续费等细节条款，这样才能打破光环效应，选出真正的收益率最高的理财产品。

俄国文豪果戈理在《钦差大臣》中讲述了这样一个故事：一个倾家荡产的赌徒被误认成微服私访的大臣，于是他的蛮横无理被看作在掩饰大臣身份，他的贪得无厌被当地豪绅当作了攀附的阶梯。他天花乱坠地吹嘘自己，让所有人投来欣羡的目光。为了讨好这位假钦差大臣，人们都只盯住他身上的光环，而没有留意他露出的破绽，直到他逃走，都没有人发现他其实是冒牌货。

因此，我们要时刻提醒自己，不要把视线停留在那些别人故意留给我们看的地方。让自己站得远一些，从更宽广的视野观察、分析和思考，就能发现光环下隐藏的人、事、物的本质，以做出更好的判断和决策。

05

击碎“视角固化”，发现世界的多面性

找到一个正确的视角，
是你面对任何问题时
要做的第一件事。

思考力训练

假设你到一家公司去谈合作，并得知对方参与谈判的人中有一位是你以前公司里的竞争对手。他是一个事业心非常强的人，你们之间的关系曾经因为公司内部资源的竞争而闹得有些紧张。那么对于这次谈判，你预期结果会怎样呢？

1. 谈判并不会受到影响，你在谈判桌上表现得非常积极；

2. 前同事很可能会暗中阻挠这次谈判，影响你在谈判中的表现。

你对这次谈判的不同预期，很可能会影响这次谈判的发展以及结局。如果你怀着更积极的心态与对方沟通，即使你不能赢得前同事对这次合作的支持，至少能用自己的努力尽可能地争取对方其他员工的认可。

相反，如果你一开始就对前同事抱有成见，认为他会影响你们之间的谈判和合作，那么你在心态上就已经处于一种消极状态了，这不但不利于你合理地为公司争取利益，也会让对方公司的人质疑你们的合作诚意，让你在这次谈判中变得更加被动。

在工作和生活中，我们经常会从自己出发，用自己习惯的，甚至固化的视角去看待和理解世界，这就很容易被自己的思维方式限制住，甚至还会钻牛角尖，得出错误的结论。实际上，这种视角固化的情况很常见，就像人们常说的那样：“手里拿个锤子，看什么都是钉子。”

扭曲现实的“俄罗斯方块效应”

2002 年 9 月，一位名叫法伊兹的 23 岁英国青年由于拒绝在飞机上关闭手机而被判处监禁 4 个月。当时机组人员一遍又一遍地要求他关掉手机，以免影响飞机的通信系统，可他就像没听到一样，一直低着头，专注地玩着游戏。他玩的游戏是《俄罗斯方块》。相信很多人都玩过这款游戏，游戏中会出现7种不同形状的方块，这7种方块就像积木一样，从手机屏幕的顶部落下来，玩游戏的人可以旋转或者移动这些方块，直到它们落到底部，当这些方块填满一行时，那一行就会自动消除。这款游戏的发明者非常得意，因为他成功创造了一款让人上瘾的产品。

时至今日，这款游戏已经让世界各地的人们花费了上千万个小时。哈佛大学医学院曾经做过一项研究，研究者付费让 27 个人来玩《俄罗斯方块》，一天需要玩好几个小时，而且必须连续玩三天。你是不是觉得这是一件天大的好事儿呢？玩游戏的同时还有报酬！但是如果你知道游戏参与者后续的反应，你可能就会庆幸自己没有参与这个实验了。

在这个实验结束后的几天里，一些参与者每天睡着后都会做这些方块从天而降的梦，而醒着的时候，他们总是能够在各种地方“看到”这些方块。例如，有一个人是这样描述的：“当我穿过超市通道时，我注意到有一个麦片的盒子和货架下面的缝隙完美契合；当我走在回家的路上时，我走到一个 Y 字形的路口注意到了一堵砖墙，我想只需要把那些浅颜色的砖旋转一下，就正好能契合墙下方那几块不平整的砖；当我工作了几个小时望向办公室窗外时，我在想，如果我把维多利亚大厦倒过来，是不是正好可以插入自由广场的两栋楼之间呢？”

这些实验的参与者似乎把整个世界都看成是俄罗斯方块游戏，研究者把这种现象称为“俄罗斯方块效应”。俄罗斯方块效应告诉我们，大脑非常容易陷入某种看待世界的模式之中不能自拔。我们可能都有过这样的体会：当有人用开了闪光灯的相机对着你拍照，之后的几秒钟之内，你的眼前会闪现一些蓝色或者是绿色的光点。长时间玩《俄罗斯方块》游戏的人，也同样陷入了眼前那个“光点”之中，在这种认知模式下，他们在看向周围环境的时候，就会不由自主地看到俄罗斯方块的形状，这不仅仅是视觉问题，**连续玩《俄罗斯方块》游戏实际上改变了人们大脑中神经元的连接，创造出了一种新的神经通路，正是这种新的连接扭曲了人们看待真实情境的方式。**

别因为“无意视盲”错失“显而易见”的美好

如果你觉得上面说的情况不可思议，那下面这个例子一定能引起你的共鸣。假设你的同事跟你说，上司总是因为工作中的一些事情指责、怪罪他。而你作为旁观者，却发现他们俩在交谈的时候，上司并没有像同事表达的那样频繁指责或者怪罪他，反而是这位同事经常对领导的话做出错误的解读。

如果你想帮助这位同事改善他和上司之间的关系，可以建议他在和上司谈话的时候，请在场的其他同事事后反馈一下他们当时听到这些对话时的感受。这样他就可以从别人的角度来审视自己与上司之间的沟通和交流模式，更加客观地认识自己的一些预设或偏见。

具体来说，**看到同样情景或者听到同样对话的两个人，实际上却可能“看到”和“听到”不同的东西，给出不同的解读，这主要取决于他们各自期待什么。**如果我们总是从消极的角度解读他人，总是陷入寻找和留意消极面的思考模式，那么很可能最终会伤害自己。

比如，会计师事务所中的税务审计师常常会遭受这样一个问题的折磨：他们当中许多人每天必须用 8 ～ 14 小时来寻找税务报表中的错误，当他们这么做的时候，他们的大脑就建立起了寻找错误的连接。就像玩《俄罗斯方块》游戏的人在所有地方都能看到方块一样，这些税务审计师每天总是在寻找各式各样的问题，他们不仅在工作中会更关注团队成员犯的错，当他们和家人相处的时候，也会更关注家人的表现中令人不满意的地方。当他们到饭店吃饭时，同样会注意到菜肴让人不满意的地方。曾经有一位税务审计师用一张表格列出了自己的妻子在过去 6 周里犯的所有错误。你觉得当他把这张表格给妻子看的时候，妻子会有什么样的反应呢？

不仅是税务审计师，其他一些职业也会出现类似的情况，比如，竞技运动员总会不自觉地和朋友或家人竞争；金融交易师总是想去评估他们所做的一切事情的潜在风险，等等。

我们看到越多的消极面，就会错过越多激发积极情绪的事物，这就是陷入了心理学家称为“无意视盲”（inattentional blindness）的状态。就像著名实验“看不见的大猩猩”所展示的，当人们的注意力都放在计算运动员传球数量的时候，哪怕一只大猩猩从眼前横穿而过，他们也注意不到它。同样的道理，当我们习惯用一种消极的固化视角来审视一切事物的时候，就会错过大量“显而易见”的美好事物，会更容易出现悲观、挑剔的心态，甚至导致抑郁，身体状况也会变差。

善用“俄罗斯方块效应”，培养积极心态

以上所说的是俄罗斯方块效应消极的一面，但是它也有积极的一面，具体要看你怎么用它。法国作家罗曼·罗兰说过：“生活中并不缺少美，而是缺少发现。”而俄罗斯方块效应也能帮助我们更好地去发现美，**我们可以训练大脑，让它去主动寻找生活中的美好事物，帮助我们看到更多的可能性，变得更有活力，取得更进一步的成功。**

在上面的同事抱怨上司总是指责他的例子当中，如果你的同事能够意识到他对上司的反应存在一种预判，那么这就是他们的互动方式改变的开端。如果从此之后，他总是能在和上司的互动过程中看到更多积极的方面，那么他们之间的互动就会变得越来越顺畅。

心理学家给出了一种快速启动俄罗斯方块效应积极一面的练习方法，那就是每天都记录你工作、生活中发生的三件好事。当你坚持每天都写下三件好事的时候，你的大脑就会不由自主地去寻找一天中的积极事件。

这样一来，你每天只需要花费不到 5 分钟的时间，就可以训练大脑更擅长留意和专注于个人成长与职业发展的机会和可能性，同时把过去常常侵占心智的小烦恼和沮丧推开。一项相关的研究发现，那些坚持每天写下三件好事的人，在持续一个月之后，都会更多地感受到快乐，而更少地感受到沮丧，即使在停止练习之后，他们依然能够保持更乐观的心态。因此，越是擅长寻找好事儿并且记录下来，就会发现越多的好事儿。

所以，俄罗斯方块效应是一种可以驯化的工具，可以让我们在工作时保持专注，在生活中发现美好。它能让真正重要的问题进入我们的视野和意识里，让我们的注意力主要集中在积极面上，但是又不会完全过滤掉所有的消极面，让我们既能客观地认识到事物有缺陷的一面，同时也能拥有理智、现实、健康的积极心态。

多样性视角，提升你的职场高度

了解俄罗斯方块效应，最大的好处就是让我们能经常提醒自己变换视角，用不同的方式来看待同一件事物，这其实就是多样性思维的基础，能让你在职场进阶之路上更加游刃有余。

视角选择对了，就可以很好地降低要解决的问题的难度。比如，同样是一片森林，如果你想让人在其中不迷路，画张地图更好；如果你想让人了解它演变的历史，做一张年代表更好；如果你想让人明白你和这片森林的故事，那写一篇文章更好。这就是你描述这片森林可以采用的不同视角。

视角还可以帮助你理解已知、发现未知。门捷列夫是怎么发现元素周期表的？元素有各种化学性质和物理性质，如果你聚焦于不同的性质，就可以得到不同的视角。门捷列夫最终选择了把元素按照质子数进行排序，不仅把已知的元素做出了很好的排列，还通过空出的位置，预言了更多元素的存在。

视角更可以创造商业价值。类似的例子不胜枚举，很多人类历史上的重大突破，都源于不同的新视角。比如，日常生活中常常用到的缝补衣物的针。最初，人们生产针的效率非常低。后来有人意识到，很多工厂都能够生产出钢刷子，换一个角度来看，钢刷子不就是在一个底座上竖着密密麻麻的钢针吗？如果把这些钢刷子的刷毛切断，再钻上孔，不就变成针了吗？于是，很多生产钢刷子的工厂就开始转型生产钢针。

由此可见，**视角的多样性，是帮助你取得事业成功的最佳助力。找到一个正确的视角，是你面对任何问题时要做的第一件事。**

让我们回顾一下本章开头的思考题：假设你到一家公司去谈合作，并得知这次对方参与谈判的人中有一位是你以前公司里的竞争对手。他是一个事业心非常强的人，你们之间的关系曾因为公司内部资源的竞争而闹得有些紧张。对于这次谈判，你的预期是谈判并不会受到影响，你在谈判桌上表现得非常积极，还是你猜测这位前同事很可能会暗中阻挠这次谈判，影响你在谈判中的表现呢？

理解了俄罗斯方块效应，你就会知道，你的不同预期很可能会影响这次谈判的发展以及结局。如果你认为大家都是成年人，能够很好地分清工作和个人的关系，不会因为个人原因影响工作，那么你就会怀着更积极的心态与对方沟通。你会在言语中传达出你的友好以及把工作放在第一位的积极态度，这样一来，即使你不能赢得前同事对这次合作的支持，至少能用自己的努力尽可能地争取对方其他员工的认可。

相反，如果你一开始就对你的前同事抱有成见，认为他会影响你们之间的谈判和合作，那么你在心态上就已经处于一种消极状态了，这不但不利于你合理地为公司争取利益，也会让对方公司的人质疑你们的诚意，进而让你在这次谈判中变得更加被动，让谈判的失败变成一种“自我实现的预言”。

一个人会产生什么样的反应，跟他平常看待事物的思维定式有很大的关系。如果一个人更容易注意到事物积极的一面和主要矛盾，那么他就更容易获得快乐和满足；而如果一个人总是关注事物中于己有利的方面，却很少关注、衡量别人的付出，那么他就更容易消极、悲观，甚至怨天尤人。**人的大脑是一个过滤器，它能够注意到的内容完全取决于我们关注什么，因此我们一定要刻意训练自己的大脑，寻找能够使我们获得更多成功和快乐的机会。**

你应该经常提醒自己转换视角，这样才能跳脱出来，不被固定思维束缚，更好地找到解决问题的思路，收获多样性红利。进一步说，你只有跳脱出来，不被眼前具体的事务限制住，去思考那些比自己更宏大的事情（“think something bigger than yourself”）才能把心态打开，更好地去拥抱世界。记住，**你看世界的角度，决定了你能达到的高度。**

06

突破“防御式大脑”，打开思维的新格局

成功并非终点，
失败也绝非末日，
重要的是
继续前行的勇气。
——丘吉尔

思考力训练

当一位同事邀请办公室里的其他人下班一起去聚餐，却没有邀请你时，你会怎么想？

1. 根本没有人喜欢我，我太可怜了；
2. 他们不理我，我也不想理他们；
3. 他们居然都不邀请我，简直太过分了；
4. 我也许可以去问问能不能和他们一起去。

如果你的选择是前三个选项中的一个，这代表你是一个有防御式思维的人，你害怕面对失败，担心被人贬低，更倾向于掩盖自己的错误和不足。

如果你的选择是第四个选项，这代表你是一个拥有开放式思维的人，你更善于应对挑战，能在危机中看到机会，你也更容易吸收、内化新的知识。

在职场中，我们都知道要表现得乐观、积极、开朗，这样才能赢得身边同事的喜爱和领导的赏识。但仅仅有这个意识是不够的，你需要改变的其实是自己的思维习惯，打破防御式思维，否则你的积极乐观就只是一种表演，经不起困难和挑战的考验。

防御式思维带来的问题可不仅是悲观、惧怕失败，它甚至会让人掩盖自己犯下的错误，让错误不能被及时发现和纠正，最终酿成大错。

走不出失败阴影，是防御式思维害了你

伯纳德·卢瓦索是世界上最出色的厨师之一，他是饮食界的明星，也是新式烹饪的发明者之一，他在勃艮第拥有一家三星米其林餐厅和一条冷冻食品生产线，在巴黎也拥有三家餐厅，同时他还出版了多本烹饪书籍。

2003 年，卢瓦索在《高勒米罗美食指南》(*Gault Millau*) 中的评分从 19 分降到了 17 分，而满分是 20 分。烹饪界因此谣言四起，传言他会在当年的《米其林指南》中被撤销三星评级，不幸的是，卢瓦索被自己可能会遭遇失败的念头击垮了，因此他选择了自杀。但在他自杀之后不久，当年的《米其林指南》就出版了，卢瓦索的餐厅仍被评为最高级别的三星，并没有被降级。正如《高勒米罗美食指南》的负责人所说，难以想象他们杂志的评分会让这位出色的厨师丢了性命，卢瓦索的死真是一个巨大的遗憾。实际上，卢瓦索就是一个典型的拥有防御式思维模式的人。美食指南对他降低评分的举动，让他对自己产生了一个新的定义—— 一个失败者，一个风光不再的人。

防御式思维不仅能摧毁一个人，甚至还能毁掉一家巨无霸公司。

20 世纪 90 年代，在华尔街叱咤风云的所罗门兄弟公司遭遇了一次重创，这家公司的一位优秀的部门主管保罗·莫泽 (Paul Mojzes) 在 1990 年到 1991 年间多次破坏美国财政部制定的国债投标规则。在 1991 年 4 月底，莫泽发现自己的行为很快就会暴露，于是他把在 2 月的国债竞标中的违规行为告诉

了自己的上司约翰·梅里韦瑟（John Meriwether）。随后，梅里韦瑟把这件事情报告给了所罗门兄弟公司的董事长、首席执行官及公司内部的律师。

梅里韦瑟跟公司的几位主要管理者说，莫泽的行为应该已经触犯了法律，必须把实情尽快告知纽约联邦储备银行。但是，从董事长到首席执行官，再到公司的律师，没有一个人履行这个告知的义务。很快，半年过去了，这种拒绝承认公司所犯错误的傲慢自大的懈怠行为，让问题发展到了无法收拾的地步。

所罗门兄弟公司高管知情不报的行为惹怒了纽约联邦储备银行，银行的副行长给所罗门兄弟公司发出了一封信，要求他们根据自己已经了解的情况，在10天之内递交一份涵盖所有不规范行为、违法行为以及渎职细节的综合报告。然而，在收到这封信之后，所罗门兄弟公司的董事会依然没有做出反应。因此，美国财政部做出了一个决定：终止所罗门兄弟公司竞标美国国债的资格，不管是它自己购买还是帮客户购买。这给了所罗门兄弟公司当头一棒，使其超过一半的业务面临瘫痪，眼看这个金融大鳄就要“猝死”。

所罗门兄弟公司的这种作为正是典型的防御式思维的表现，他们受限于盲目的骄傲自大，无法面对自己的错误，也不能把自己的错误当成一次成长的机会，他们害怕公众因他们的错误行为就把所罗门兄弟公司视为一个失败者，所以他们不敢承认自己的错误。

著名的“股神”沃伦·巴菲特（Warren Buffett）也是所罗门兄弟公

司的股东，他在这个时候临危受命，出任所罗门兄弟公司的临时董事长。巴菲特就任后首先向政府监管部门、媒体和大众承认了所罗门兄弟公司所犯的错误，并且承诺将会改正这个错误，以及对犯错误的高层管理者进行追责。在随后的10个月里，巴菲特更是动用自己多年来积攒的良好信誉，在华尔街和华盛顿之间奔走，在所罗门兄弟公司濒临倒闭的危急时刻力挽狂澜。巴菲特具有的就是开放式思维，他认为，组织或个人都难免会犯错，但是只要勇于承认错误，并且尽力去补救和改正，就能够获得成长。巴菲特不把失败定义为是不可逆转的，而是把它当作一次获得成长的机会。

当处于防御式思维模式中时，人们会非常害怕因为失败招致他人的贬低，他们担心失败会永久地定义他们，也许他们很聪明、很有天赋，但是防御式思维模式似乎剥夺了他们处理问题的能力。而当人们拥有开放式思维时，失败虽然也会让他们感到非常痛苦，但他们并不认为一次失败就足以定义自己，他们认为自己的能力是可以拓展、改变和成长的，通往成功的道路依然有很多条，所以他们不会惧怕直面失败。

对于一个拥有防御式思维的人来说，被失败击垮可能会是永远好不了的创伤，失败从一个事件——“我做某事失败了”，转变成了一种身份——“我是一个失败者”。

优化思维，才能不被失败打倒

没有人生来就是成功者，即便是巴菲特、乔布斯、比尔·盖茨这样卓越的企业家，也曾经遇到过解决不了的问题，甚至是彻底的失败。而他们异于常人的地方，是能够从失败中重新站起来，百折不挠、逆势而行，直至成功。如果你也想要和他们一样不畏惧失败，并且能在失败中吸取教训、弥补不足，变得更强大，就要把防御式思维转变为开放式思维。

科学研究发现，我们的大脑中有一种特别的神经回路，叫作“社会参与系统”。社会参与系统位于大脑的前额叶皮质。这个脑区连接着其他很多脑区，负责高级思维，影响着一个人的好奇心、观察力、分析力、共情力和问题解决力，甚至是道德感。

当一个人的社会参与系统被激活时，引发的态度是接纳，而不是防御，这时人就处于开放式思维起作用的状态。社会参与系统活跃，会让我们在应对挑战时更清醒，头脑更灵活，也会使我们保持平静、放松的心态，让我们的大脑能更轻松地吸收、内化新信息。有些人在压力之下总能有超常发挥，并不是他们天生心理素质好，而是他们后天拥有了开放式思维，善于激活自己的社会参与系统，能够在危机之中放平心态，捕捉到危机中潜藏的机遇。

而拥有防御式思维的人，因为没有激活社会参与系统，所以无法调动起前额叶皮质负责的高级思维，大脑活动停留在较低级、较原始的脑区。防御式思维决定了我们在面对威胁时做出的反应是对抗性的，这时人们会担心犯错、想避免麻烦。因此防御式思维会让人抗拒新知识，抗拒他人提出的观点和建议，进而把整个世界看作难以应付的困难，眼里充满了焦虑、竞争和威胁。

那么如何才能激活我们的开放式思维呢？其实不难，你只需要在工作和生活中养成良性的思考习惯就可以，这里我想用一个例子来说明。

如果你报名去学习西班牙语，在课堂上，老师向你提出了一个又一个的问题，这时，如果你拥有防御式思维，那么就会感受到自己的能力受到了挑战，大家的目光都集中在你的身上，你会特别关注老师对你给出的答案的反应，你还会感到十分紧张，并感受到你的自尊心正在被蹂躏。而如果你拥有开放式思维，那么你就会想，你是一个初学者，这也是你来这里学习西班牙语的原因。你来这里的目的就是学习，老师可以帮助你更好地学习。如果你能这样思考，紧张的心情就会远离你，你的思维就会变得更加开放和活跃。

同理，在工作中，领导有时会要求我们返工，指出我们工作中的许多问题。一开始大多数人都会按要求返工，可如果领导连续三四次要求返工，很多人就会产生抵抗情绪，消极怠工或者应付了事，甚至是发脾气，这都是防御式思维的反应。而拥有开放式思维的人会认为：“领导多次要求返工，说明依然相信我能完成好。领导这次指出我的许多错误，对我很苛刻，可能是因为接下来有很重要的工作要交给我。而且不管领导怎么打算，我都能把这项工作做得更好，这对我并没有坏处，也不会给我带来什么损失。”

一个拥有开放式思维的人，不仅能够打开自己的思维，也能在沟通协作中，激发周围的人形成开放式思维。

让我们假设一个职场中常见的场景：最近你在带一个没有工作经验

的实习生，刚参加工作的他很多事情还没能上手。不过，最近他提交了一份还不错的工作材料，你会如何对他表示鼓励和赞扬呢？

如果你对他说：“你做的东西真是太好了，你比我之前带的实习生聪明多了。”这样你就把他放在了聪明有才华这样的位置上。如果你跟他说：“跟你上次提交的工作计划相比进步很大，我能看出来你在这上面花了很多心思。”这时他并不会感到自己拥有什么特别的天赋，他会认为自己受到表扬是因为自己付出了努力。如果你经常只给下属其中一种反馈，那么这可能会对他未来的职场发展产生截然不同的影响。第一种夸奖是对他才能的夸奖，会让他陷入防御式思维模式，表现出防御式思维者所拥有的特征。一旦他在工作中需要应对更大的挑战时，他就可能会选择回避，因为这样才不会暴露出他能力上的不足，避免别人对他的才能提出质疑。第二种夸奖则与第一种相反，如果你夸他非常努力，那么在未来他就有更大的可能性去迎接挑战，学习新知识、应对新任务。

开放式思维，用理性支配你的乐观

开放式思维，能够让人乐于迎接挑战并且接受失败，用平和代替焦虑，用接纳代替对抗，用主动开放代替被动防御。但是，这并不能说明拥有开放式思维的人更自信，也并不代表他们的危机意识更薄弱。

与防御式思维相比，开放式思维真正的价值不在于让人自信，而在于让人踏实、平和地面对困难与挫败，从而在这些困难与挫败中学习到新的经验，让自己变得更坚强，更有智慧，生活得更有目标感。

所以，开放式思维并不能让人永远快乐、永远没有消极情绪、永远不会遇到问题。如果你对开放式思维的认识有偏差，笼统地把它和积极乐观的心态画等号，可能会导致你面临一些问题。听起来这二者是很容易区分的，可在实际生活中，就连著名的心理学家、诺贝尔奖获得者丹尼尔·卡尼曼也曾犯过这样的错误。

丹尼尔·卡尼曼讲过这样一个故事。当时，卡尼曼刚刚成功说服了以色列教育部的一些官员，在高中开设有关判断与决策的课程。他信心满满地组建了一支团队，其中甚至包括希伯来大学教育学院院长福克斯。他们一起设计了课程内容，并开始着手为这门课程编写教材。

他们坚持每周五下午开一次例会，完成教材的几个章节的编写，还上过几节示范课，大家都感到项目进展得非常顺利。有一次，卡尼曼突然想到，可以请所有参与教材编写的人员预测一下教材文稿的完成时间，然后，卡尼曼收集了大家的预测，并且把结果记在了黑板上。大家对完稿时间的预估集中在两年左右，最短的是一年半，最长的是两年半。看到这个结果，卡尼曼又有了一个主意，他问福克斯院长：能否想到还有哪些团队曾经像他们一样编写过课程教材，大概用了多长时间？

福克斯院长认真地想了想，陷入了沉默，在卡尼曼的一再追问下，他说："据我了解，大概有 60% 编写教材的团队最后都没有完成教材的编写，用时少则 7 年，多则 10 年。"听到福克斯这么一说，整个团队都傻眼了，卡尼曼又追问了一个问题："那么我们这个团队和其他团队成员的技能水平以及资源相比如何呢？"福克斯认真地想了想说："我认为，客观来讲，我们团队成员的技能水平和资源略低于平均水平。"这也就是说，卡尼曼教授组建的这个教材编写团队能够完成教材编写的可能性将不会超过 40%，而完成这个教材编写则需要 7 ～ 10 年，这远远超出了他们的预期。

虽然福克斯院长的话给卡尼曼团队带来了不小的震动，但是他们仍然坚信能很快完成教材的编写。在短暂的争论之后，他们决定当作什么事都没发生，继续工作。而这本教材最终完成，已经是在 8 年以后了。虽然卡尼曼和他的几位心理学家同事最终完成了这项工作，但是用时远远超过了他们预测的最长时间两年半，乐观自信的心态并没有让他们比别人完成得更快。

如此看来，盲目乐观和开放式思维最大的区别在于，前者的乐观只会让人沉浸在“我能成功”的假象中，对困难和挑战缺乏清晰的认识，单纯地相信“有志者事竟成”。但是，乐观心态并不能转化成“为我所用”的力量，一旦碰到危机，抱着盲目乐观的心态就等于是在以卵击石。**而拥有开放式思维的人，能够在拥有积极心态的前提下，更高效地提升自己的行动力和复原力，获得更多成功的可能性。**也正是因为如此，开放式思维能让人更容易接受失败，因为他们已经竭尽全力、无怨无悔。同时，他们虽然会遭遇失败，却能从中积累经验，提升能力，下一次面对挑战时也就更有成功的把握。

研究表明，发明家、企业家、政治和军事领导人通常都是拥有开放式思维的人，他们不仅善于发现事物积极的一面，也更能主动寻求挑战，承担风险，不畏失败。英国前首相温斯顿 · 丘吉尔就是一个典型例子。

在第一次世界大战时，时任英国第一海军大臣的丘吉尔因为一意孤行、鲁莽行事，导致英国海军在加里波利之战中大败，他也因此被免去了第一海军大臣的职务。

战败后的丘吉尔饱受英国国内政敌的排挤和攻击，可他并没有灰心丧气，也没有陷入和政敌的口水战中，而是继续为英军的改革谋划奔走。当其他英国领导人沉浸在第一次世界大战后的和平氛围中时，丘吉尔已经敏锐地嗅到了第二次世界大战即将爆发的气息。

开放式思维帮助丘吉尔走出了失败的阴影，同时也让他能审时度势，做出理性的判断。在第二次世界大战前的数十年间，丘吉尔一直视苏联为对手，对其充满警惕。但随着第二次世界大战爆发，面对纳粹德国这个无比强大的敌人，丘吉尔认识到如果不与苏联合作，英国的胜算将微乎其微，于是他果断选择放下成见，坚决主张联手苏联共同对抗纳粹德国，这才有了第二次世界大战的胜利。

丘吉尔曾经说过："成功并非终点，失败也绝非末日，重要的是继续前行的勇气。"无论遇到多大的成功和失败，它们都已经是过去时，你需要做的，是用开放式思维积极地向前看，面对现实，只有如此，你才能够拥有掌控未来的力量与格局。

朱永新 | **新教育实验发起人，中国陶行知研究会会长，民进中央副主席**

苏格拉底说：“未经审视的人生是不值得过的。”意思是：如果没有思考，就没有真正的人生。而韩焱写这本书的目的，就是帮助人们学会思考，把思考作为习惯，丰富思维工具箱，做到能从一个问题迁移到另一个问题，让自己的人生更值得过。在某种意义上，他们的时空产生了融合。

巴曙松 | **北京大学汇丰金融研究院执行院长，中国宏观经济学会副会长，中国银行业协会首席经济学家**

韩焱创办的湛庐文化是我在出版著作时主要合作的出版机构之一，这种长期良好而默契的合作来自我们对许多理念的共同认同，例如，把思考作为习惯，不断打破自己，对话最伟大的头脑等，这些理念在韩焱的这本书中得到了十分充分的阐述。在阅读时我常常想，按照目前人类技术不断进步的速度，我们预计会进入一个机器人数量比人类数量还要多的时代，在这样的时代，人类能够区别于机器人的特质之一，可能就是人类能够创造性地阅读与思考，不断探索自我，促进自我的成长。从这个意义上来说，阅读与思考会继续陪伴着我们的未来，塑造着我们的生活。

彭凯平　清华大学社会科学学院院长

认识韩焱很多年，她创建的湛庐文化引进了很多科学大师的著作，比如《津巴多普通心理学》、“积极心理学之父”马丁·塞利格曼的“幸福五部曲”，还有“行为经济学之父”丹尼尔·卡尼曼的《噪声》等，熠熠生辉。在我眼里，她除了优秀出版人的身份，更像是一位思想者。而我要推荐的她的新作《把思考作为习惯》，就可以看作她多年来独到思考的凝结。混乱的思考会让人痛苦，而通透的思考能让人获得持续幸福的能量。

钱小军　清华大学经济管理学院领导力与组织管理系教授

作为教育工作者，我尤为认同要做到把思考作为习惯：一方面，阅读虽然能帮我们获取知识，但“思考才（能）使我们读过的知识成为自己的”；另一方面，思考还是人类心智成长的必需品。韩焱的成长与成功经历充分说明了阅读加思考的力量，缺一不可。借此机会，我要向广大读者推荐韩焱的这本新书。阅读它，不仅能帮助你了解和掌握众多思想者定义的重要概念，还能助你养成通过这些概念来观察和解释工作与生活中常见现象的思考方式，“与聪明的人共同进化”。愿我们都能热爱阅读，并把思考作为习惯，一起“踏上我们每个人的‘英雄之旅’”！

田溯宁　亚信创始人

对于想要和未来共同进化的人来说，有两种精神必不可少，一种是勇于探索的开放精神，一种是不断试错的创新精神。而构建这两大精神的内核，不是硬技术，而是软思考。一个人的思考能力，就代表了他的元认知能力。如果元认知能力不够，那么再去探索、再去创新，也可能会被“弯道超车”，这样的例子数不胜数。我很喜欢韩焱创办的湛庐推出的很多书，因为它们都在帮大家构建元认知，比如多样性思维、模型思维、工程师思维、复杂性思维、网络思维等。我想，韩焱的《把思考作为习惯》也将成为湛庐这座“思维宫殿”的一个重要成员。

田　涛　华为公司高级管理顾问

“思想者手握未来”，这是我阅读《把思考作为习惯》书稿后，头脑中迸出的第一感受。第二感受是：世界上不存在永动机，唯有不懈思考才能保持原地不动或持续进步。思考是改变民众气质、组织气质、个人气质的永动机。倦于思考、停止思考则意味着个人和组织精神上的没落。老资格的出版人韩焱不仅在过往 20 多年为中国读者打开了一扇又一扇思考的窗格，而且以其宽阔视野和成熟的现代思考能力，在其新作中既从价值论层面论述了思考的意义，也为读者提供了关于如何进行思考的一套工具和方法论。此书于我这样的老派“思考人”有颇多启示，相信也一定会对诸多“思考者”和有远大抱负的组织带来有益的帮助。

尹　烨　　华大集团 CEO

“学而不思则罔，思而不学则殆。”人和人最大的差距是认知，而最宝贵的分享则莫过于思维逻辑的传递。认识湛庐很多年，也品评过其推出的多部图书，韩焱的这部作品正如她和她的团队一直坚持的——做思想界的关键物种。

毛大庆　　博士，优客工场创始人

歌德说过，真正的智慧是在人们思考过千百次后得出的。

在这个信息爆炸的互联网时代，我们每天都要主动或被动地接收来自方方面面的大量信息，其中哪些是有价值的，哪些是经不起推敲的？哪些是对我们有益的，哪些是带有负能量的？如果没有思考，不加过滤，那么，阅读与浏览越多，困惑也就变得越多。

湛庐是中国出版业的头部品牌，韩焱对于出版内容的甄别与判断，与她多年来养成的思考习惯关系密切。

诚如书名《把思考作为习惯》，习惯的养成，绝非一日之功。本书体系化地将思考与思维方式模块化分解，并总结出一套具有可操作性的方法论，可以助你更高效地理解这种习惯，并将其运用到个人的工作、生活及待人接物中。

开卷有益，祝你阅读愉快，养成勤于思考的好习惯。

罗永浩 | **原锤子科技创始人,"交个朋友"首席主播,"传奇网红"**

湛庐文化成立近 20 年来，一直是中国图书出版领域中非常有影响力的品牌，引进过无数全球畅销的好书，以至于我的书架一度望去，满眼都是湛庐图书书脊上标志性的"小红帽"。湛庐也是"交个朋友"直播间的老朋友，我们有过很多次非常好的合作。这一次，湛庐的创始人韩焱女士，把她一直成功的秘密完整地呈现到了你的面前，就是这本《把思考作为习惯》。无论你是想实现人生的稳妥进步，还是职场的剧烈进步，都可以尽早看看这本书。

何　帆 | **上海交通大学经济学教授,《变量》作者**

韩焱是中国最优秀的出版人之一。她引进了一批大师级学者的前沿著作，开阔了中国读者的思路。在和最聪明的人一起进化的过程中，韩焱吸收、提炼、开创了一套概念化思维模式。这套思维模式能有效地帮你洞察事物本质，更快地提升自身能力。

肖知兴 | **博士，领教工坊与致极学院创始人**

韩焱和她的团队是中国出版界一支非常重要的力量。近 20 年来，他们以精准的眼光、卓越的策划和强大的执行力，推出了一本又一本非常有影响力的优秀图书，赢得了出版界的广泛赞誉。韩焱这本关于思考习惯的新书总结了她这些年向各路高手学习和在实战中积累的宝贵经验，有利于提高我们的思维品质，迅速抓住问题的核心，形成有效的解决方案。

刘 润 | 润米咨询创始人

美团的王兴说，多数人为了逃避真正的思考，愿意做任何事情。为什么？因为真正的深度思考，太难了。但是，你可能不知道的是，你之所以觉得一件事情难，是因为这件事情还没有成为你的习惯。你觉得时间管理难，是因为你没有养成优秀的时间管理习惯。你觉得规律健身难，是因为规律健身没有成为你的习惯。成为习惯，任何一件事情，都有可能不再困难。希望韩焱的这本《把思考作为习惯》，能够帮你养成思考的好习惯。

吴 声 | 场景方法论提出者、场景实验室创始人

进化是宇宙穿越周期最重要的力量，最大障碍则是人自身的思维定式。场景生产力时代，知识图谱的架构与升级，对个体、组织乃至数智社会都是新基础设施式命题。见证韩焱与湛庐多年来在认知进化方向的探索，“把思考作为习惯”正成为即时、离散、多元的数字生活必备的底层能力。我们应当有共识，惟有系统性更新的个体思维，才能反脆弱，持续深入不可抵达之处。

樊 登 | 樊登读书 App 创始人、首席内容官

思考是个技术活。如果你从未反思过自己的思考能力，也没有学过关于批判性思维的一些方法，就应该读一下这本书。书中梳理了各种各样思考的误区和改进方式，一定有你不知道的思维盲区。

秦　朔　　**中国商业文明研究中心发起人，“秦朔朋友圈”发起人**

我们正处在百年未遇的大变局中，要理解和应变，对每个人的思维活动都提出了新的挑战。今天所谓的“人才红利”在很大程度上表现为“思考红利”。诸葛亮尝言“才须学也，非学无以广才，非志无以成学”，《论语》中说“学而不思则罔，思而不学则殆”。可见古人已经很明了学和思的关系、学和才的关系。韩焱女士的《把思考作为习惯》，将各种有效的思维工具融为一体，深入浅出，生动有益。愿广大读者都能成为新时代的思维骑士，策马扬鞭迈向未来。

罗振宇　　**得到 App 创始人**

湛庐的书，本就是思考工具的丰富库藏。这次，湛庐的掌门人韩焱老师出手，把我们这代人可以倚仗的思考工具做了一次系统梳理与凝练。翻开这本《把思考作为习惯》，有点像坐进了一个到处都是旋钮和按键的“思维驾驶舱”。在这里，我们的“思考系统”会得到全面进化，从“被驱动”升级为“自驱动”，以让我们重获对自我命运的掌控感。

凯　叔　　**凯叔讲故事 App 创始人**

在这个复杂性丛生的时代，什么才是让人脱颖而出的重要能力？尤其对于我们的下一代来说，什么能力是他们最迫切需要被培养起来的？我想答案可以从韩焱的这本《把思考作为习惯》中寻找到。这么多年来，韩焱和她创立的湛庐文化一直在做的事情就是不断连接伟大的思想，帮助大众构建自己的底层思考能力。而在这个不断进化的过程中，韩焱发现我们不仅要具备强大的思考力，还要把思考变为习惯。在这本书中，她创新性地为我们构建起了一个关于“把思考变为习惯”的实践框架，可以帮助我们一步步打破自己的固有思维，不断抓住进阶的机会，完善自己的能力拼图，以从容应对复杂的问题。相信每个人都能从中受益，并成长为一个超级思考者与强大的问题解决者。

梁　冬　　**冬吴相对论创始人，正安康健创始人，正安自在睡觉创始人**

思考是我们人生中的一个高频词，在职场和生活中，我们总是在提及思考的重要性。那么，我们真的会思考吗？或者说，我们的所有思考都在切实地解决问题吗？韩焱在她的这本《把思考作为习惯》的个人新作中，就对这些问题进行了抽丝剥茧的分析。她在书中提到的一个观点我非常赞同，那就是“把思考作为习惯，是每个人的‘英雄之旅’”。确实，思考向来是一件非常难的事情，只有把思考从寻找答案的简单探索变成一种自然流现的习惯，才能让我们的思考产生“效能”。而在这个过程中，正如韩焱所说，你不仅要不断打破自己，认清自己的元无知；还要去锻造自己的学习力、规划力、决策力、创新力、习惯力；更要不断连接他人，学习多种多样的思考方法，才能应对复杂的世界。所以，把思考比作“英雄之旅”再合适不过了。为自己的思考负责，为自己的思考赋能，才是人生真正的英雄。

孙路弘

知名销售行为学家，
畅销书《用脑拿订单》《妈妈教的数学》作者

这个时代不缺聪明人，也不缺思想，那么多数人为什么还是徘徊在日复一日的循环“内卷”之中呢？对此，《把思考作为习惯》这本书给出了鲜明的答案，那就是摆脱“谷歌效应”的诅咒，脱胎换骨，让“元认知”的种子在大脑中有落地生根的缝隙，学会“扔掉知识”，让技能从思维中诞生，让本领在认知中塑造，让精神从输赢中启航，这样才能迎接动荡不安的内外世界。这样看来，《把思考作为习惯》这本书更像是一本“耕脑”手册，是用来更新人生、升级命运的全套思维再造法典啊！

Thinking Habits

第二部分

构建成长框架，
为职场进阶打牢基础

人们常说，成功等于 1% 的天赋加上 99% 的努力。但是，很多人只知道必须努力，却不知道该如何努力，才能帮助自己走向成功。

有这样一档真人秀，讲的是美国亿万富翁格伦·斯特恩斯（Glenn Stearns）接受了一项挑战，挑战内容是：在不动用已有资金和人脉的条件下，仅靠 100 美元本金，在 90 天内创立一家市值百万美元的公司。最终，格伦完成了这项看似不可能的挑战。

格伦能够在如此短的时间里再度创业成功，其中的关键，并非他比别人更努力、更有决心，而是他懂得该如何努力、朝什么方向努力。在节目里，格伦把过往工作中积累的经验和能力，迁移到了新的创业计划中，很快制定出了具体的行动方案。当依靠转卖二手车收获第一桶金之后，格伦还在敏锐地捕捉新的机会，不断调整事业方向，持续取得更大的成功。最终，格伦创建的那家市值百万美元的烧烤店，不仅运营至今，而且始终保持着不错的人气与口碑。

格伦的挑战带给我们一个启示：努力不仅意味着埋头苦干，我们还需要为努力、为自我成长搭建起一个框架，清楚自己应该去修炼哪些能力，然后不断精进迭代，持续升级。只有这样，我们的每一分努力、每一滴汗水才能不断积累并转化为成长。

07

构建学习力，不断积累上升动能

一方面对自己有可能的
无知状态保持警惕，
另外一方面对自己的
学习能力
保持积极乐观的态度，
这是一个高效的终身学习者
应该抱有的正确态度。

思考力训练

若想在职场上顺利发展，每个人都要不断学习，持续地提升自己。然而，生活和工作中的学习与在校园里的学习其实有很大的不同。那么以下这些学习类型中，哪些是更需要我们去关注和训练的呢？

1. 知识获取；
2. 记忆塑造；
3. 技能提升；
4. 问题解决。

成为一个职场人之后，面对生活和工作，你要能更好地驾驭它们，解决那些没有标准答案的难题，要把学习集中在“技能提升”和“问题解决”这两种类型上，在某些专业技能上获得深厚的积累，发挥你的创造力和想象力，甚至是培养对于整个形势的综合理解能力。

正在读这本书的你，肯定已经算得上是一位资深的学习者了。从小学一直到大学毕业要学 16 年甚至更久，如果算上幼儿园和硕士、博士阶段，那你的学习生涯可能长达 20 多年。

可是你现在面对的生活和工作中的学习，与在校园里的学习相比，已经发生了很大的改变。

职场人，如何成为高效的终身学习者

你在校园里的学习主要分为两种类型：一种是**知识获取**，就是要尽量多地学习各个学科的基础知识；另一种是**记忆塑造**，就是把我们学到的东西尽可能地都记住。

可是当你成为一个职场人之后，面对生活和工作，你的学习却需要集中在另外两种类型上：一种是**技能提升**，如果你想要更好地驾驭自己的工作，就要在某些专业技能上有很深厚的积累；另一种是**问题解决**，因为在工作和生活当中，你总会遇到一些没有标准答案的难题，解决起来很棘手，这时候就需要发挥你的创造力和想象力，甚至是对于整个形势的综合理解能力，才能去破解这些难题。

我们常常夸奖一个人“懂行”，这指的就是学习的后两种类型。这些是生活和工作里的特殊智慧和经验，不是仅靠学习书本中的知识就能获得的，你也可以称它是“不可言喻的知识”。对这类知识的掌握程度，才能体现我们专业水平的高低。就像飞行员能迅速判断飞行状况，医生能果断处理手术中的意外，厨师能熟练做出很多高难度的菜肴，都是调用了这类“不可言喻的知识”。

这后两种类型的学习，才能真正让人做到知行合一。打个比方，知和行，其实就像老鼠们在研究对付猫的办法，有的老鼠说给猫挂个铃铛吧，一听到铃铛响，老鼠就知道猫来了，得赶紧跑，这就是“知”。可怎么能把这铃铛给猫挂上，这就是“行”。**如果都停留在“知”的层面高谈阔论，那等着谁去“行”呢？**

曾经有位企业家跟我说，自己特别怕下属总是去追新概念，讲到工作，脱口就是“国民总时间”“认知税”“共同体危机”“第一性原理”之类的新词，可是当你追问攻克一个具体问题的方案时，他却说不出什么思路。所以，单纯的掉书袋可不行，如今的世界需要的是“聪明的创造者”。也就是说，最重要的不是你知道什么，而是你能利用你知道的东西做什么。

灵活地展开这四种类型的学习，就能全面提升你的学习成效，让你成为一个资深的知识获取者，在知识的理解应用和创造性思维方面获得显著提升，成为一个真正高效的终身学习者。

那么，我们该怎么提升学习成效呢？下面我就为你介绍四种学习场景，帮你打破学习误区，有效提升学习效率。

场景变换法，综合使用才是最有效的

有史以来，人类的学习场景可以分成四类，分别是：营火、水源、洞穴和山顶。不同的学习场景，可以帮助学习者达到不同的学习效果。但是，现在大多数的终身学习者都太过于集中在第一种学习场景，也就是“营火”。

第一种学习场景：营火

营火，顾名思义，就是远古的时候人类部落营地中夜晚时分燃起的篝火。夜幕降临之后，大家聚集在一起，围着火堆分享故事。这个场景正是人类文明诞生的开端，让人类的知识和文化得到传承和进化。

营火代表的是一对多的学习模式，像是传统的线下授课、公开演讲、讲座，还有线上的音频、视频、知识服务，都属于这一类。只要是一个人讲授很多人听，就是典型的营火学习场景。在这种模式里，老师、专栏作家、演讲人在知识传递的过程中占据着主导地位，他们会决定选择将哪些知识讲授给哪些用户。这就会导致一个问题，就是你学习的范围已经被框定了，它的上限就是传授者知识水平的上限。所以，营火学习场景最大的作用就是帮助你储备大量的事实性知识作为素材，它很难帮助你真正理解和运用这些知识。如果你的大量时间都被收听专栏和讲座占据了，那你只能称得上是一个“信息搜集者”。因为你没有时间将学到的知识内化为自己的智能。

第二种学习场景：水源

水源指的是野外的池塘、泉眼等，人类和动物为了解渴，都会主动聚集在水源旁，于是各物种就有了交流碰面的机会。演化到现在，典型的水源场景就是办公室里的茶水间和饮水机，只要是大家能够聚拢闲谈、交流想法的地方就都是水源。

显而易见，水源对应的是多对多的学习模式，指的是拥有不同背景、观点和经历的人，以对等的方式彼此分享自己的想法，形成多样化的观点。像是互动型的工作坊、线下读书社群、线上知识社群、技术论坛等，都属于水源这种学习场景。在这种学习场景之下，围绕一个共同的话题，人们的思维会进行随机碰撞，形成丰富的思想流，给彼此的大脑带来鲜活的、出其不意的刺激。而这种学习方式的核心是对话，你需要和别人交流自己学到的东西，需要畅快地表达出自己的理解，需要被别人的发言激发，同时及时去回应对方的思路。如果你单纯作为对话倾听者，而不参与其中，水源这种学习场景就没有办法发挥它的作用。

第三种学习场景：洞穴

洞穴指的是僻静的、不受打扰的所在，给人安静、隐秘和独处的空间。它是一种独自思考和内化的学习模式。

洞穴的作用不在于让我们从他人身上学习或者与他人协作，而在于当你需要把新获得的信息和已知的事物整合起来的时候，能有一个空间让自己沉下心来，认清自己内心的想法。图书馆的角落、咖啡馆里戴着耳机的读书人，还有公园里独自散步的人，他们通常是在阅读、写作、研究或者沉思，这些场景就是典型的洞穴学习模式。它非常重要，能够使我们最有效地把外在的知识转化为内在的理解。我经常倡导大家要“亲自阅读、亲自思考”，就是想提醒大家要重视洞穴这个学习场景，潜下心来，和自己的内在展开对话。

第四种学习场景：山顶

山顶指的是你要完成的任务或者是抵达的目标。这种学习场景意味着你要把学习的成果带到实践中去。

在我看来，山顶是必不可少的终极学习场景。只有真正去做，你才能得到关于自身能力的及时、持续的反馈，才能真正准确了解自己的学习效果和实践能力。像是创业、挑战新的项目、攻克新的研究难题，都是山顶这种学习模式的典型场景。在湛庐的知识服务当中，我们也在思考怎么创造出一种“基于挑战的学习”，引导用户想出一个自己想要去解决的问题，再帮助他把这个问题分解成一连串和自己密切相关的“具体问题”，然后提供各种条件推动他采取行动去攻克这些问题。

这四种学习场景在共存的时候才是最有效的。如果能以讲营火故事的方式来教授知识，让人产生兴趣，然后在各种知识社群中，也就是水源这种学习场景中进行讨论和扩展，再花时间用洞穴这种学习方式来亲自阅读、亲自思考，最后主动找到要解决的问题，也就是进入山顶这种学习场景，去积极实践和反思这些知识，学习的成效也就会大大提升。

除了要兼顾四种学习场景之外，你也要注重具体学习环境的变化，一定要避免在固定的环境当中学习。你可以变换学习环境，去公园、树林，换不同的咖啡馆。每一个改变都能帮你把要学要练的东西记得更牢固、更清楚。有研究者做过一个实验，参加实验的两组人都要背诵 40 个单词，然后接受一次测试。实验中，一组人在固定的屋子里学习，另一组人则可以在两间不同的屋子中进行选择，随时变换自己的学习场所。测试结果表明，固定在一间屋子里学习的参与者平均只能记住 16 个单词，而可以变换环境的参与者的记忆提取能力要比前者高 40%。这表明，变换学习环境对提高记忆力是非常有效的。

此外，变化环境也是在帮你提升灵活性，让你在不同的场景里都能出色发挥。有一个舞蹈演员，他平常练习跳舞的条件有限，房间比较狭窄，里面还有一个很难挪动的大木箱子。这位演员练习的时候每次都要绕过这个箱子。结果，他在其他场所表演的时候，也必须要让人在场地中放这么个箱子，才能顺利完成整套动作。不断变换学习环境，你就是在搬开阻碍学习效果提升的大箱子。

时机管理法，顺应内在节律才能表现出色

在学习当中，我们对时间管理有不少的误区。实际情况是，我们甚至可以说时间管理已经过时了，你必须要对自己进行时机管理。怎么用好一天的时间，才能获得最佳的产出和成效，是由和你密切相关的三个要素来决定的，分别是：你的**时间类型**、你的**最优时间**和你的**任务类型**。也就是说你要尽量明确自己的这三个要素，才能利用好时间，主动进行匹配，得到更好的效果，这就叫作“时机管理法”。

首先，你需要判断自己的时间类型。有些人习惯每天早起，白天的时候精力充沛，傍晚的时候筋疲力尽。而另一些人则有“起床困难症”，往往整个上午都萎靡不振，到了下午甚至晚上才开始变得精神起来。每个人都有自己的时间类型。有人将早上精神好的那部分人称为“云雀”，将下午甚至晚上才有精神的那部分人称为“猫头鹰”。还有一部分人的特征不太明显，所以被科学家戏称为“第三种鸟”。

听到这里，你可能想问，那怎么判断自己的时间类型是哪种呢？有一个简单的判断方法，可以帮你大致评估自己的时间类型。你可以试着回答一个问题：在可以自然醒的日子里你通常会在几点醒来？如果和平时上班的时间点一样，那你可能是“云雀”；如果比工作日晚一点，你可能是“第三种鸟”；如果比工作日晚 90 分钟甚至更久，你可能是“猫头鹰”。

然后，你要明确自己的最优时间和任务类型，让它们相匹配。大多数人每天清醒的时间大概是 16 个小时，在这 16 个小时里，人的认知能力也是有波动起伏的。在某些时段，你的大脑相对而言更聪明、更敏锐、更有创造力；而在另外一些时段，你的大脑相对而言更愚笨、更迟钝、更缺乏灵感。

人的认知能力在一天之中的波动大致可以分为三个阶段，分别是高峰期、低谷期和反弹期。在高峰期，人们敏锐、警觉，注意力高度集中，这个时候适合处理**分析型问题**，比如解决数学和逻辑问题，写报告，参加考试等。而在低谷期，人们的认知能力会下降，注意力、警觉性和分析能力都不足，但创新和创造力会变得旺盛起来，适合处理**创意型的和需要洞察力的工作**，比如学习艺术类活动或者进行创意型写作、头脑风暴会议等。

高峰期和反弹期就是你的最优时间。大约 75% 的人，也就是时间类型是“云雀”和“第三种鸟”的人，他们的认知能力波动顺序大概是“高峰期—低谷期—反弹期”。而剩下的大约 25% 的“猫头鹰”，他们每天经历的波动顺序是反着的：反弹期—低谷期—高峰期。

如果你是云雀型的项目经理，那么早上就是你的高峰期，你可以把写报告这些需要分析力和逻辑力的工作放在上午进行。而下午是你的低谷期，你可以把需要产生新想法的项目讨论会放在下午进行。

如果你是猫头鹰型的程序员，那么下午是你的高峰期，你可以将编程这样需要分析力和逻辑力的工作放在下午进行。而上午是你的低谷期，像是需要创意的产品改进会你就可以放在上午进行。

同样的道理，如果你是“第三种鸟”，刚刚上班的时候最清醒，那你不要像猫头鹰型的人一样，一到公司就按部就班地先处理电子邮件，这对你来说意味着资源浪费。你一定要用早上这最宝贵的时间，来做你全天最重要的工作。

你一定要记住：**时间不是用来做简单规划的，而是需要你来聪明地做选择的。**这也就是时间管理和时机管理的根本区别。时间管理强调自我约束，需要你调动强大的自控力才能完成。而时机管理强调顺应自我，需要你更准确地了解自己，按照自己的节奏来安排工作和生活，在学习和工作中得到最佳成果。可以说，时机就是一切，一切也都是时机。时机管理不仅可以让你更高效，重要的是还能让你更幸福。

交替练习法，让你面对未知风险时更胜一筹

你肯定听说过“一万小时天才理论”[①]，意思就是说，在某个领域专注耕耘达到一万小时以上，你就能成为行业专家。你也应该听说过“刻意练习”，就是大量集中地进行高强度的学习。但你对这些理论的认识可能并不全面，这些理论的核心并不仅是长时间和大量集中的练习，还

① 全新阐释“一万小时天才理论”的畅销书《一万小时天才理论（经典版）》中文简体字版已由湛庐策划、由浙江人民出版社出版。本书作者丹尼尔·科伊尔采访了科学家、教练、教师及人才研究专家，揭示了技能学习背后的关键奥秘。——编者注

要做到非常重要的一点是，每一次练习的时候都要获得精进。而交替练习法，就是在实践当中让自己的能力获得精进的最佳方法。

所谓交替练习法，就是把既相关又有差异的内容混合到一起来学习。音乐老师就最擅长这种教学法，他们安排的一堂课的学习内容就会从调性练习转换到理论学习，再转换到作品练习。体育教练也一样，他们会交叉安排耐力训练和力量训练，以保证运动员不同部位的肌肉有足够长的恢复时间，不会过分疲劳。

换句话说，交替练习法就是把不同的技巧概念穿插到一起来练习。经过一段时间的积累之后，我们不仅可以更清楚地了解每一项练习内容之间的不同之处，还能更牢固地掌握每一项内容。

交替练习法可以专门用于对抗学习当中的一个非常容易被你忽视的现象，这个现象叫“熟练度错觉”。在学校教学当中，通常每学完一个单元，老师就会对学生们进行一次单元测试，在整个学期结束以后再安排一次综合大考。可奇怪的是，很多在单元测试时表现不错的学生，在综合大考时成绩却不太理想。

这就是熟练度错觉这个现象在作怪，学生解题的时候都要首先选择一个解题方案，也就是说，他要知道自己解这道题应该用哪方面的知识，然后再运用这些知识来解题或计算。在单元测试的时候，选择解题方案相对更容易，因为学生知道这个单元主要学的是哪个模块的知识，测试针对的都是这个单元的知识。

而在综合大考的时候，对各个模块的考核是混杂在一起进行的，面对很多种不同的题型，就需要学生综合很多模块的知识一起来解题，这样他们就很难搞清楚题目针对的是哪个模块的知识，所以就会感觉更难。这就好比学生在两个单元当中分别学习了如何使用锤子和改锥，要钉东西就要用锤子，要拧螺丝就要用改锥，但如果要让他们做一个书柜，他们就会无从下手。

考试的时候，学生需要调用两种能力，一种是搞明白这个题要用什么方法来解；另一种是搞明白如何使用这种方法解题。而前一种能力其实比后一种能力要重要得多。当你对很多基本概念一知半解的时候，就是在生搬硬套一些公理或公式，却不知道知识点之间的联系。如果没有在知识点之间搭建起桥梁，就不能够做到透彻地理解核心概念，也没有办法确定问题的实质是什么，也不知道该用哪个概念来解决特定的问题。貌似单个模块的知识都掌握了，却不能在变幻莫测的情况下随心所欲地去选择和运用，这就是一种典型的熟练度错觉。

要避免这种情况，就要用到交替练习法。美国有一位数学老师罗勒，他就不走常规单元教学的路子，比如先用两个星期来教比例，再用两个星期来教图表。他模仿音乐老师和体育老师的教学方法，自己编了一套不同的教科书，把之前学过的一些概念混杂到每天的作业里，让学生不能轻易猜出来老师要考核的知识点，而是必须开动脑筋理解题目，调动之前学过的所有知识，自己找出相应的解题方法。这位老师的教学方法的核心，就是要让学生不断地进行交替式练习，如果一个新的解题方法能混合在其他学过的熟悉的解法当中，让学生一起练习，那么他们对这种新的解题方法的掌握才会更加牢固。

行为科学家曾经也做过一个实验，实验内容是让三组被试进行乒乓球训练。第一组被试采用固定练习法，反复练习一个动作；第二组被试采用顺序练习法，按照固定的顺序练习不同的动作；最后一组被试采用交替练习法，随机练习各种不同的动作。在训练阶段，第一组被试进步最快，成绩最好。但最后上场比赛的时候，却是第三组被试成绩最好，第一组反而是成绩最差的。

为什么会这样？还是因为熟练度错觉。人们一直有一个误解，认为训练计划越有针对性、越简单直接、越频繁重复，就越有助于尽快掌握技巧，但这样的训练与瞬息万变的赛场环境是不符的。训练的真正目的是要把学到的技巧灵活运用到真实的赛场上，第三组被试采用的交替练习法，单纯看训练阶段的效果，肯定不如前两组好，也不如前两组熟练，但等真正到了赛场上，优势就体现出来了。习惯了交替练习法的人，大脑随时都在准备应对各种意想不到的情况，这种能力正是赛场上必备的最重要的灵活应变能力。

这让我不由得想起了很多人经常讨论的一个问题，大公司的平台更好，员工的眼界更高，那去小型创业公司工作又有哪些好处呢？交替练习法就能帮你找出一个很好的答案。在大公司里，你的工作职能是非常明确且具有局限性的，你只负责整个工作流程中的单一环节。你在自己的职责范围内可能会进步神速，可一旦让你处理自己工作范围外的事，或者应对一些其他突发挑战，你可能就会难以适应。而在小型创业公司当中，你有更多机会成长为多面手，看起来在单个方面的专精程度没那么高，却能大幅提高你灵活应变的能力，这就相当于你在不断地进行交替练习，可以让你在面对未知风险的时候更胜一筹。

遗忘式学习法，
让你把注意力集中在重要事情上

在大多数人看来，遗忘是学习的敌人，我们会希望自己学到的知识都能像乘法口诀一样倒背如流。著名的心理学家赫尔曼·艾宾浩斯（Hermann Ebbinghaus）曾经提出过记忆的遗忘曲线理论，大意是说，学过的东西如果不能再次复习，就会在记忆里逐渐消退甚至永久消失。这在某种程度上造成了我们对遗忘的恐惧和焦虑。但是，最新的研究却表明，遗忘不仅不可怕，还有助于你的记忆。

伦敦的一位英语老师巴拉德曾做过一个简单的实验，他让学生们花五分钟时间背一首小诗，这首诗只有短短的二十几行。学生们背完之后可以休息五分钟，然后马上接受一次测试，回想刚才那首诗自己能记住多少。两天之后，巴拉德又让学生们接受了一次测试，回想他们对前几天背的小诗还记得多少。巴拉德发现，虽然间隔的两天学生们没有再看过这首诗，但是他们第二次的成绩反而比第一次平均提高了10%。巴拉德觉得这个结果很有意思，过了几天之后，他又搞了一次“突然袭击”，让学生们进行第三次测试。结果表明，他们的成绩比前两次更好了。

这种记忆随时间流逝而变好的现象看起来非常奇怪，因为我们通常会认为，学习某些东西以后，随着时间的流逝，我们忘记的会越来越多。巴拉德最开始也不相信自己的实验结果，所以他随后又陆续组织了成百上千次测试，参与者多达上万人，而得出的结果都是一样的。

巴拉德的实验印证了关于学习和记忆的一个重要结论，那就是我们在学习一个新东西后，相关记忆在最初的几天里面不会衰减，反而会增强，哪怕在这期间没有做过任何复习。记忆的逐渐消退，基本是从你学习之后第四天开始的，所以巴拉德就得出了一个结论：人们会忘记曾经记得的东西，同样也会记起曾经遗忘的东西。

心理学家以巴拉德的实验结果为基础，又进行了更加深入的研究，随后得出了两个重要发现。

第一个发现：如果你学习的是一些没有意义的音节，或是一些没有什么关联的单词和短句，那你能够回想起这些知识的能力几乎为零。但如果你学习的内容是摄影作品、绘画、诗歌等有意义的东西，那你回想起这些知识的能力就会大大提升，而且记忆在之后的几天还会增强，特别是学习后的两三天。

第二个发现：你的记忆具备两种能力。第一种是**储存能力**，指的是学到的内容记得有多牢。心理学家发现，记忆储存能力只会越变越强，永远不会减弱。比如，你大概会在小学二年级的时候就开始背九九乘法表，在之后的一生当中，只要遇到算数就会反复用它，所以你会记得特别牢。脑科学的研究还表明，人类大脑的存储空间足够大，能储存相当于 300 万套电视节目的内容，这个量级的空间足以储存你一生当中每一秒的所见所闻。

第二种是**提取能力**，是用来衡量某项信息被提取到意识当中的难易程度的。提取能力也会因为学习和反复运用而变得更加牢靠。但如果得不到强化的机会，提取能力就会迅速下降。这是因为你的大脑给提取能力留出的容量非常小，远远比不上储存能力可以调用的记忆容量。在任何一个时刻，你只能根据自己从特定的情景当中接收到的信息和线索，从大脑当中提取出有关的记忆，这只是非常有限的一小部分。

一旦你明白了我上面说到的记忆的储存和提取原理，就可以用遗忘式学习法来助力自己的学习。比如，你可以回想一下，你上学的时候是先学习课程再接受考试，还是先考试再学习课程呢？我相信你多半经历的是第一种，先学习再考试。但遗忘式学习法的原理告诉我们，应该先考试再学习。

先考试，成绩好坏不重要，重要的是测试的过程。和一上来就先学习相比，事先接受测试更容易把知识“赶进”你的脑子里去，它可以在三个层面发挥作用：第一，可以让你了解将要学习到的重要内容；第二，可以让你了解自己的薄弱环节；第三，可以强化你已经知道的内容。所以，科学家给考试起了一个新名字，叫作“记忆提取练习”。

按照遗忘式学习法的理论，像背诵、写作、演讲等形式，都能起到和考试一样的作用，帮助你提升掌握知识和技能的速度。如果你在阅读一本自己读不进去的书的时候一直在走神怎么办呢？你可以先做一套和这本书的内容相关的测试题，当然，你根本没必要在意测试的成绩，测试的目的只是让你带着问题去阅读，这样大脑就会在阅读的过程中主动捕捉那些重要的信息，并建立更强的储存和提取回路，让你觉得知识像是主动跑进你的大脑里去的。正是基于这个理论，湛庐的绝大部分图书都会在一开篇就先提供几道测试题，来帮助你快速进入阅读状态。

遗忘式学习法就像是一台“信息过滤器”，能够让你把注意力集中在重要的事情上，同时还能让你的大脑像得到锻炼的肌肉一样，在你回想几近遗忘的记忆之后，强化大脑储存和提取这些信息的能力，让你的记忆更加牢靠。

关于学习，我还有一个重要的方面想跟你分享：在这个知识无限增长、知识获取快速便捷的时代，为了避免陷入“无知而不自知”的状态，**你能够做出的最大努力，就是让自己成为一个警觉的乐观主义者，一方面要对自己可能的无知状态或无知的领域，保持警惕的态度；另外一方面则要对自己的学习能力和洞察能力，保持乐观的态度。**

只有这样，你才能既不过分自大，又不过分自卑。既了解自己知道什么，也了解自己不知道什么。我想，这正是一个高效的终身学习者应该抱有的正确态度。

最后，我想送给你一段“神话学之父”约瑟夫·坎贝尔（Joseph Campbell）[①] 说过的话。

> 我们是即将到来的时代的“祖先”，
> 我们自身不知情，却缔造了新时代的神话，
> 我们将成为启示着新时代的神话模型。

---

① 神话学大师，拯救人类心灵的哲学家与心理学家。他的神话系列作品《神话的力量》、《千面英雄》、《英雄之旅》、《千面女神》及《追随直觉之路》中文简体字版已由湛庐策划，分别由浙江人民出版社、北京联合出版公司、浙江教育出版社出版。——编者注

当下，就是一个开创性的时刻。

人生有涯而知无涯，永恒的知识将充实我们的灵魂与思想，让我们借由渺小的身躯和须臾一生，也能去对抗浩瀚无垠的宇宙。终身学习，便是塑造人类的神话。

08

塑造规划力，让达成目标的路径更清晰

追求大目标
和实现小目标
不仅不矛盾，
还是缺一不可的共存关系。

思考力训练

越来越多的人开始推崇长跑运动，比如马拉松，假如你也想尝试一下，并把完成自己的首个马拉松作为明年的目标，你该怎么做计划呢？

我可以为你提供 4 种选择：

1. 先尝试连续跑 3 千米，中间不停歇，以此来了解自己的肌肉反应和心率变化，然后再制订下一步的训练计划；

2. 先不追求速度，而是使跑步时的心率保持在有氧心率区间，并以这样的心率跑尽量长的距离；

3. 保证每周有 3 天的时间坚持跑步，不用每天都跑，而是选择周一、周三和周五每天跑 5 千米，这样能够让自己的肌肉有放松的时间，体能也可以得到恢复；

4. 每周都在前一周运动量的基础上增加 10%。比如，你上周每次跑步 5 千米，一共跑了 3 次，也就是 15 千米，那么这周你就要把自己的运动量增加到 16.5 千米，并且这样坚持下去，逐渐达到每周 30 千米的水平。

对于很多人来说，完成一次全长超过 42 公里的马拉松似乎是一个遥不可及的目标。但是，只要掌握正确的方法，构建清晰的目标思维，一个普通人也能够做到，并且这个过程实际所需的时间会比你以为的要短很多。

我想给你讲讲我的故事。我的马拉松之旅是从一次 300 米的短跑开始的，跑后的我上气不接下气。但时至今日，我已经完成了世界马拉松大满贯（WMM）中全部

6 个城市的马拉松巡回赛。从 300 米的短跑到全程马拉松，这个过程我用了 3 年多的时间。而在这个过程里，我在更多的时候不是去追求完成马拉松全程，而是朝着一个接一个的短期目标努力，比如第一周让自己跑到 1 千米，第一个月让自己跑到 3 千米，这样一步一个脚印，不知不觉间，就具备了跑完马拉松全程的能力。

在工作中，我接触过各行各业的管理者，其中的很多人都在抱怨，现在的年轻员工在工作上普遍缺乏事业心，不愿意挑战更大或更难的工作任务，只沉浸在自己的“小确幸”里。对此，我却有不同的看法。

记得湛庐刚刚搬到新的办公地点时，为了激发公司员工的创造力，我决定给员工放权，给他们更大的自由度去做自己想做的事情。可一段时间后，员工的离职率越来越高。后来我才发现，他们之所以离职，并不是因为感到工作压力大，也不是因为没有事业心，而是因为感到自己的工作没有重心，不知道该从何做起。事实是，他们的个人能力都很强，工作态度也很积极，但比起自由发挥，他们更希望有人能给出明确的工作指导。

于是我开始意识到，能够在职场中明确自己的发展目标，其实是一项稀缺的能力。大多数人都只关注自己手头的工作，这些工作的流程和要求越是具体，他们就越能完成好。如果工作要求具体到给一本书举办多少场宣传活动、每场活动请到几位嘉宾、达到多少曝光量等，很多人都有信心胜任这些工作。而如果把任务放大，变成制定年度整合营销方案、完成年度品牌推广目标，他们的信心就没那么足了。

相比完成小目标，人们在面对大目标的时候往往会显得更加没有信心，不知道从哪里下手。而实现大目标也有方法，只要方法正确、规划得当，一样可以应对自如。

从小目标开始，逐渐掌控远大目标

有个名叫迪亚哥的年轻人，出生在美国加利福尼亚州一个富裕的家庭，他的父亲是一位农场主，而他的母亲很早就去世了。迪亚哥是一个善良的人，他一心想着除暴安良、伸张正义，成为一位英勇无畏的侠客，但他的行侠仗义之路没走多远就遭受了很大的挫折。迪亚哥拥有非常旺盛的激情和巨大的勇气，却缺乏耐心和自律来控制自己的行为。他对成就的渴望越强烈，遭遇到的失败也就越惨烈。就在他对自己非常失望，开始自暴自弃时，他遇到了年长的剑客唐迭戈。

唐迭戈把迪亚哥带到了一个隐秘的山洞，用剑在地上画了一个圆圈，他对迪亚哥说："你只能在这个圆圈里练习剑术，这个圈就是你的世界，你的整个生活空间。除非获得我的应允，否则你一步都不能走出这个圆圈。"一开始，迪亚哥遇到了很多困难。而一旦他掌握了唐迭戈所授，唐迭戈就会教他更高超的剑术。就这样，迪亚哥最终练就了一身武艺，甚至超越了他的老师。在临别之际，唐迭戈对迪亚哥说："如果没有首先学会掌控最初的那个小圈，那么，你就没有办法学会控制自己的情绪，你对自己的剑术也不会有那么大的自信。那个圈其实就代表着你对自身命运的掌控感，只有在你掌控了第一个圈之后，你才能够一步步获得十足的长进。”后来，迪亚哥真的成了历史上的传奇，他就是我们大家耳熟能详的剑侠佐罗。

每个人在自己的工作和生活中的不同阶段，都会有一些最想实现的目标，而在实现这些目标的过程中，我们常常会先失去掌控感，因为在通向目标的过程中遭遇的压力和负荷常常会超出我们的想象和承受能力。而掌控感对于我们实现目标是非常重要的，因为它可以让我们感觉到自己是命运的主人，我们会相信自己的行为对达成目标有直接的影响，心理学家称这种心理机制为“内控点”。与之相反，如果丧失了掌控感，我们就会更倾向于认为，我们的目标能否达成更大程度上是由外部力量决定的，这就很容易让我们与目标渐行渐远，心理学家称这种心理机制为“外控点”。

如果我们能够妥善规划达成目标的过程，先把精力集中在一些自己可以掌控的小目标上，比如佐罗的小圆圈，我们就能够获得至关重要的掌控感，发挥出自己的最佳水平。然后，随着你的努力范围逐渐扩大，积累资源、知识、自信和能力，你就能不断扩大这个圈，掌控更大的领域。就像佐罗一样，他从一个小圈开始练习，通过一个个小目标的达成，最终成为一代传奇。

心理学家把我们想要达成的大目标称为“延展目标”，把我们为了达成大目标而分解出的一个个小目标称为“中心目标”。你只有先缩小

注意力聚焦的范围，才能有效地扩大能力范围。

奥美互动全球首席执行官布赖恩·费瑟斯通豪（Brian Fetherstonhaugh）① 就是利用这种方法，制定出了一套清晰的职业生涯规划方案。他将一个人从进入职场直到 80 岁的这段时间分为三个阶段，每个阶段都有不同的“中心目标”，分别是“寻找职业甜蜜区”、“锚定自己的‘尖峰点’”和“规划可持续发展的职业生涯”，而这些目标都指向一个“延展目标”，那就是实现事业的成功和人生的幸福。布赖恩把这套规划方案写进了著作《远见》里，得到了众多读者的认可与实践。

中心目标，合适的才是最好的

在职场中，领导交代的任务有大有小，但不论接到什么样的任务，即便知道应该区分“紧急”和“重要”，很多人还是会“眉毛胡子一把抓”，甚至给自己制定一个超出现阶段能力水平、不切实际的目标。这样的结果是他们经常顾此失彼，在截止日期逼近时慌忙赶工，最后的结果当然不尽如人意。其中的原因是，他们没能制定适合自己的中心目标。

我的一位作者，他有一个问题是不能如期交稿，这并不是因为他缺

① 奥美互动全球董事长兼首席执行官，营销专家。他 30 余年的职场洞察成果《远见》一书讲述了如何规划职业生涯三大阶段的要义，并告诉我们“成功的职业生涯不仅是找到热爱的生活，而且是建立热爱的生活”。本书中文简体字版已由湛庐策划、由北京联合出版公司出版。——编者注

乏写作思路，或者有严重的拖延症，而是因为他一直有一种观念，那就是自己写出来的文章一定要是完美的，正是“完美的作品”这个目标让他按时完成写作变得特别困难。比如，他会写很多个开头，但他总觉得那些都不够好，这严重妨碍了他的写作进程，所以他每次都会习惯性地把写作拖延到截止日期的最后一刻。他不仅要经受一整个星期的煎熬，而且依然无法写出令自己满意的文章，最后只能在绝望中匆匆写出一篇文章来交差了事。

我给他的建议是：“完成比完美更重要，你先想办法做到按时交稿，然后再考虑如何让它更完美。”但是，这个建议对我的这位作者来说并不奏效。他觉得，如果仅仅是为了交稿而强迫自己去写一篇平淡无奇的文章根本无法接受。但实际上，当他在巨大的心理压力之下进行写作时，他写出来的文章从质量上来看也很一般。

于是，我就又给他提了一个建议：“对于某一个主题，你不要只写一篇文章，而是要写两篇文章。”第一篇文章只要写出来就好，一个句子都不要改动，写完就放到一边去。而对于另一篇文章，他要使出浑身解数，尽自己最大的努力写好。

他接受了我的这个建议，只用了一天时间，就行云流水地写完了第一篇文章，提前交稿。然后，他会再坐下来安心构思自己心目中的那篇完美文章。在跟自己缠斗了整整一个星期后，他在截稿日的最后一刻又交了一篇文章。

结果他发现，编辑最后选择的文章，竟然是他最先完成的“及格水平”的那篇文章。他很困惑地去找编辑，问是不是搞错了。这时，编辑给他看了一份调查报告，这份调查报告是对 100 位铁杆读者进行调查后得出的。他们对“及格文章”的评分高于“完美文章”。

有时我们越是追求完美，就离完美越远。这种时候就不如先用一个小目标（按时完成达到最低要求的文章）作为提升和改善自己工作状态的第一个“圆圈”，这个小目标帮助我的这位作者认识到，完成一篇文章并没有那么难，改进一篇文章的基础是先去完成它，写得快并不一定表明质量就不够好。我和编辑老师正是用这样一个小目标，打破了这位作者之前的执念，帮助他在前进的道路上破除了障碍。

让我们回顾一下本章开头的那个思考题：如果你想把完成自己的首个马拉松作为明年的目标，你该怎么做计划呢？我可以为你提供 4 种选择：

1. 先尝试连续跑 3 千米，中间不停歇，以此来了解自己的肌肉反应和心率变化，然后再制订下一步的训练计划；
2. 先不追求速度，而是使跑步时的心率保持在有氧心率区间，并以这样的心率跑尽量长的距离；
3. 保证每周有 3 天的时间坚持跑步，不用每天都跑，而是选择周一、周三和周五每天跑 5 千米，这样能够让自己的肌肉有放松的时间，体能也可以得到恢复；
4. 每周都在前一周运动量的基础上增加 10%。比如，你上周每次跑步 5 千米，一共跑了 3 次，也就是 15 千米，那么这周你就要把自己的运动量增加到 16.5 千米，并且这样坚持下去，逐渐达到每周 30 千米的水平。

事实上，以上 4 种选择都是正确的。完成一次马拉松是一个“延展目标”，这在很多人看来就像是天方夜谭，但是，如果你能把这个大目标细化成短期的具体计划，问问自己明天、下周以及下个月能取得哪些进展，那么就更容易获得成功。也就是说，我们可以在通往延展目标的路上设立很多小目标，也就是“中心目标”，这样就能大大提升延展目标实现的可能性。

我个人以及湛庐的很多高管就是这种方法的实践者。就拿我本人来说，我的跑步生涯有 3 年多，在这 3 年里，我正是通过达成一个又一个小目标，才得以顺利完成一场又一场马拉松。如果我每天都要问自己几遍：“我什么时候才有能力跑完马拉松啊？”那我肯定早就泄气“躺平”了。

我下一步的目标是有效地缩短自己完成马拉松的时间，那么我又要把这个大目标分解成一个个的小目标，有序推进。相信你也能够像我完成马拉松一样，通过达成一个个的小目标，来向你特别想实现的大目标迈进。

有目标思维的人，更能带动团队进化

现在我们知道，构建规划力，就是培养将大目标拆解成一个个小目标的能力，把注意力集中在小目标上，每完成一个阶段的小目标，再去衡量自己与大目标的距离缩短了多少。有规划力的人，不仅能达成自己的目标，还能有效带动整个团队，让团队中的每个人都有更清晰的目标感，最终推动整个团队实现共同的大目标。

文静是湛庐的一位策划编辑，也是项目小组的负责人。一个项目小组通常包含策划编辑、文字编辑和营销编辑三种岗位。文静在工作中发现，自己总是在担心各种可能出现的问题，比如文字编辑看稿的进度如何？营销编辑能不能找到一些新的方法来推广本项目组的图书？已经出版的图书销量如何？她感到很多事情都不在自己的掌控之中，所以压力越来越大，以至于常常怀疑自己的工作能力。有时候她甚至会想，是不是自己不适合出版这个行业？如果你是文静的主管，你有什么好的方法和建议可以提供给她呢？

我们可以先来分析一下文静的诉求。对于现阶段的文静来讲，她的延展目标是要成为一位游刃有余的图书策划编辑和项目小组的负责人。实际上，这需要很强的综合能力，包括对选题的辨别能力、发现卖点的策划能力、编辑文稿的文字功底，以及营销意识、销售策略和技巧等。这些“十八般武艺”不是一天就能掌握的，所以，文静应该把这个延展目标拆分成更多小的中心目标，一步步去完成。

比如，她可以为自己设置第一个“佐罗的圆圈”，就是先提升自己的策划能力。她要把全部的精力投注在挖掘一个选题的卖点上，钻研如何帮助读者完成某项任务，如何选择一个好的书名，如何打磨目录，如何把最精彩的章节用更明晰的结构和更抓人眼球的版式呈现出来。也就是说，她的第一个小目标是要让自己对于选题的理解、把控和呈现做到最好。

一旦她自己的这部分工作取得了明显的进展，也就能同时带动团队的其他成员。当她的策划做得更好、更细致的时候，文字编辑就能得到更明确的指导，高效快速地完成自己的编辑工作。她从书中挖掘出的核心卖点和目标受众等信息，也能启发营销编辑给出更多更有创意的营销方案。也就是说，只有立足于自己目前的能力，画出一个合适的“佐罗的圆圈”，制定一个自己可以掌握的小目标，我们才能一步步稳健地扩展自己的能力圈，实现更多的中心目标。在这些小目标一个个都顺利达成的基础上，我们才能带领和鼓舞团队最终实现大目标。

俄国作家托尔斯泰曾经说过：“要有生活目标，一辈子的目标，一段时期的目标，一个阶段的目标，一年的目标，一个月的目标，一个星期的目标，一天的目标，一个小时的目标，一分钟的目标。”在实现这些目标的过程当中，追求大目标和实现小目标之间不仅不矛盾，还是缺一不可的共存关系。如果你只能看到小目标，就容易看不清方向，一直在山脚下打转。而如果你只盯着大目标，好高骛远，更是做不到凭借一口气就登上山顶。

未来，有规律可循、边界清晰的友好型工作会越来越少，而复杂的、缺少明确规则的棘手型工作会越来越多，这就需要我们掌握“从中心目标到延展目标”的目标思维，把大目标拆解成一个个可以驾驭的小目标，在志存高远的同时日积跬步，最终脚踏实地登上梦想的高峰。

09

升级决策力，
让你的战略战术持续进化

好决策
不是想出来的，
而是迭代出来的。

思考力训练

假如你在配合同事做项目时犯了一个无心之错，经过补救现在问题已经解决了，你想真诚地向他道歉，那你应该怎么做呢？

1. 马上就去道歉；

2. 等一小段时间，先观察对方的反应，然后再表达歉意；

3. 等几天之后再去道歉。

想让自己的道歉更加有效，对时机的把握非常重要。专门研究“道歉”的艾伦·拉扎尔（Aaron Lazare）教授指出，当大多数人被问到道歉时机这个问题时，他们一开始都会回答说：“当然是越早越好。”的确，我们从小就是被这样教导的，但实际上，要想让自己的道歉更有效，对时机的把握非常重要，在问题发生一小段时间之后再道歉效果最好，这样能给双方都留下相对充足的反应时间。

在工作和生活中，我们经常需要做出各种各样的决策，小的决策像是怎么回复顾客的提问，中等决策像是如何确定产品研发的方向，大的决策像是怎样制定自己的职业生涯规划，等等。可以说，决策无处不在。

但是，我们做出的很多决策其实是不够科学的，有的是延续以前的习惯做法，有的是听取所谓“专家”的意见，甚至有的就是拍脑门做出的。

这样做出的决策即便侥幸得到了不错的结果，也难以重复借鉴。大部分当时觉得“非常完美”的决策，事后其实会发现漏洞百出，甚至酿下大错。

在战场上千锤百炼出的决策模型

1988 年 4 月，两架伊朗战斗机用雷达锁定了美国海军“文森斯”号导弹巡洋舰，然而，舰长罗杰斯并没有下令向飞机开火，他认为在当时的情形下，伊朗飞行员并不会真的发动攻击，而只不过是在执行演习任务。他并不需要动用复杂烦琐的决策矩阵来计算风险事件发生的概率。事实表明，罗杰斯舰长的判断是正确的，随后这两架战斗机掉头飞走了，一切相安无事。

但是仅仅三个月之后，罗杰斯舰长便遭遇了一个更加复杂也更加紧迫的情况，他必须在紧急关头迅速做出决定，这个决定后来成为现代军事史上的一大研究热点。1988 年 7 月 3 日，“文森斯”号导弹巡洋舰上的船员向罗杰斯报告，一架他们已经追踪了 5 分钟之久的飞机进入了导弹射程，战情中心的船员认为那是一架伊朗 F-14 战斗机，但也有不少于一名船员认为那并不是一架战斗机，而是一架普通客机。巡洋舰上的工作人员通过无线电发出了多次警告，但是那架飞机没有做出任何回应。飞行清单显示，有一架普通客机于 32 分钟之前从伊朗的阿巴斯港机场起飞。如果是准点起飞，那么这架客机现在应该已经抵达目的地了，显然不应该在"文森斯"号目前所在位置的上空，但罗杰斯舰长当时并不清楚那架客机是否已经按时起飞。情况非常紧急，拥挤的控制室里嘈杂喧闹，与此同时，飞机越来越近。

如果罗杰斯舰长再推迟几秒钟下达指令，飞机就会离"文森斯"号太近，而舰上的武器将失去作用，所以罗杰斯舰长决定开火。他下令发射了两枚地对空导弹，都命中目标，飞机被摧毁了。但很快，舰长和船员们就发现，他们摧毁的是伊朗的一架普通客机，机上 290 名乘客和机组人员全部遇难，包括 66 名儿童，这个死亡数字在人类空难史上位列第七。原来，这架飞机飞离机场的时候晚点了 27 分钟。三个月前，在应对伊朗战斗机的问题上，罗杰斯舰长表现出了专家级的水准，但这一次在陌生的突发状况和紧迫的时间压力之下，他做出了一个错误的判断。

战场是一个瞬息万变的复杂环境，军人不仅难以获得及时准确的信息，还要在非常短暂的时间里，顶着巨大的精神压力做出准确的决策，这就需要非常有效的决策模型。约翰·博伊德（John Boyd）是美国历史上著名的战斗机飞行员之一，他在美国空军里专门负责训练飞行员。他指出，在战斗中，速度并不是唯一的焦点，他还依据《孙子兵法》开发出了一套战斗策略。这个策略的核心是战斗者或决策者应该遵循的四个步骤：观察、判断、决策、执行。根据这四个词对应的英文单词首字母，这一决策流程又被称为"OODA 决策准则"。

- O，观察（observation）：指观察瞬息万变的环境；

- O，判断（orientation）：根据观察的结果调整自己的行为，消除障碍，了解迷惑对手的时机和方法；
- D，决策（decision）：制定行动方案；
- A，执行（action）：把握时机，在对手最脆弱的时候迅速采取行动。

有时这个过程需要不断重复，反复循环，因此又被称为“OODA环”。利用这套策略，在和学员的空战对抗训练过程中，博伊德只用40秒的时间，就能驾驶战斗机从不利的死亡位置上，比如学员战机前方略低的地方，迅速摆脱追踪，切换到学员背后的位置。在这40秒里，博伊德每10秒就能完成一次OODA循环，而学员在40秒里通常还没有完成第一个循环，甚至有人一直处于观察阶段，那就更谈不上决策和行动了。

可以看出，OODA环是一个快速迭代的过程，它的核心理念适用于人类的大部分活动：**如果我们能够尽量缩减决策与执行的时间，把更多的时间用在观察和判断上，就可以做出更好的决策。**

由于时间非常紧张，罗杰斯舰长在做第二次决策时留给观察和判断环节的时间严重不足，这才导致了悲剧的后果，因此，我们需要牢记：随意行动并不会得到什么好结果，只有正确的决策才能。想要获得满意的结果，就要给观察和判断留下充足的时间，有时候，多一秒钟的观察与思考也许就能改变一切。

想要好的决策，有时要主动停顿

了解了什么是 OODA 环，接下来我们来进一步了解一下它是如何发挥效用的。

美国著名外科医生阿图·葛文德（Atul Gawande）[①] 曾经担任白宫的健康政策顾问，也是影响奥巴马政府医疗改革政策的关键人物。在他的著作《清单革命》中，葛文德医生讲到了一份医疗清单是怎么帮助医生挽救更多患者的生命、减少医疗事故的，特别是在手术的过程中，医疗清单又是如何发挥作用的。葛文德医生的手术清单中包含了三个延迟点：麻醉之前、切口之前和离开手术室之前。每一次延迟的时间不超过一分钟，这短暂的一分钟正好可以供手术小组的成员做一些基本的核查，比如在手术之前确认患者的身份，在手术之后清点针头和纱布。

从表面上看，让手术小组的成员逐一向患者介绍自己的名字和承担的手术任务似乎是一件可笑或者说无关紧要的事情，但事实上这个简单的行为却能够产生非常惊人的效果。这跟 OODA 环实际是一脉相承的。这让医护人员在进行每一个步骤之前，都留出了充足的时间用来观察和判断，然后再去做出下一步的决策和行动。从 2008 年春天开始，美国有多家医院采用了葛文德医生的清单管理模式。短短几个月之内，重大

① 美国著名外科医生，哈佛医学院教授。他引发全球观念革命的畅销书《清单革命》提出，用清单应对复杂世界的观念变革，掌握清单的四大行事原则，我们才能持续、正确、安全地把事情做对。他的《清单革命》及“最好的告别三部曲”《医生的修炼》《医生的精进》《最好的告别》中文简体字版已由湛庐策划，分别由北京联合出版公司、由浙江人民出版社出版。——编者注

手术并发症的发生率下降了 36%，死亡人数减少了 47%。如今，清单管理模式已经被美国各大医院普遍采用。**这些简单的清单之所以能够产生这么大的作用，很重要的原因就是强调把一个手术的过程进行必要的分解和延缓，这迫使医生和护士们不得不停顿一下，思考自己的下一步行动，让他们更容易发现那些比较隐蔽的风险，预先准备好应对方案，从而提高手术的成功率。**

让我们回顾一下本章开头的那个思考题：如果你在配合同事做项目的时候犯了一个无心之错，经过补救现在问题已经解决了，你想真诚地向他道歉，那么你应该怎么做呢？

1. 马上就去道歉；
2. 等一小段时间，先观察对方的反应，然后再表达歉意；
3. 等几天之后再去道歉。

像前面说到的一样，对时机的把握非常重要。我们可以运用这一章讲到的 OODA 环，花费一定的时间去观察对方的反应，然后再表达歉意。研究表明，稍晚一些的道歉对他人情绪的改善作用明显大于过早的道歉。原因在于，过早的道歉可能会妨碍对方表达自己的感受。在对方感到自己受伤害之后，如果你的道歉过于迅速，对方往往没有足够的时间好好梳理自己的情绪反应或表达自己的感受，也就无法从容地接受你的道歉。所以你要给对方留一点时间，让他有机会发出自己的声音，抱怨你或对你倾诉，这样他才能感觉自己得到了别人充分的理解。

另外，在问题发生一小段时间之后，双方都能有相对充足的反应时间，梳理好整件事情的来龙去脉，这可以让你的道歉显得更加真诚、可信、有依据，也可以让对方更加满意。一个有效的道歉通常包含四个部分：认错、解释、自责以及尽可能地进行补偿。也就是说，我们在道歉时不要仓促行动，而是应该先花上一两分钟想一想应该选择什么时机来道歉。在道歉的步骤上，要先承认自己的过错，倾听和观察对方的反应，再稍做等待，考虑下一步的行动方案和行动时间，然后再对自己的行为表达恰当的自责，最后尽可能地进行补偿。

总而言之，我们应该尽量多使用 OODA 环来指导自己的决策，给自己留出充足的时间，少一些冲动和鲁莽，这样才能做出正确的决定和行动。

事业和人生的成败，
取决于你完成了多少个决策循环

OODA 环是一个很好用的决策工具，能帮我们解决很多常见的问题，而它真正的威力还远不止于此。实际上，无论是需要即时反应的瞬间决策，还是针对短期问题的战术决策，或是涉及中长期规划的战略决策，我们都可以用 OODA 环来构建。

如果你要设计一款产品，可以用 OODA 环作为指导，收集用户的反馈不断改进；如果你要规划一个宏伟战略，更要持续观察之前的部署是否得到了预期效果，然后迭代优化、调整方向、配置资源。**你要做的，是构建一个环环相扣的嵌套式决策结构，在每个小循环里运用 OODA 环来优化，同时在整个大循环中运用 OODA 环来迭代，在这**

个过程中不断观察、规划，用行动证实或证伪自己的设想，然后根据反馈迅速地调整自己的策略，构建决策过程的闭环。

很多管理者都会制定五年规划，来指导企业未来中长期的行动方向。而这种规划的正确实践方式，其实并不是在规划制定之后，原封不动地执行五年。而是要在每一年都重新审视企业自身和环境的变化，预测五年后的市场态势，然后重新制定一份未来的五年规划。这样才能确保企业的前进方向是正确的。

可以说，事业和人生的成败就取决于你完成了多少个循环。你循环得越快，迭代的次数越多，取得的成就也就越高。比如，中国的代表企业之一，开创了和“福特制”“丰田制”并驾齐驱的“海尔制”①的海尔公司，在成长壮大的过程中就经历过不计其数的小循环和三次大迭代。

> 海尔的第一次迭代发生在1984年到2005年。当时中国的家电企业只要生产出产品来，就能卖出去。但海尔认为，必须通过狠抓质量来树立品牌。著名的海尔创始人张瑞敏砸冰箱事件就发生在这个时期。张瑞敏认为，第一次迭代的时候，他们的客户价值主张是质量、品种和服务。“别人不在乎质量，我们把质量抓上去；人家开始抓质量，我们就开拓新品种；别人开拓新品种，我们又主导服务体系。”

---

① 讲述管理思想史上的第三次企业管理革命、物联网时代新管理范式的《海尔制》一书已由湛庐策划、由北京联合出版公司出版。在这本书中，我们可以详细了解“海尔制”作为一种人单合一、高度凝练的管理模式，在全球30多种管理模式中脱颖而出背后的故事。——编者注

海尔的第二次迭代发生在2005年到2016年。这个阶段海尔面临的挑战有两点：第一是能不能成为中国的世界名牌；第二是能不能在互联网时代主动转型。面对这两个挑战，中国企业更多选择了代工，因为这样可以马上达成出口和赚钱的目标。而向互联网转型，全世界的大型公司都进退维谷。海尔的做法是，在已开拓的海外市场力求成为当地的本土化品牌，还提出了“世界就是我的人力资源部”的说法，希望用全球资源来创造全球品牌。简而言之，海尔第二次迭代的是全球客户价值主张，也就是在其他国家和地区实现海尔品牌的本土化，同时让内部员工从执行者变成创业者。

从2016年至今，海尔正在进行第三次迭代。海尔的领导者认为，在今后的一段时间里，体验经济和共享经济将会是这个时代的主题。在这个阶段，企业要转变为互联网管理模式，客户价值在于客户最佳体验，在于社群经济模式。而在文化价值上，所有的员工都应该全面发展，彰显自我价值。

总的来说，海尔的目标是要“不争而善胜”。简单说来，如果要展开同质化竞争，结果就是参与价格战，而这种情况只有输家没有赢家。想要胜，就要换道，不和对手贴身肉搏，搞差异化竞争。而要实现这种战略目标，就要持续关注环境变化，不断用OODA环来调整企业的应对之道。

同样的决策方式，我们也可以应用到自己的职业规划中来。举个例子，假设你初入公司做的是运营岗位，而当你意识到“内容+运营”将是必备能力之后，就要想办法提高自己的内容能力。也许过了一段时间，你又发现“审美”能力是迎接下一个风口必不可少的能力模块，那就要及时调整方向去训练自己。

总而言之，没有一成不变的环境和组织，这就决定了不会有放之四海而皆准的灵丹妙药，任何决策都需要根据实际情况，实事求是地观察、判断、决策、执行。**既要谋定而后动，又要随机应变，既要有顶层设计，又要吸纳自下而上的突变，这样决策才能不断进化，始终走在正确的道路上。一定要记住，好决策不是想出来的，而是迭代出来的。**

10

打造创新力，
让好创意自然生发

创新
不是无中生有的顿悟，
而是厚积薄发的涌现。

思考力训练

发明家爱迪生在研究灯泡的时候，经常需要做实验，其中涉及很多计算工作，于是他聘请了一位数学系的助手来帮忙。有一天，爱迪生要去忙别的事情，临走之前就让这位助手测量一下一只灯泡的体积，好来确定给灯泡抽真空的时候需要多长时间。爱迪生离开后，这位助手就开始着手测量灯泡各个部分的尺寸和弧度，画成草图，再用复杂的数学公式进行计算。过了好久，爱迪生回来以后发现这位助手还没有算好，就把灯泡拿了过来，连一分钟都不到就得出了灯泡体积的准确大小。你能想到爱迪生是用的什么方法吗？

爱迪生的方法很简单，他把灯泡注满水，再把水倒在一个量筒里，一下子就知道了灯泡的准确体积。这位助手之所以没有想到这个方法，并不是因为他不知道、不理解其中的原理，只是因为他陷入了一种思维定式。

人人都说这是一个注重创新、比拼创意的时代，但想创意就像“吹泡泡”，不是你用力就能行的。很多时候，你坐在电脑前搜肠刮肚一整天，咖啡喝了一杯又一杯，头发掉了一根又一根，文档上还是空白一片。

其实，创意的生成也是有技巧的，我们并非只能被动地等待灵感的降临，只要掌握正确的方法，就能得到缪斯女神的眷顾，让好创意自然生发。

摆脱潜念视角，拥抱专念思维

设想一下，凌晨两点钟，你家的门铃突然响起，开门以后，你发现一个人站在你面前，他身穿真皮大衣，手上戴着两枚钻戒，身后停着一辆劳斯莱斯汽车，可以看出他是一个货真价实的富豪。他为自己在凌晨吵醒你表示歉意，说自己正在参加一个寻宝游戏，赢得这场比赛对他而言非常重要，目前他还差一块长 2.1 米、宽 0.9 米的木板，他想请你帮他这个忙。为了表示诚意，他愿意拿出一万元来答谢你。你相信他所说的话都是真的，这个人显然有能力兑现自己的诺言，但你应该去哪里找这样一块木板呢？你想了半天，鉴于在凌晨这个时间段，也很难找得到开门营业的商店，只好选择放弃。第二天早上起来后，你打开自己的家门，当你的手触碰到门板的时候，你突然意识到，自己家门板的尺寸正是昨夜那位来访者想要的木板的尺寸。如果当时你能想到把这块门板卸下来，你就可以得到一万元的酬金。你非常懊悔，觉得自己的头脑不够灵活。

之所以会发生这个情况，是因为那时你家的门在你的意识中不是一块木板，“门”这个概念遮住了你的双眼，让你对这块唾手可得的合适的木板视而不见。这是因为你掉入了自己的潜念（Mindlessness），你只看到了司空见惯的门，而没有看到求之不得的木板。**所谓的潜念，就是一个人局限于既定的概念，透过单一的视角来审视世界，并采取相应的行动，因此很难注意到新变化和新迹象的产生**。潜念会让我们的视野和思维变窄，同样也可能会掩盖我们的一些潜能。

与潜念相对的概念是专念（Mindfulness）。**专念能帮助人们创造新概念，让人不再被自我束缚，拥抱新知，还能使人从不同视角来看待问题。**我想用一个故事来说明什么是专念。在拿破仑入侵俄国时，他已经是一个大英雄了，当时他做了一个决定，那就是要不惜一切代价征服俄国，战胜俄军统帅库图佐夫将军。当拿破仑的军队不断向俄国腹地推进时，他们的补给线越拉越长，而库图佐夫将军则下令让俄国的部队有序后撤，一步步诱敌深入。库图佐夫将军知道，有一个强大的"盟友"即将加入这场战斗，这个"盟友"就是俄国无比寒冷的冬天，法国军队不得不"迎战"冰天雪地和刺骨寒风。

当拿破仑带领军队进入莫斯科时，发现城里空无一人，而且俄国人已经把这座城里的东西都付之一炬了，拿破仑的军队没有任何可以抢夺的物资，也得不到补给。在冰天雪地中攻下一座空城的拿破仑，带领着一支饥寒交迫的队伍，只能选择撤退。但是库图佐夫将军却在这个时候发起了进攻，在他的带领下，俄国军队最终赶走了法国军队。

库图佐夫将军的做法完全符合专念的特征，而一心想要拿下莫斯科的拿破仑却成了潜念的反面典型。首先，库图佐夫将军的战术非常灵活，他以退为进，不纠结于一城一地的得失，给拿破仑设下了圈套；其次，库图佐夫针对拿破仑的部署进行了深入分析，制定了周密的应对策略，而拿破仑却一味冒进；最后，拿破仑把势如破竹的进攻视为巨大胜利，而库图佐夫却明白，在寒冷的冬天脱离军队的补给线快速推进，只是在自掘坟墓。

当你处于专念中时，规则和惯例就只能起到指引行为的作用，你会对情境中的各种变化保持足够的敏感性，积极主动地发现新形势下的新变化，而不是盲目地照搬过去的经验。

就像本章开头的那个思考题，爱迪生的那位数学系的助手就陷入了潜念思维，只知道运用数学方法来计算。而爱迪生能跳出自己的潜念，让专念发挥作用，所以能够意识到测量灯泡体积的方法有很多，他把灯泡注满水，再把水倒在一个量筒里，一下子就知道了灯泡的准确体积。可以说，只有跳脱出潜念导致的思维固化，我们才能圆满和迅速地解决各种问题，拥抱专念才能打开广阔的思维天地。

跨界达人的三个创新秘诀

说到这里，你应该会很自然地产生一个疑问，专念思维的理念很美好，但我们普通人该怎么做呢？是不是只有那些天赋异禀的人才能拥有这种天才般的创新能力呢？

著名的科技史作家、有“科技界的达尔文”之称的史蒂文·约翰逊（Steven Johnson）[1]，在《助燃创新的人》一书中用“现代化学之父”约瑟夫·普里斯特利（Joseph Priestley）的故事回答了这些问题。普里斯特

① 媒体理论家，被誉为“科技界的达尔文”。他讲述伟大化学家、氧气发现者约瑟夫·普里斯特利传奇一生的畅销书《助燃创新的人》中文简体字版已由湛庐策划、由天津科学技术出版社出版。——编者注

利的一生达成了众多成就：作为科学家，他发现了氧气、二氧化氮、氨气、二氧化硫等 10 多种不同的气体；作为哲学家，他深刻影响了穆勒、边沁等后世的伟大思想家；作为政治理论家，他是美国开国元勋富兰克林的门徒和密友，是英国首相谢尔本伯爵的幕僚。

但是，普里斯特利并非天生奇才，他之所以能在不同领域里做出那么多巨大的贡献，产生那么多重要的思想，是因为他能够广泛接触各种知识，而且善于把它们融会贯通。约翰逊对各种知识和创新思想之间的关系有一个非常生动的比喻。他认为人类所有创新思想的背后，都有一种深层的力量在运作。就像地壳板块之间的运动会带来巨大的震荡，板块挤压碰撞，地表会隆起，形成高耸的山峰。同样的道理，各种知识板块之间的互相碰撞，也会让思想涌现，形成创新高峰。而想要更好地捕捉不同领域的跨界知识，让创新源源不断地涌现，你要注意三大创新要点。

创新要点一：创造余闲

你要主动保有一定的自由时间。这段时间要任由你支配，你可以探索任何感兴趣的事情。这个时候，你的大脑处在一种放松的状态下，更容易捕捉到被忽略的信息，更可能发现事物之间微妙的联系。

比如，普里斯特利出身贫穷，只能靠做教师的微薄收入养家糊口。不过，这种比较自由的生活也让他拥有了更多的余闲，他能有更多的时间来做研究、发明和写作，随意去探索自己感兴趣的领域。他非常珍惜这种余闲，哪怕英国首相谢尔本伯爵邀请他担任自己的幕僚，给出了非常优厚的条件，普里斯特利也没有立刻答应，因为这意味着他要放弃自己原有的余闲。直到谢尔本伯爵答应留给他更多可以自由支配的时间，他才接受了邀请。后来，在为谢尔本伯爵工作的同时，普里斯特利的科学研究也得以继续。正是在这段时间里，他发明了制作纯氧的方法，推动化学工业向前迈进了一大步。

创新要点二：思想流动

你应该为自己构建一个开放的、多元化的思想网络，你的社交圈应该囊括不同领域、不同专业背景的人，大家能够随时分享自己的见解和灵感，同时还能在情感和爱好上互相支持。

拿普里斯特利的经历来说，最早的时候，他以作家的身份来到了伦敦，在咖啡馆里认识了本杰明·富兰克林和数学家普赖斯，以及很多各个领域的思想精英。普里斯特利主动提出，要为当时正在蓬勃发展的电学写一本书，他的想法得到了这些科学家的支持，他们不仅向普里斯特利开放自己的私人图书馆，还帮他审阅书稿、提供修改建议，鼓励他一起参与实验。

正是在伦敦的咖啡馆里，普里斯特利受到了各种思想流的洗礼，在这些朋友们的帮助和鼓励下，他从记录科学实验开始，变成了一个积极多产的研究者。比如他发现了二氧化碳拥有导电性，发明了制造电荷的新仪器，分离并命名了 10 多种不同的气体，引领了一场化学革命。

创新要点三：跨界思考

你需要站在跨界网络的中心点上，这样就能够接触各个学科的独特观点，从不同的角度来审视问题，用不同的思维方式来分析问题，这样更有可能拥有新的视角，找到崭新的道路。

比如，普里斯特利发现，如果把老鼠关进密封玻璃瓶里，老鼠很快就会昏迷或者死去；如果把点着的蜡烛放进密封玻璃瓶里，蜡烛就会很快熄灭。但如果把一株植物放进密封玻璃瓶里，植物却可以存活很长时间。普里斯特利和富兰克林分享了自己的发现，并且提出一种观点。他认为，动物之所以在密闭空间里会很快死去，是因为动物污染了空气。而植物能够存活，肯定是做了什么恢复空气质量的活动。

富兰克林给普里斯特利提供了新的思路。他认为，密封玻璃瓶的内部构成了一个系统，就像是大自然中的生态系统，水在系统中会蒸发变成气态，再变成液态的雨落回大地……如此无限循环。和大自然的生态系统相类似，植物肯定是向空气中释放了某种物质，保证空气质量得到了恢复。

不过，富兰克林只说对了一半，植物确实会向空气中释放某种物质，但富兰克林没有想到，植物还会从空气当中吸收某些物质。而普里斯特利从这种思考角度当中得到启发，他借鉴这种物质循环理论，把它创造性地应用到了生物和环境的互动关系中，提出一种新理论，即植物会吸收空气中的二氧化碳、释放氧气，而动物则反过来会吸收氧气、释放二氧化碳。他还根据氧气能让火焰燃烧得更剧烈这个现象，提出了动物会通过呼吸产生能量。更重要的是，他建立起一种系统学说，描绘了生命中的能量是如何传递、物质是如何循环的，为后来的食物链和生态系统理论奠定了基础。

可以看出，**创新的关键就在于“混搭”，把已有的元素或者模块打散之后重新组合，这样就能催生新的创意。**大卫·伊格曼（David Eagleman）[①] 在《飞奔的物种》中讲述了激发创造力的“3B 法则”，也就是 Bending（扭曲）、Breaking（打破）与 Blending（融合）。布莱恩·阿瑟（Brian Authur）[②] 在《技术的本质》中提出“所有创新都是组合创新”。这些与普里斯特利的发明创造有着异曲同工之妙。**我们越是能打破学科领域的藩篱，运用各领域的多样化知识，创造出越多的组合模式，就越有可能获得奇妙的创新，拥有超凡的创造力。**

如何让创新力持续进化

说到创新，还有一个困扰很多人的问题，那就是怎么把握创新的尺度和节奏。和一般人想象的不同，创新并不是越颠覆、越超前就越好。很多时候，过度追求太过超前的创新，不但无法帮你成为“先驱”，反倒可能让你不被接受和理解，成了倒在黎明前的“先烈”。

---

① 《西部世界》科学顾问，著名脑科学家。他的“自我进化四部曲”《飞奔的物种》《死亡的故事》《隐藏的自我》《大脑的故事》用脑科学知识解释了人类创造力产生的根源、人类创造力突破的核心法则以及人类决策、行为背后的大脑运行机制，全套图书中文简体字版已由湛庐策划，分别由浙江教育出版社、北京联合出版公司出版。——编者注

② 复杂性科学奠基人，圣塔菲研究所元老级人物。他的代表性作品《技术的本质》阐释了技术产生和进化的系统性理论，对于商业创新和经济发展而言都有非凡的意义。本书中文简体字版已由湛庐策划、由浙江人民出版社出版。——编者注

在这个不确定、复杂和模糊的“乌卡时代”，我们只有在渐进式创新的“稳妥小碎步”和颠覆式创新的“冒险大跨步”之间取得平衡，才能在创新的过程中尽量减少损失、扩大收益，让整个创新过程更加健康和可持续。

《创新跃迁》[①]一书的两位作者，哈佛商学院企业管理教授迈克尔·塔什曼（Michael Tushman）和斯坦福商学院组织行为学教授查尔斯·奥赖利三世（Charles O'Reilly Ⅲ）认为，创新周期有四个阶段：

- 第一阶段：当一种全新的技术出现之后，它会和原有的技术及其他新技术展开竞争；
- 第二阶段：当某种新技术被证明极为有效之后，它就会成为一种“主导性技术”，开始创造大量的收入和利润；
- 第三阶段：人们会对主导型技术进行“渐进式创新”，直到挖掘出它的全部技术潜力为止；
- 第四阶段：人们会探索出一条崭新的技术路线，实现技术的“跃迁式创新”，进入下一个技术创新周期。

总而言之，**创新是一个螺旋式上升的过程：渐进式创新带来持续的盈利能力，为我们创造条件去探索跃迁式创新；而跃迁式创新则能突破过去的界限，进入下一条增长曲线，同时也会成为下一个渐进式创新的基础。**

---

① 里程碑式管理学经典之作《创新跃迁》讲述了打造高潜能组织的四大构件：关键人物、人员、文化和正式的组织，提出了决胜未来的组织应该具备的三大特点：展开能量竞争、具备二元性及具备跃迁能力。本书中文简体字版已由湛庐策划、由四川人民出版社有限公司出版。——编者注

无论是个人还是企业，只要按照这种理念管理自己的创新节奏，就能让自己保持进化，实现可持续的良性发展。

国产潮玩品牌“52TOYS”有一个“7-2-1”产品研发战略，简而言之就是公司的设计团队会把70%的资源用来满足市场当下的需求，开发相应的产品。比如，潮玩市场这两年流行盲盒，公司就花70%的精力来开发盲盒。

此外，公司会预测未来两三年潮玩市场的流行趋势，拿出20%的资源进行技术储备，让设计师去尝试不同的题材、风格、材质和创意形式，研发可能引领市场的产品。这20%的资源投入很有可能创造出公司下一阶段的主力产品。

公司还会留出10%的资源，让设计师天马行空地自由发挥。这部分投入很少考虑商业回报，公司赌的是这10%的投入中能“涌现”出一些崭新的创意，也很有可能“生长”出下一个阶段的主力产品。

除了在研发大类里进行资源分配，52TOYS在产品研发的细分类别里也采用了“7-2-1”的分配方法。拿盲盒来举例，它是公司现阶段的营收主力，已经占用了设计资源的70%，但是在这70%里还要再分“7-2-1”，也就是拿出70%做主流产品研发，剩下的20%和10%去尝试不同领域的创意。

52TOYS把这个“7-2-1”的研发战略形象地阐释为“吃着碗里的，看着锅里的，想着田里的”。他们通过实施“7-2-1”战略，让公司拥有两年以上的技术储备和设计储备，这保证了他们每年都能推出上千款新品，成了国内潮玩市场上最有影响力的品牌之一。

你周围的环境正在以超乎想象的方式快速变化，你曾经认为坚不可摧的东西，都有可能在未来土崩瓦解；你曾经认为亘古不变的东西，都有可能转瞬之间面目全非。面对这种局面，培养和增强创新能力是我们对抗这个不确定时代唯一的方法。请记住，**创新不是无中生有的顿悟，而是厚积薄发的涌现。**只有拥有跨界意识，拥抱专念思维，让自己成为一个广博的人才，才能拥有灵活的应变创新能力。这样，无论未来会遇到怎样前所未见的情况，你都有能力把握自己的人生，在不确定的环境里为自己创造一个确定的未来。

11

让习惯力为你赋能，实现最持久的续航

愿望
从来不会改变现实，
只有行动
才能改变现实。

思考力训练

如果你想精进某种能力，比如写作能力或者英语表达能力，那么就必须制定一个科学严谨的训练计划，请人监督自己，每天严格按照计划执行，通过不断重复来让自己形成习惯，做不到就惩罚自己。这种说法对吗？

这种说法是错的，想要精进某种能力，仅有一个良好的动机，然后就逼着自己去做，这是非常消耗意志力的。意志力是一种稀缺资源，非常经不起损耗，稍有挫折，你就很容易放弃。这种情况下，有些人就会责怪自己，认为自己是一个没有毅力的人，陷入悲观失望的情绪沉沦下去。实际上，想要实现改变并不难，你需要的只是掌握正确的方法。

每一个人都想通过改变让自己进步，如果能顺利改掉一些不好的旧习惯，养成一些好的新习惯，就可以帮助你变得更健康、学会新东西、提高工作效率或拥有更和谐的人际关系。

但你也一定体会过什么叫知易行难，明明有些事情应该做，但就是做不到，比如坚持跑步、学好英语、读更多的书等；同时，有些事情不该做却又忍不住，比如叫外卖、熬夜等。

于是，有很多人越做不到就越着急，怪自己缺乏意志力、态度不端正。这样一来，不仅没有越变越好，反而陷入压力和焦虑的旋涡，形成恶性循环。那到底该怎么实现改变呢？我们常说，做事情要讲究方法，改不掉坏习惯，养不成好习惯，很可能只是你的方法不对。

习惯不能被消除，只能被替代

很多寻求改变的人都会陷入一个误区，那就是认为想要实现改变，就必须凭借毅力去克服那些不好的习惯，去“打破坏习惯”，这样才能重建一个更好的自己。

但实际上，“坏习惯”不是要“打破的”，它们就像一团纠缠不清的绳子，上面打满了大大小小的绳结，这些绳结就是我们的坏习惯，你越是用力地撕扯，这些绳结就缠得越紧，越难解开。所以，**习惯是不能被消除的，它只能被替代。**只要你坚持“一次只解开一个结”的原则，那就不怕问题多，也不怕问题复杂，必定能促成自身的改变。

英国橄榄球队是一支世界级的强队，球队里都是顶级的专业选手，但即便是他们，也很难避免在场上扎堆儿进而忽略全局的情况。球员们只有在手里持球时才会抬头观望四周，其他时候都只盯着球看，这就导致他们错过了很多有利的进攻机会。为了让队员们改掉只盯着球看的坏习惯，教练组反复告诫所有球员，一定要记着随时观察周围的情况。但一到了比赛的时候，球员们就又会不自觉地追着球跑。

后来，球队聘请了一位运动科学家谢里耶·考尔德

（Sheryllle Calder），她通过一套科学的“视觉意识训练”方法，帮助队员们重塑了习惯。在训练的时候，教练们会把写着“横杆”、“边线”和“沟通”三个词的大型横幅挂在场地四周的展板上，用于提醒球员。然后，教练们会拿着不同颜色的指挥棒站在球场上的各个方向，根据场上战况随时举起指挥棒，这个时候，球员就要大声喊出教练的名字和指挥棒的颜色。这种方法看似简单，做起来并不容易。有一次，练习赛进行到胶着状态的时候，教练举了 30 秒指挥棒都没人理，等到终于有人看到并大声喊出教练的名字和指挥棒的颜色时，其他球员才猛然发现，“糟糕，又只顾埋头盯球了”。

随着训练的持续进行，能及时回应教练举指挥棒的球员越来越多，球员们也慢慢养成了关注周围情况的新习惯，这让他们不再只是盯着球，而是能够更加自然地“眼观六路、耳听八方”。后来，在一场橄榄球世界杯决赛里，英国橄榄球队遭遇了老对手澳大利亚队，双方战平进入加时赛。当比赛时间只剩下最后 26 秒时，球传给了英国队一位无人盯防的球员。这位球员平时擅长左脚射门，而这个时候，他抬头看了一眼赛场上彼此队员的站位，突然急停，改用右脚来了一记抽射，成功进球得分，这也成为英国橄榄球队夺冠的关键之举。赛后他说，要是以前遇到这种紧急情况，他拿球后一定不管三七二十一，马上会抬起左脚射门。但是现在，他已经养成了拿到球先观察赛场的习惯，所以这一次他才能在紧急关头不忘快速扫描赛场全局，做出了右脚射门的最佳决策。

脑科学研究表明，一个人很难有意识地不去做什么，比如有人告诉你“别想一只白熊”，那你接下来一定会想。你每次提醒自己不要做什么的时候，就是在大脑里又把这种坏习惯铭刻了一次。你要做的是去构建一种新的习惯，用“要做什么”替代“不要做什么”，这样才能促成改变。

当然，在这个过程里，你还需要一个趁手的工具，一个“行为设计”方法。

福格行为模型，一个科学而极简的行动框架

很多人都会认为，只要超级想做到，就一定能做到。换句话说，凡是做不到的事，就是你的动机还不够纯粹，决心还不够坚定。

但是，想要变得更好，仅有美好的愿望和想达到的目标是不够的，它们只能成为我们改变的起点。只有让自己把注意力聚焦在行为上，而不是愿望和成果上，才有可能实现真正的改变，所以我们要为想达成的愿望和成果匹配“对的行为”。

在组织里，无论是管理者还是普通员工，每个人都需要在越来越复杂的环境里解决越来越复杂的问题，这实际是一个消耗心力的过程。而人类的天性决定了，我们不能长期做让自己感觉痛苦的事情，但如果从容易做的事情开始，你几乎可以做到任何你想做的事。

福格行为模型，就是一个科学而极简的行动框架，它可以帮助你把

困难的任务变成一个一个可轻松做到的微行为、微习惯，这样我们哪怕在最忙碌、最没动力的时候，也能有条不紊地完成一个个小目标。

具体来说，福格行为模型的核心就是行为设计公式 B=MAP。B 代表“行为”（behavior），M 代表“动机”（motivation），A 代表“能力”（ability），P 代表“提示”（prompt）。你会发现，这个公式里并没有人们常常提到的意志力。行为改变能不能实现，你只需要检查动机、能力和提示是不是出了问题，而不需自责自己缺乏意志力。

“无法改变绝不是你的错，只是因为你不懂行为设计。”B. J. 福格（B. J. Fogg）[①] 博士认为，如果某件事情你始终做不到，那一定是动机、能力与提示三个要素没有同时发挥作用。

比如，你在工作日的时候每天都可以做到早上 6 点起床去跑步，但是一到周末就做不到了。这是因为，周末的时候，你运动的动机并不强，更想多睡一会儿。所以，你周末不能坚持跑步，缺的是动机 M。

又比如，有本书你特别喜欢，足足有 500 多页，你计划一周看完。但一周过去后，你发现自己只读了 10 页。这是因为，一周看完 500 页超出了你的阅读能力。阅读计划没能顺利完成，缺的是能力 A。

---

① 行为设计学创始人，斯坦福大学行为科学实验室创始人。他将自己在斯坦福大学行为设计实验室的重要研究成果结集成书，写出了一本人人适用的阐释行为改变模型的畅销作品——《福格行为模型》，本书中文简体字版已由湛庐策划、由天津科学技术出版社出版。——编者注

再比如，你为了练习英语阅读，习惯每天早上起床后先看半小时英文小说，但一遇到出差就难能坚持。这是因为，在家的时候，你会把小说放在床头，早上一睁眼就能看到，拿起来就可以看。而出差在外没把书带在身边，你就想不起来还可以看其他英文读物。阅读习惯中断，缺的是提示 P。

换句话说，**如果你能让动机、能力和提示这三个要素同时满足，你就会发现，行为改变轻而易举。**

福格在《福格行为模型》中讲了一个他自己的例子，讲他是怎么在健身房挥汗如雨的同时给红十字会捐款的。

他说自己本身就有很强烈的捐款动机。当时海地发生了大地震，新闻每天都在报道这个事情。那他之前为什么没有捐款呢？这是因为，虽然“动机”有了，但是还有两个条件没有满足，那就是“能力”和“提示”。

有一天，他正在健身房跑步，手机响了一看，是红十字会发来的一条募捐短信：只需要点击短信里的链接，一键就能完成捐款。这并不需要他中断跑步、离开健身房、走回自己的汽车、拿出钱包里的信用卡、打开手机，再一步步完成捐款。这一条及时发出的短信，就是提示；点击链接就能完成捐款，这种便利性让大多数人都可以随手完成捐款，就是能力；再加上之前就有的捐款意愿，就是动机，三个要素同时具备，捐款自然也就达成了。

一旦掌握了福格行为模型这个利器，你就能不较劲、不焦虑，让行为改变在不知不觉中发生。

让庆祝成为习惯养成的“肥料”

当然，有些人可能也尝试过一些养成习惯的方法，觉得只要自己能坚持下来，不断重复，就能培养新的习惯。但这其实是一个错误的观念。关于习惯养成的畅销书都会强调重复的重要性，而这却是缺乏充分的科学依据的，最多也只能证明两者之间有相关关系，而不是因果关系。

真正有助于培养新习惯的其实是情绪，是我们在采取新行为时所感受到的愉悦。只有在做某件事时感受到一种强烈的积极情绪，你才能养成新的习惯，而且并不需要太久。

比如，你第一次使用打车软件就感受到了它的快捷和便利。那么，你就会接着用第二次、第三次，直到有一天你已经不习惯在街头招手叫车了。又比如，你第一次使用 Instagram 分享照片给朋友，就体会到了专业级摄影技术带来的审美愉悦，以及朋友点赞带来的自信心，那么你自然就会不断使用它，直到你每天都会花大量时间浏览它。

正是这些你体会到的积极情绪，瞬间激活了你大脑的奖赏回路，大脑释放出大量的多巴胺，使你情不自禁地寻找机会一遍遍重复这些行为，在短时间内养成新习惯。

行为设计的本质其实是情绪设计，而要把积极情绪内置到新的行为当中去，最好的方法是“马上庆祝、即时奖励”。当任何一个你想要的小改变发生时，你就要立刻去庆祝。不管是一句简单的“耶”，还是打个响指，都可以。它们就像你在玩游戏的时候，每跳过一个障碍或打败一个怪兽，屏幕上就会弹出的“Bingo”或者响起一声欢快的庆祝声一样，可以马上给你带来肯定和快乐，让你根本停不下来。

不过，每个人让自己产生积极情绪的庆祝方式都不一样，你一定要找到让自己最舒服、最自然的庆祝方式，这样才最有效。我可以推荐给你一个好用的三步法：第一步，列出你感觉最自然的庆祝方式清单；第二步，依据具体的场景，把清单当中的这些庆祝方式匹配进去；第三步，不断练习，直到这些庆祝方式每次都能自然而然地发生。

其实不只是帮助自己养成新习惯，在将福格行为模型应用到商业领域时，也要遵循同样的逻辑。所有面向客户的产品或服务，想要在市场站稳脚跟并快速发展，都需要做到两点：一是帮助人们做他们已经想做的事；二是帮助人们感受成功，这样他们才有动力继续下去，形成习惯。在用户第一次使用产品或服务的时候，尤其要让他们感受到愉悦。美国有一个通信工具叫作 Slack，当人们第一次使用的时候，如果没有人与用户聊天，就会有一个聊天机器人与用户沟通，这让很多用户感到新奇有趣并愿意继续使用。

应用福格行为模型要遵循两条原则：第一条，如果我们想让一辆车启动，最好是去推动车轮已经滚起来的车；第二条，如果我们想让车不断跑下去，就要用成功、用积极情绪不断地给车加油。

没有积极情绪的加持，我们很难促动自己坚持，养成一个好的习惯。福格行为模型强调的微习惯策略会让我们在感觉良好的状态下做出改变，而成效最佳的改变恰恰源于感觉良好。我们在每次的成功之后，立刻配合一个庆祝的小仪式，及时、简单又有效，在这个过程里，**我们要感受“发光”的时刻，让庆祝成为习惯养成的“肥料”，每一次的庆祝都会让习惯牢牢扎根。**养成一个好习惯并不难，过程也可以是轻松愉快的。

我们每个人都有很多愿望，希望自己能不断成长，成为更好的自己，但是请记住，愿望从来不会改变现实，只有行动才能改变现实。正所谓“坐而论道，不如起而行之”，而要采取有效的行动，就需要借助行为设计的力量。行为设计追求的并不是某个独立的结果，而是让你庆祝的每一个微小成功、做出的每一个改变、养成的每一个习惯，都成为不断积累的“成功的动能”，帮你推动前进的“飞轮”，拥有势不可挡的职场续航力。

行为改变和习惯养成其实没有那么难，掌握福格行为模型，就能让你拥有走向成功的指南，进而让成功带来新的成功，帮你更轻松地掌控自己的人生，成为自己真正的主人。

汪小帆　　上海大学副校长

我对韩焱女士的认知始于 2019 年的“六一儿童节”。那天，在长城脚下，由韩焱女士发起的首届“思想马拉松”汇聚了 15 位来自人工智能、大数据、网络科学、管理学、遗传学、认知神经科学、生物学和宇宙学等领域的学者，大家的交流持续了 12 个小时，仍然意犹未尽。韩焱女士在开场演讲中说道：“每一个站在某个特定知识前沿的人，都有可能不知道站在其他知识前沿的人在思考什么。我们希望创造这样一个场合，让观点碰撞，让大家跨越不同领域，打破思维的孤独，实现思考的大融合。”促进学科交流并非新想法，但是以这种马拉松的形式来组织却体现了韩焱女士“敢做”的无畏精神。

韩焱女士不仅敢做，而且敢说。在举办至今的四届“思想马拉松”上，每次都是她第一个开场演讲。她曾说我是嘉宾中唯一一位四朝元老，但实际上我只是第一届的演讲嘉宾，后面几届都属于嘉宾观众，中间发表一下自己的感想。韩焱女士则是把每一届的东道主致辞变成了精彩的分享。更让我佩服的是，她的演讲都是通过生动的讲故事的方式阐述的。我印象最为深刻的是，她居然在第二届“思想马拉松”的演讲中分享了“控制论”创始人诺伯特·维纳的故事，我当时就想，难道不应该是我这个拥有控制论博士学位的人来讲更为合适吗？对此，我从韩焱女士在第三届“思想马拉松”的演讲中找到了答案：“要想拥有一种穿透历史和未来的远读能力，我们就要学会去做提塔利克鱼，从自己专属的那一片知识海洋里，勇敢地上岸，踏上知识星球坚实的陆地，开始一场场智识的探险，让想象力展开巨大的翅膀。”

韩焱女士在这本新书中，开篇就提出成长的第一步是要直面“元无知”。我想她之所以无畏地敢说敢做，就是因为她敢于承认自己的无知，进而能够不断求知，直至变成一种习惯。应湛庐文化的邀请，我和女儿曾一起翻译了美国麻省理工学院阿莱克斯·彭特兰教授的《智慧社会》一书。这本书中我最喜欢引用的一个例子就是，彭特兰教授团队基于对一家银行的呼叫中心员工之间的交流网络数据的分析，提出调整员工休息方案，进而显著提升呼叫中心工作效率的案例。我很高兴看到韩焱女士在这本新书中也分享了这个案例。让想法流动起来，才能激发出更高水平的集体智慧，创造出更大的价值。

把无知作为动力，把书籍作为阶梯，把思考作为习惯，这就是韩焱女士以及她的这本书给我的启示。

周　涛　|　电子科技大学教授

当你学会思考后，会发现思考带来的快乐属于顶级的颅内高潮。思考和其他快乐源头的最大不同有两点：一是你整天都可以思考，二是在80岁之后你依然整天都可以思考。

王一方　　北京大学医学部教授

小时候父亲叮嘱我，做人要“多用智慧，少用心计”，当时不明白，智慧不就是心计吗？日后心中方澄澈，智慧与心计高下分殊。读了韩焱的《把思考作为习惯》一书，人生觉悟在父训之上更递进了一层，“做人要有慧根，而不能只有智慧”，无根的智慧总会耗竭、枯萎，有根的智慧才会常青、常兴。若是要弄明白怎样的修炼、修为是慧根，那就请你走进韩焱这本“传灯之作”，细细琢磨其中的妙谛。

胡　泳　　北京大学新闻与传播学院教授

韩焱提出，我们需要从“把思考作为方法”转变为“把思考作为习惯”，这与我对教育的本质的反思高度一致。教育并不在于内容，甚至也不在于能力，它是一种心灵的习惯。

段永朝　　苇草智酷创始合伙人，财讯传媒集团首席战略官

在呼啸而至的数字时代中，信息过载、数据爆炸还只是表象，认知过载才是真正的挑战。著名出版机构湛庐创始人韩焱女士的这部佳作《把思考作为习惯》，恰好可作为认知升维的进阶指南。

马兆远 | **英国物理学会院士，南方科技大学教授**

只要我们活着，大脑就在思考，只不过大多数时候它都像醉汉一样通过随机行走来消磨时间。《把思考作为习惯》告诉我们怎样才能进行有效的思考，把心灵的闪光点捕捉起来，形成对我们生活有益的知识，继而在阅读中得到印证，获得心灵成长的快乐。

陈生民 | **清华大学经管学院领导力研究中心研究员**

子曰："学而不思则罔，思而不学则殆。"第一个"学"是研读（study），第二个"学"是实践（practice），这段话"学"的完整含义是"学习"，而学习要透过思考才能达到"求知"（knowing）的目的，这是我读韩焱《把思考作为习惯》获得的第一个启示。

思考不仅是工具，不仅是方法，还必须成为习惯。学了要用，用了要反思，反思后印证所学，有用的深化，小用的改良，无用的暂悬，形成一个螺旋上升的学习循环，这才能"积土成山，积水成渊，积德成善"，成为更好的自己。这是我读本书获得的第二个启示。

这本书汇集了湛庐出版的所有好书的精华，韩焱读书精而不厌，萃化有实，每读一章，既能深化思考，又能落地笃行，终至充盈生命，故乐为推荐之！

任建标 | **上海洛桑酒店管理学院院长，上海交通大学安泰经管学院技术驱动的创新管理课程教授**

哈佛大学心理学家丹尼尔·韦格纳做过一个被称为"白熊效应"的

心理学实验。他要求参与者尝试不要想象一只白色的熊，结果参与者的思维出现强烈反弹，很快他们的脑海中就会浮现出一只白熊的形象。实验结果证实，当我们刻意转移注意力时，思维也会开始出现无意识的“自主监视”行为——监视自己是否还在想不应该想的事情，使我们无法从根本上放弃对事情的关注。

然而在互联网时代，由于信息量爆炸、信息源难辨真伪、各种App会投其所好，精准地推送信息，加上人们的注意力短缺，我们的大脑似乎已经快速“进化”出了一种被称为“谷歌效应”的新的学习和记忆机制——即时满足、更少记忆、更快遗忘。当我们的思考不再是思考，长此以往，我们都会成为算法的奴隶。

如何把思考作为习惯？如何思考“思考”？韩焱老师的新书《把思考作为习惯》恰逢其时地为职场人士搭建了一个训练思维的“专属场域”，让我们在这个不稳定（volatile）、不确定（uncertain）、复杂（complex）和模糊（ambiguous）成为常态的VUCA（“乌卡”）时代，永远保持对无知的好奇，始终充满着自信的乐观，全面掌握思维的“十力”（打破力、学习力、规划力、决策力、创新力、习惯力、连接力、心理力、复原力、交响力），养成思考“思考”的习惯，不断提升自己的智慧等级，认识世界、理解世界、掌控人生。如果你对这些也感兴趣，那么一定要读一读。

迟毓凯　　华南师范大学心理学院副教授

一个人的智商受其概括能力的影响，而概括能力则更多体现在用最简洁的概念梳理复杂的世界和人生上。湛庐近20年的蓬勃发展，产出众多高质量、高品位的文化产品，离不开领航人韩焱女士“把思考作为习惯”的思维方式。本书用生动的案例、通俗的语言，展现了韩焱女士多年来对话大师、辛勤播种、十年磨剑的提炼和总结。而这些概念框架和思考习惯，无疑可以成为职场人理解自我、认知世界、思维进化的成长捷径。

李井奎 | 浙江工商大学经济学教授

面对这个纷繁复杂的现代商业社会，我们需要智慧。而智慧的取得，需要我们不断地思考，把通过阅读与思考形成认知突破，作为人生的常态。我的书房里有许多湛庐文化的书，它们都是我通往智慧的阶梯。而从与韩焱总这些年的交流中，我认识到，湛庐文化的这位掌舵人知性优雅的背后，是不断打破自己已有认知的勇气，是把思考作为习惯，不断连接具有独特思考和独到见解的高人，不断丰富自己的思维方式的湛庐精神。韩焱总的这本书，就是这样一种湛庐精神的体现，相信它一定能够为你更智慧地面对职场与生活带来启迪。

Thinking Habits

第三部分

不断连接他人，升级你的职场影响力

如今，流水线式的简单工作越来越少，没有规律可循的棘手工作越来越多，我们面对的是一个超复杂的世界。这不仅影响着人们的生活，也在重塑着职场的规则。这还意味着，我们仅提升自己解决问题的能力，是不足以应对当下这种职场环境的，还需要有“连接他人”的能力。当你能顺畅地连接你的同事、领导、下属、供应商、客户，甚至是竞争对手，你的职场发展之路才能越走越宽、越走越远。

正如刘邦曾经提及的，论运筹帷幄他不如张良，论治国安民他不如萧何，论带兵打仗他不如韩信。这段话看似谦虚，实则体现了刘邦最大的能力——连接不同的人，组合每个人的长板优势，放大每个人的独特才能，实现整体成效的“超加性”。

在未来，随着棘手工作越来越多，最容易取得成功的不是个人能力最强、最努力的人，而是最擅长连接他人的人。

12

互惠，
主动付出让你收获更多

更高层次的互惠，
是彼此优势的互补，
是与合作伙伴的
互相成就。

思考力训练

一家酒店希望客人能重复使用毛巾，于是他们给每位客人提供了一张告知卡片。那么卡片上怎么表达，才能让客人更愿意配合呢？

1. 如果客人重复使用毛巾，那么之后酒店就会给环保组织捐款；

2. 酒店已经以客人的名义向环保组织捐款了，所以请客人重复使用毛巾。

有研究者做过这个实验，结果显示，当告知卡片上说，酒店已经以客人的名义向环保组织捐款了，请客人重复使用毛巾，这样效果更好。这是因为捐款行为在先，会让客人产生一种亏欠感，从而更愿意去重复使用毛巾。

在职场上，人人都希望能获得周围人的信任与支持，更高效地与同事合作，维护和发展与客户的关系，让工作成效事半功倍。

建立和维持良好的关系，并不需要你频繁地去联络感情或者“刷存在感”，关键在于你对他人而言要有价值，能帮助别人，成就对方，对方才会反过来回馈你，这种互惠才是良好关系的本质。比如，发明家瓦特在改良蒸汽机原理之后，还需要进一步研究生产出实用的机器，而瓦特只能一边当土木工程师一边兼职做研究。一位企业家博尔顿看到了瓦特研究的潜力，决心变卖自己的产业，支持瓦特全职研制蒸汽机。博尔顿在写给瓦特的信中表明："我将为蒸汽机的诞生创造一切条件，我们将向全世界提供各种规格的发动机，您需要一位助产士来减轻负担，并且把您的'孩子'介绍给全世界。"博尔顿的全力支持帮瓦特度过了最困难的时期，也让自己的事业获得了巨大的发展，而瓦特也成了那个时代最成功的发明家，因改变世界而名留青史。

这就是互惠的力量。也许你会觉得这种互惠关系可遇而不可求，但我要告诉你，只要你掌握了正确的原则和方法，就能建立健康可持续的互惠关系，帮自己更顺利地走向成功。

先给予，而不是先索取

英格兰有一家慈善机构的管理者叫斯蒂尔，他面临着一个挑战。多年来，他一直在为修缮当地的历史建筑募集资金，不过修缮费用高昂，资金消耗速度极快。虽然慈善机构的工作人员都尽心尽力，志愿者们也很支持，但是募集来的资金还是不够用。在一次募捐活动之前，斯蒂尔希望找到一个好办法，说服大家继续贡献力量，筹集费用。

募捐安排在一个周日的清晨，按照传统，志愿者们会拿出善款放到募捐盘中。但斯蒂尔却对志愿者们说："这次的募捐跟往常不一样。"他没有请大家往募捐盘里放钱，而是请大家从募捐盘里拿钱。正当大家听得目瞪口呆时，一个摆满了崭新的 10 英镑钞票的募捐盘传了过来，斯蒂尔请每个人从里面拿一张。

斯蒂尔一共放了550英镑，也就是说，有55位志愿者领走了这笔资金。对于一家财务状况吃紧的慈善机构和一位谨慎持重的管理者来说，把钱发出去需要很大的勇气。斯蒂尔的这个举动很快就被志愿者们传开了，还引发了英国广播公司记者的跟踪报道。

半年过去了，这55笔发放出去的资金下落如何呢？答案是差不多每一笔都被善加利用了。有人拿这笔钱买了烘焙材料，举办了蛋糕义卖会；有人用这笔钱刊登了一则帮人遛狗的广告，以此来筹款；有人则用这笔钱买了一些种子，把长出来的花草卖了个好价钱；有人则在网上淘来便宜的东西再转手卖出去。6个月内，这550英镑共计换回了约1万英镑的回报，增值了十几倍！最后，志愿者们把这些钱都捐回给了慈善机构。

斯蒂尔应用的就是影响力的一个基本原则——“互惠”。互惠在志愿者们的内心唤起了强烈的使命感。斯蒂尔的给予是微小的，却由此聚集起了众人的力量，激发了人们的热情和创意，让大家心甘情愿地为募捐发挥自己的能动性，贡献出自己的时间和精力。

这个故事告诉我们一个道理：**给予别人，就像你希望别人给予你的那样。**请注意这句话，互惠原则不是说“给予别人，就像别人曾经给予你的那样”，其中的区别就在于这两句话的后半段：我们希望别人怎么做，我们自己就要先怎么做，而不是别人曾经这样做了，我们才去做。**有说服力的人都懂得：先给予，而不是先索取。**

这种互惠效应产生的影响，并不仅仅存在于人们本来就想做善事的场合，而是普遍存在于各种场景之中。比如，心理学家曾经做过一个实验，他们请彩票销售员在销售彩票之前主动赠送一瓶可乐给目标客户，而且在销售彩票时不要提及之前赠送过可乐这件事情。这个小小的抢先赠予的动作，最终让彩票销售员的业绩提升了两倍。

互惠原则要求我们先给他人提供帮助，这会让后续的请求收效更好。所以，在你遇到问题的时候，不要直接去问："有谁能帮帮我呢？"而是应该先问问自己："我可以先帮助谁呢？"比如，我们常常需要一些客服人员帮助我们退换货、改签机票等，而客服人员一般都不会轻易同意你的请求。这个时候，你就可以尝试这样做：如果客服人员的态度是非常友好的，你可以告诉他你对他的服务很满意，你想写一封感谢信给他的主管，请他把主管的姓名和联系方式告诉你；如果是线上服务，你要率先表明，他帮你解决了这个问题之后，你会给予五星好评，并且会认真写出你的评价。这些方法能帮你缓解双方之间紧张的对峙气氛，而且还能大大提升问题得到解决的可能性。

好的互惠策略，让合作水到渠成

为什么互惠这个方法屡试不爽，非常强大呢？"影响力之父"罗伯特·西奥迪尼（Robert Cialdini）[①] 认为，**"互惠"这个影响力武器借助了**

---

① "影响力教父"，知名社会心理学家。他风靡全球 35 年，吸引 500 万读者的代表作《影响力（全新升级版）》中文简体字版已由湛庐策划、由北京联合出版公司出版。——编者注

人们内心一触即发的从“善意”到“回报”的心理机制，也就是人们只要接收到对方发出的善意，就会不自觉地产生亏欠感，进而想要去回报对方。

商场里常见的各种免费试吃试用活动，就是在应用互惠原则。在促销员的热情推荐下，你试吃试用了产品，不买点再走就会觉得亏欠了对方。零售巨头开市客就曾公布过相关数据，说他们的啤酒、奶酪、冷冻比萨和口红等品类的产品，在投放了免费样品之后都会销量大增。

这种人们在收到对方好意之后产生的亏欠感，会让人愿意给出同等的，甚至价值更高的回报。所以，互惠原则尤其适合用于加强和他人的连接，像是对待陌生顾客、不熟的邻居或必须掌握分寸感的上级等。

互惠原则有很多具体的应用方式，接下来我就给你介绍两个好用的策略。

第一个策略叫“量身定做”。如果你给出的礼物或者产品是根据对方的需求量身定做的，他们就更容易受到你的影响。比如，你想请一位关键意见领袖帮你宣传一款新产品，如果你能根据他的个人风格、粉丝特点等情况，为他提供一版宣传内容，这样不仅不会透支他的影响力，还能强化他的个人品牌，提升他在粉丝中的号召力，那么他当然就更有可能欣然接受你的邀请，甚至与你建立长期合作关系。

第二个策略叫“拒绝－后撤”法，也叫“留面子法”。这种方法强调通过先让步，促使别人也做出让步。比如，你想让产品开发部门增加一个非常重要但很难实现的新功能，那么你就可以先提出一堆需要实现的其他需求，然后主动说，理解对方的时间紧张，有各种困难，所以可以先推迟某些功能的开发，这样对方就不好再拒绝你真正的需求了。这个策略也可以用在和客户的谈判里，你先提一个不太可能实现的要求，如果对方拒绝，你就马上提出自己真正的要求，看起来是你做出了退让，对方就会更容易答应。

类似的方式还可以有无穷多种，我们可以根据互惠原则来举一反三，根据不同对象的特点和需求，设计出让人感到惊喜且有诚意的产品。

除此之外，互惠机制不仅能帮助员工个人提升工作表现，还能提升整个团队的绩效。心理学家詹姆斯·弗林（James Flynn）曾做过一个研究，他统计了员工们帮助同事的次数，并得出了如下三个结论：

- 第一，越是慷慨地拿出时间和精力来帮助同事的员工，在别人眼中的价值感越高；
- 第二，上述员工中的大多数在衡量个人生产力的 8 个指标上明显不如别人，因为他们花费了太多时间去帮助别人，以至于在自己的分内工作上分了心；
- 第三，有一类互助者，他们的 8 个指标都大大优于所有员工，他们乐于先为别人提供帮助，也善于接受别人的帮助。

不仅每个人都应该掌握互惠原则，企业也应该主动去打造合作型的组织文化。弗林就建议管理者在绩效评估中加入一项“互助指标”，这个指标由两部分组成：每位员工帮助他人的次数和每位员工主动向同事求助的次数。这两种行为都很重要，既提示员工在必要的时候向别人求助，又倡导互助互利的行为。如果项目组在配置人员的时候，刻意选择一些互助指标高的员工，将会大大提升工作成效。

更高层次的互惠，是与伙伴的互相成就

很多人都会认为，互惠就是有来有往、等价交换，如果得到的回报超出了自己的付出，那就是“赚到了”。但其实，**更高层次的互惠不是以物易物，而是彼此优势的互补，是与合作伙伴的互相成就，与他们组成肩并肩的事业与命运共同体。**

《勒布朗·詹姆斯的商业帝国》① 这本书中就讲到，出身贫民窟的NBA巨星勒布朗·詹姆斯（LeBron James）是怎么从运动明星出身跨界缔造了自己的商业帝国的。其中一个很关键的因素就是，**詹姆斯非常善于做人事“布局”，他出名后没有像其他明星一样选择专业的经理人团队，而是集结自己身边值得信赖的朋友们组成了一个团队，和他们一起发挥各自的优势，互相扶持、互相成就，共同创造出了巨大的价值。**

很多NBA明星在获得天价酬劳之后往往会大肆挥霍，最后陷入破产境地。但勒布朗·詹姆斯完全不一样，他早在20岁，也就是职业生

①《勒布朗·詹姆斯的商业帝国》讲述了NBA巨星勒布朗·詹姆斯如何一步步将自己的名气变现为10亿美元身家的传奇故事，作者是与詹姆斯接触最久、掌握詹姆斯资料最多、报道詹姆斯比赛最多的记者。本书中文简体字版已由湛庐策划、由广东经济出版社出版。——编者注

涯开启后的第二年，就和自己的三位好友合作创建了一家营销公司，取名 LRMR，“LRMR”代表了他们四个人姓名的首字母，他们则自称“四骑士”。

詹姆斯的“四骑士”团队一开始并不被外界看好，因为除了当时发展势头正盛的詹姆斯之外，团队中的其他三个人完全是名不见经传的小人物。**詹姆斯之所以坚持要和这些伙伴合作，是因为他敏锐地发现了他们身上值得信赖的品质和能力。**三人中的米姆斯曾在詹姆斯家人遭遇危难的时候伸出过援手，并且一直作为可靠的兄长陪伴在詹姆斯左右，所以詹姆斯非常看重米姆斯的忠诚，相信米姆斯一定会把自己的利益放在首位，非常放心地将公司的所有行政事务都交给他处理。

詹姆斯不仅能看到朋友的优势，还愿意用自己的名气和人脉为朋友赋能，帮助他们提升各自的优势。比如，詹姆斯帮助好友卡特谋得了在耐克总部实习的机会，让卡特在全世界最著名的运动品牌公司中学习先进的营销经验。后来，卡特果然用自己学到的专业能力，帮助詹姆斯打理生意，打入体育营销和投资市场，并成功投资了包括起亚汽车和 Beats 耳机在内的很多项目，不仅帮詹姆斯积累了财富，还为詹姆斯事业的进一步发展积累了宝贵的经验和人脉。

詹姆斯还非常擅于在生活中结交值得交往的人，发掘他们的优势和能力。“四骑士”中的保罗其实是詹姆斯在机场偶遇的一位球衣卖家，当时詹姆斯特别钟爱一些稀有的复古球衣，而保罗总能在短时间内拿到货。詹姆斯在保罗身上看到了一种敏锐的商业嗅觉，于是招募并安排他跟随顶级的经纪人学习，之后帮助詹姆斯打理篮球方面的事务。而保罗果然不同于一般的职业经纪人，他认为詹姆斯除了是一位体育明星，更是一位商业领袖，所以他会把赛场上的詹姆斯和商场上的詹姆斯进行通盘考虑，帮他实现利益最大化。

可以说，“四骑士”是詹姆斯商业帝国的核心和智囊团，他们性格相投、能力互补，在合作中能够共同进步。在四人的不断奋斗下，詹姆斯打破了运动明星的发展瓶颈，从篮球运动员成功转型成了一位身价10亿美元的商业精英，甚至还和“股神”巴菲特成了忘年交。

从詹姆斯的案例中可以看出，在追求成功的道路上，我们不应该处心积虑地去算计谁能带给自己最大的好处，也不必“舍近求远”地追求那些高不可及的人脉和资源，而是更应该考虑如何去寻找那些值得信赖且具有独特优势的伙伴，和他们互相扶持、互相成就。

著名学者彼得·克鲁泡特金（Pyotr Kropotkin）在《互助论》中说过，互惠互助是包括人类在内的一切生物的进化法则。所谓“独行者快，众行者远”，人是社会性动物，没有一个人能独立于群体之外。所以，不要总是计较个人的利益得失，你应该记住：良好关系的本质是价值互惠。如果你能建立“先予后取”的价值观，用动态的视角去思考互惠的意义，用发展的眼光去审视利弊得失，你就能突破静态的“囚徒困境”，获得职场和人生的增量，与合作伙伴结成事业共同体、命运共同体，获得深远的意义和幸福。

13

驾驭社会情境，让你的影响力倍增

你怎样看待
“社会情境”，
就决定了它的样子。

思考力训练

有一种偏见认为，女性在数学和科学方面的能力不如男性。这是一种不科学的刻板印象，就拿我个人来讲，高考数学我拿到了满分。湛庐目前已出版的图书中，有很多是跟数学或科学相关的，而我们的绝大多数编辑都是女性。但这种不正确的刻板印象就是会使很多女生在参加数学和科学测试时感到焦虑，而焦虑可能会让她们表现得更糟。那老师可以采取哪种方法来帮助女生对抗“女性不擅长数学”这种刻板印象对考试成绩的影响呢？

1. 让女生在考试前重复自己的性别优势，感受“女性力量”；

2. 在考试前向女生展示杰出的女科学家形象；

3. 让女生和男生在同一个教室考试，这样她们就会发现，男生在考试时也会紧张。

第二个选项“在考试前向女生展示杰出的女科学家形象”是正确的，它可以打破困扰女生的社会偏见，帮助她们从刻板印象造成的焦虑中走出来。除此以外，我们还可以采取一些其他方法，比如选择教授数学的女性教师作为监考老师，让女生看到眼前就有一位女性数学权威，这能够大大提高她们解出难题的概率。

你对于职场的许多感受、认识和行为，其实都在潜移默化当中受到了社会情境的影响。比如，一个新组建的团队要想快速提升凝聚力，最好的办法就是先通过团队合作完成一项小任务，取得一点小成绩，这份成功能为团队营造出一种融洽的氛围，提升团队成员间的认可度和配合度。

但是，社会情境同样也会带来消极影响。比如当团队遭遇项目失败时，成员们往往会陷入悲观消沉，大家接下来会不自觉地更关注那些可能导致失败和损失的因素，在面对新挑战时瞻前顾后、畏首畏尾，即便有好创意也不敢尝试，更可能错失稍纵即逝的机会。

社会情境就像空气一样无处不在，会在不知不觉之间改变你的认知和行为。大部分人很少能清晰地意识到它的存在，而有些人更擅长感受社会情境，懂得避免受到消极影响，还会主动利用社会情境的力量来帮助自己取得成功。

情境影响力大师，都善于识势借势

加拿大渥太华有一位休斯先生，他通过一种特殊的工作赚了不少钱。他的工作是接受各个比赛场所的邀请，到现场帮助点燃看台上观看体育比赛的观众们的热情。在过去的 10 年里，他参加了将近 1 000 场比赛，服务了很多大型运动联盟以及著名的运动俱乐部。甚至 2010 年冬奥会的组织者也聘请了休斯先生，让他在男子和女子冰球比赛的时候帮助活跃现场的气氛。休斯先生平时的日程表安排得满满当当，每周他差不多得参加 30 场比赛的助威活动。因此，他的空闲时间不是去药店买润喉糖，就是在网上学习芬兰语、冰岛语、日语和汉语等语言的加油方式。

休斯先生从事这项特殊职业始于一个偶然事件。15 年前，他在渥太华观看一场加拿大国家冰球联盟的比赛。他是一个狂热的体育爱好者，而他身边其他球迷的举止大多沉稳安静，这让他觉得现场的气氛太沉闷，所以他就决定激发一下大家。当时他喝了几杯啤酒，这也给他带来了很大的勇气。他跑到看台的通道里，进行了一场狂野的即兴表演，混合了舞蹈、健美操和啦啦队助威表演等各种元素，而现场的观众用同样疯狂的方式回应了他。几乎在一瞬间，球迷们就从安静和疏离的状态，转变成了散发着不可抑制的热情的状态。当休斯先生精疲力竭地回到自己的座位上时，球场的工作人员向他走来，他当时觉得自己肯定要被驱逐出球场了！结果却正好相反，工作人员跟休斯先生商谈，希望支付报酬请他下周再来一次冰球比赛的现场，帮助调动现场观众的热情。自此，休斯先生的事业就扬帆起航了。

休斯先生成功的关键有三点。

他成功的第一个关键点是他打破了群体中的普遍惰性，让人群从整体不作为的状态进入了整体行动的状态，并使这种状态像传染病一样迅速蔓延开来。似乎沉默的人群中的每一个人都在等待着某种狂欢的许可，而一旦有一个人行动起来，就像是向整个群体发出了一个信号，休斯就是第一个冲破热情“堤坝”的人，一旦他这样做了，一股顺从的狂欢巨浪就会跟随着他而来。

他成功的第二个关键点是他的打扮。他看起来就是一个普通球迷，在看台上一点也不显眼，他并没有装扮成吉祥物，也没有戴上面具和斗篷化妆成超级粉丝。所以，大多数观众都会认为，他跟自己一样是球迷，而不是被赛事主办方特意聘请来烘托气氛的。正是因为球迷把休斯视为群体中普通的一分子，他才能够顺利地让人们跟随他的引导活跃起来。

他成功的第三个关键点是他擅长运用情境影响力。他能够分辨出哪些人会更容易被他“点燃”，什么时候适合发起一股欢呼的浪潮，什么时候适合引导人们坐回自己的座位并把关注的焦点放回比赛本身。休斯先生一直都在忙于“读人”，读人们的肢体语言，读他们的非言语交流。许多人在日常生活中都会忽略这些细小的线索，他却能依据这些情境信息来判断是要向前推进还是向后撤出。

可以看出，休斯先生是一位驾驭情境影响力的高手，他能够熟练地在某种情境之下调整人们的情绪反应模式。休斯先生成功的关键点，对于职场管理而言是非常值得借鉴的经验。

如果你是一位团队管理者，或者你以成为一位管理者为目标，那么你就必须练习驾驭情境的能力。也就是说，你不仅要去连接每个成员，还要让成员之间互相连接。有些管理者虽然深受下属爱戴，他带领的整个团队却形同散沙，问题就出在管理者没有调动起情境影响力，只关注自己与成员的关系，而没有打造好团队整体的氛围，所以成员们总是各自为战。

想要让你的团队充满干劲，你就要学会像休斯先生一样，学会识势和借势，利用情境点燃团队的士气，这样一来，很多解不开的“疙瘩”就会自然地化解开来，团队面貌也会焕然一新。

利用情境造势，让其为你所用

善用情境的力量，不仅能提升你的影响力，还能解决很多棘手的问题。

英国税务海关总署曾经遇到过一个难题：很多英国国民做不到按时提交纳税申报单并缴纳税款。多年来，他们想尽办法，拟定了各种各样的通知信函，尝试了各种沟通方式，可是都不太奏效。于是，他们想到了向心理学家求助。

心理学家通过研究发现，英国税务海关总署之前发放给欠税人的通知信函，绝大多数都是在强调不按时缴税的不良后果，比如会产生利息、要缴纳滞纳金，甚至可能会官司缠身、坐牢等。这样威胁性的话语对少部分人而言是有警示作用的，但对于绝大多数人来说则根本无效，甚至会使其产生逆反心理。

心理学家给出了一个解决方案，只需要在之前的做法上进行一个非常微小的调整，几乎不花费任何成本，就取得了令人震惊的效果！在实施这个方案的第一年，英国税务海关总署收缴的拖欠税款总额比前一年增加了5.6亿英镑，此外还清理了3.5亿英镑的欠款，清缴率从57%上升到了86%。那么，这个小小的调整究竟是什么呢？

心理学家给出的解决方案是：在原来标准版的缴税通知函上加一句话，把按时缴纳税款的真实人数写在通知内。因为虽然很多人没有按时缴税，但这些人只占英国人口总数的很小一部分。所以，当人们看到绝大多数人都已按时缴税的时候，就会更愿意主动按时纳税。这就是心理学家通过社会情境制造出的从众效应。

在很多时候，从众效应是一种本能反应，不需要经过理性的计算，大脑和身体就会自动做出反应。因为进化心理学告诉我们，“模仿别人”这个策略在人类进化的过程当中发挥过积极作用，能让人更好地趋利避害。比如，你看到别人都在吃一种叫作“蜂蜜”的东西，那你也应该尝尝；而当一大群人都在面露惊恐地四散奔逃，那么你最好也跟着一起跑，哪怕你还没看到后面追赶的狮子。从众效应已经刻进了我们的基因里，是一种条件反射式的行为模式。可以说，**社会情境塑造着我们，同时也被我们所塑造。**

除了影响你的具体行为，从众效应还会潜移默化地影响你的“三观”，进而塑造你的人格。这绝不是危言耸听，古人说“近朱者赤近墨者黑”，西方人说“一个人的价值，是与他关系最密切的六个人的平均值”。周围人的思想、行为和价值观会你产生重大的影响。

这里有必要介绍一下“同侪压力”的概念。“同侪”的意思是同辈人，而同侪压力指的是来自同辈人或朋友的压力。社会情境里的同侪压力你一定非常熟悉，身边的朋友都在看一部电视剧，当其他人在聊人物情节时，你却因为没看过而插不上话，感到被大家排斥在外，所以也去追这部剧，这就是同侪压力带来的影响。

同侪压力的影响十分深远，它甚至能决定你未来的人生走向。而这种影响是积极的还是消极的，则取决于你身边有什么样的人。

文学就是一个深受同侪压力积极影响的领域。美国文学界著名的“迷惘的一代”，其中走出了海明威、菲茨杰拉德、艾略特等大文豪。这批美国作家年纪相仿，年轻时都身处第一次世界大战的动荡之中，战争的残酷让他们一致地去书写反战题材的文学作品。他们通过写作而结识，经由彼此引荐成为要好的朋友，在日常生活中频繁地走动交流，相互激发创作灵感，形成了一个既有精神共识又有深厚感情的文学圈子，于是才有了被后人称道的“迷惘的一代”。除此之外，俄国文学“黄金一代”、拉美文学“爆炸”，以及中国的“新文化运动”，也都是在同侪压力的积极推动下形成的。

当然，同侪压力也会对人们造成消极影响。美国某些贫困社区里生活着很多底层从事体力劳动的人，他们的文化程度很低，几乎没人上过大学。在这样的环境里长大的孩子们自然也都以打工挣钱为人生目标，而用功读书的孩子则会被视为异类，遭到同龄人的排挤。这就导致很多原本有机会上大学的小孩，因为身边人的歧视和排挤最终放弃了学业。

为了解决这个问题，有人设立了一个名为“知识就是力量”（KIPP）的教育项目，为追求上进的贫困学生提供免费的课外辅导，让他们大部分时间都待在学校里，这样就和原来的社区环境隔离开了。结果，在美国贫困家庭学生大学入学率仅为 8% 的情况下，KIPP 毕业生取得了 80% 入学率的傲人成绩。可以看到，在截然不同的社会环境中，人们的思维和行为会发生巨大的变化，人生也会因此变得天差地别。

跳出情境埋下的陷阱，学会逆势取得成功

本章开头提到了“女性在数学和科学方面的能力不如男性”这种刻板印象，它让许多女生感到焦虑，受到负面影响。社会中诸如此类的刻板印象还有很多。

关于数学学习，人们常持有的一个偏见是“亚裔比其他族裔更擅长数学”。那么对于一个亚裔女性来说，她是擅长数学还是不擅长呢？科学家还真的做过一个实验，他们发现，在考试前让亚裔女性做一份调查问卷，如果其中的问题强调她们是“女性”，那她们之后的平均成绩就会变差，而当强调她们是“亚裔”的时候，她们的平均成绩就会变好。所以，想要不受到负面影响，关键是要跳出情境，进而驾驭情境，让它为你所用。

当你能够正视情境时，不仅能打破偏见带来的焦虑困扰，还能对未来的发展方向做出预判，做出更正确的选择，采取更有效的行动。就像巴菲特的那句名言：**“别人贪婪的时候我恐惧，别人恐惧的时候我贪婪。”**

华盛顿邮报公司首席执行官凯瑟琳·格雷厄姆（Katharine Graham）被称为“美国报业第一夫人”。在掌管公司的 22 年里，凯瑟琳取得的年复合收益率达到了 22%，远超同期标准普尔 500 指数的 7% 和同行企业的 12%。

凯瑟琳之所以能在市场整体低迷的环境里取得如此非凡的成绩，其中最重要的原因就是她非常擅于摆脱社会情境造成的消极影响，当其他人普遍陷在消极情绪里，不敢也不愿正视低迷的市场环境时，凯瑟琳却会主动地关注市场，发现其中被忽视的积极因素，拿出与大众“逆行”的勇气，取得逆势的成就。凯瑟琳能够成功跳出情境布下的陷阱，原因在于她做出了两个关键动作。

首先，凯瑟琳制定了严格的投资纪律，用理性摆脱社会情境导致的从众心理。当大多数人都在买入某类资产的时候，经营者很容易跟着买入。为了避免这种心理机制的影响，凯瑟琳为公司制定了严格的投资纪律：只投资那些能带来丰厚收益的项目，至少要获得 11% 的现金收益，而且为收购进行的融资，还款期限必须限制在 10 年以内。为了严格落实这条投资纪律，凯瑟琳还制定了严格的支出审批程序，所有达不到要求的项目都会被自动否决。凯瑟琳经常会问自己，如何把每一块钱用在更值得的地方。

所以，当报刊业的利润大幅上涨，其他同行几乎都在疯狂收购的时候，只有凯瑟琳能冷静地做到“别人贪婪的时候我恐惧”。她认为，市场正处在一种狂热的气氛里，这个时候收购只会花更多的冤枉钱。在凯瑟琳的坚持下，华盛顿邮报公司置身事外，几乎没有参与同行们的收购狂欢。

当时也有很多人批评凯瑟琳的管理风格太过保守，让公司错失了很多好的投资机会，但是没过多久，经济环境就转向了萧条，同行们开始大量低价抛售资产，这个时候人们才意识到，凯瑟琳是正确的，她帮公司避免了很大的损失。

其次，凯瑟琳善于分辨和抓住机会，实现逆势扩张。经济萧条，报刊业的同行们纷纷低价抛售过去高价买入的资产。这个时候，凯瑟琳果断出手，以极低的价格买入了很多电视台、移动通信公司和教育公司，实现了逆势扩张。虽然收购会冒很大风险，但她坚信自己和团队的研究成果，相信这些新业务会成为公司新的增长点。事实证明，凯瑟琳是对的，这些新业务为公司贡献了一半的收入和利润，大大提升了公司的价值。这正是“别人恐惧的时候我贪婪”。

与此同时，凯瑟琳还勇于打破所谓的行业惯例。在她刚开始担任首席执行官的20世纪70年代，回购股票被看作公司缺乏投资机会的象征，是一种负面信号，其他报刊公司从不回购股票。而凯瑟琳没有被这种偏见束缚，在她任职期间，只要公司的股价被低估，她就会大量回购，一共回购了 40% 的流通股，这种做法大幅提升了公司股价，为股东创造了巨额财富。

“勇于逆向而行”要求你能始终冷静地分析局势，对社会情境有准确的判断，即便市场情绪狂热，也能不被左右，对被高估的资产敬而远之。但如果你遇到了被低估的超值资产，那么即便所有人都不看好，你也要坚持自己的判断。只有拥有这种品质，你才能脱颖而出，收获巨大的回报。

尼采说过，“那些听不见音乐的人，认为那些跳舞的人疯了”。其实我们无时无刻不处在各种情境当中，它们会“润物细无声”地影响我们的认知和行为。如果你能认清所处的情境，便会成为“听得见音乐的人”，在更恰当的时机以更好的节奏来推动事态的发展，更高效地实现目标。

你的一举一动、一言一行，也在影响着你周围的情境。如果你认为职场就是一个零和博弈的竞技场，那你的行动就会把周围所有人变成必须利用和击败的对手；但如果你把职场理解成一个大家协作共赢的场所，你的行动就会吸引和鼓舞与你有相同理念的人，一起共创一个充满活力和正能量的奋斗者乐园。你一定要记住，你对“社会情境”的看法，就决定了它的样子。就像英国诗人塞缪尔说的：“世界如一面镜子：皱眉视之，它也皱眉看你；笑着对它，它也笑着看你。”

14

设置语言框架，打造你的“沟通主场”

每个框架
都是一种世界观，
语言的作用就在于
承载或者唤起这些观念。

思考力训练

信用卡刚刚在美国出现的时候，因为有 3% 的手续费，所以很多零售商家会要求用信用卡支付的客人多付 3%，但这样人们就不愿意用信用卡了。于是信用卡公司状告这些商家，要求他们不得额外收费，但是没得到法院的支持。

那么你认为，信用卡公司应该怎么做，才能让消费者心甘情愿地多支付这 3% 呢？

信用卡公司向商家提了一个建议，说他们可以多收钱，但是用信用卡支付的钱一定要叫“常规价”，用现金付的钱叫“打折价”，而不能说用现金付的钱叫“常规价”，用信用卡多付的钱叫“额外收费”。这样一来，消费者就会觉得，用现金付钱只能省一点点，而用信用卡支付的只是本来的“常规价”，这样就不会触发消费者对“额外损失”的关注，使他们更愿意使用信用卡。

在职场上，想要去影响别人，推动一件事的执行，大部分人都会想到去争取更多的资源，强调做这件事的意义和价值。但是，很多人都忽略了一个简单却有效的方法，那就是用更巧妙的沟通方式来解决问题。很多时候，明明同一件事，仅仅是换一种说法，造成的印象就会天差地别，得到完全相反的结果。

在一个项目的进度过半时，如果你对同事们说："我们已经完成了80%，大家加油干！"那么大家反倒会松懈下来，因为他们觉得已经离目标不远了，不用那么紧张。而如果你说的是："我们只差20%就完成了，大家加油干！"那么同事们就更有可能一鼓作气发起最后的冲刺，因为他们会想再努力一把就能彻底完成手里的任务了。

为什么会有这种差别呢？

语言，是一种无意识的思考方式

你可以做这样一个实验，跟自己的同事说，"千万别想大象，你做什么都行，就是别想大象"，看一看是否有人能够真正做到这一点。在这里，"大象"这个词实际上就是一个"语言框架"，这个框架可以关联到一种形象和与它相关的知识，比如庞大的体格、蒲扇般的大耳朵、长长的鼻子和马戏团里有大象等，大象这个词的定义就和某种框架相关。当我们想要回避或者否定某个框架时，实际上同时也会唤起这个框架。**你越是想忘掉一头大象，它就会越清晰、越频繁地冲到你意识的最前端来。**

《别想那只大象》的作者、"认知语言学之父"乔治·莱考夫（George Lakoff）[①] 告诉我们，这就是语言框架的威力。**所谓语言框架，也叫框架**

① "认知语言学之父"，世界知名语言学家和认知科学家。他用语言学及认知科学研究成果创造性构建的语言表达策略悉数收录在《别想那只大象》中，阅读本书，将帮助我们善用"框架"和"隐喻"，掌握话语权，更有效地表达观点。本书中文简体字版已由湛庐策划、由浙江人民出版社出版。——编者注

效应，它指的是通过语言来塑造我们看待世界的方式，它是一种无意识的思考方式，会在潜移默化中塑造人们对外部世界的看法。当你听到一个词的时候，和这个词相关联的概念和知识就会在你的大脑里被激活。这样的一种心理结构框架也塑造了我们追求的目标、制订的计划、采取的行为、对结果好坏的判定等。语言框架属于认知科学家所说的“认知无意识”这样一种心理结构，是我们大脑里无法有意识地访问，只能根据结果来认识的结构。

换句话说，语言框架会让你陷入自己固有的认知，形成一种自动化的决策判断。不同的语言表达会激活不同的框架，掌握了框架的力量，就相当于控制了信息的入口，抢占了影响力的高地，能让你的沟通成效事半功倍。

诺贝尔经济学奖得主丹尼尔·卡尼曼做过一个实验。他假设，有一种正在流行的疾病可能导致600人死亡，现在有两种治疗方案：A方案，可以救治200人；B方案，有1/3的概率能救治全部600人，2/3的概率无人获救。卡尼曼问参与实验的人愿意支持哪个方案，结果有72%的人选择了A方案。

卡尼曼接下来变换了一下表达方式，假设面对这种疾病的时候，有另外两种治疗方案：C方案，会有400人死亡；D方案，有1/3的概率无人死亡，2/3的概率600人全部死亡。结果这回有78%的人选择了D方案。

相信你已经看出来了，采用四种方案的结果其实是一样的，但只是因为表达方式不同，人们就做出了不同的选择。之所以会有这种差异，就是因为第一种表达方式把人们带进了“治愈框架”的思维模式，这个时候，大家更想要确定的结果；而在第二种表达方式里，人们被带进了“死亡框架”的思维模式，此时由于存在“损失厌恶”的心理，所以大家更愿意赌一把，尝试救下所有的人。

可以想象，如果有人故意采用特定的表达方式，就会在你意识不到的情况下影响你的思维模式，操纵你的认知，来达成他们想要的结果。比如，一位保险销售员对你强调买保险的好处，你可能不为所动，而他说不买可能遭遇哪些窘境的时候，你可能就欣然接受他的推销了。所以，关于语言框架的应用有一条最基本的原则是：**当你在和他人争论的时候，千万不要使用他们的语言，对方的语言确立的框架，绝对不会是你想要的框架。**

不要让思维被框架锁死

你很容易就能理解，一旦陷入某种语言框架，我们的认知就会被影响，做出错误的，甚至是违背自己本意的判断。但是，每个人说话的时候都会带着自己的主观视角，即便对方不是故意用语言框架来误导你，也有可能在不经意之间影响你的认知。除了个人，组织也会被框架效应限制住，找不到创新的思路，这种状况甚至会左右一家企业的生死。

现在我们都已经了解，个人电脑背后的很多革命性技术是施乐公司开发的，他们公司的 Star 工作站，是第一台提供了映射显示器、Windows 图形用户界面、图标、文件夹、以太网、电子邮件和鼠标的商用计算机。但是，很长时间以来，施乐公司一直认为自己是一家研发和生产复印机的公司，无法跳脱这个思维框架。施乐公司在推出 Star 工作站的时候，只是把它当作一台文件管理机，是个人办公系统的一部分，售价高达 5 万～ 10 万美元，这种定位让施乐只卖出了少量的 Star 工作站。而苹果和微软这样的公司看到了施乐技术的开创性和未来应用的可能性，用这些技术创造了一系列伟大的产品。正是因为施乐没有及时把自己的框架从“复印机公司”转换成“智能办公设备公司”，所以错失了巨大的发展机会，没能抓住个人电脑蓬勃发展的红利期。

但是，我们也经常能看到一些伟大的公司突破框架效应的限制，做出不凡的创新，成为跨界颠覆者。比如，苹果公司没有被“电脑公司”的框架限制住，推出了智能手机，同时颠覆了手机行业和相机行业；奈飞公司打破了“DVD 租赁公司”的框架，推出视频流媒体服务，成了互联网娱乐巨头；微软放弃“操作系统供应商”的框架，把自己定位为“软件服务供应商”，甚至为竞争对手苹果的操作系统提供软件服务。正是这个举措，让微软王者归来，重新成为全球市值最高的公司之一。这些都是打破框架效应的典型案例。

说回个人，**为了避免受到框架效应的负面影响，防止思考角度窄化，你一定要重视下面这两点。**

第一，拓宽知识面，学会多元化思考。你需要在更多元的维度下对事情进行分析。比如，你看到一个号称不用任何能源，只靠催化剂就能把水变成油的新能源项目，你就可以从化学的角度去思考有没有可能，还可以从历史学的角度去思考，过去有没有人想到过这个主意，为什么没能实现。其实不需要太专业的知识，你就能识破这是一个骗局。

第二，放慢决策，不让情绪左右自己。你一定要警惕那种特别有诱惑力的选项，抑制自己马上做出决策的冲动，强迫自己停下来，缓一缓。冷静下来之后，你才能调动更多的理性，从多个角度重新审视问题，这时往往会有新的发现。比如，我们湛庐在做很多决策的时候，都会刻意留出一个缓冲期，让“思维的子弹再飞一会儿”。我们会把当天会议的决策至少沉淀一个晚上，第二天再决定是否正式开始实施。这个决策习惯帮助我们规避了很多不必要的损失。

你越是能够意识到语言框架的存在，敏锐地从别人的语言中分辨出对方使用了哪种框架，就越不会轻易被煽动、被影响，就越能做出明智的决策，成为一个更睿智的人。

打造你的“沟通主场”

语言框架能带来截然不同的心理感受，所以，当你想要说服对方或者和别人争辩的时候，如果你也使用对方不断重复强调的关键词，那么就会被对方牵着鼻子走。因为这时候框架已经被对方抢占了，无论你怎么说，都是在强化对方的观念，削弱自己的观点。**要想把你的观念传达给别人，让别人理解你的观点、接受你的提议，就千万不要使用对方的语言来阐述问题，而是要用自己的话，通过语言把他带进你设置好的框架，替换掉他头脑中原有的框架，以此来打造你的“沟通主场”，掌握对话的主动权。**

“股神”沃伦·巴菲特每年都会写一封致股东的信，2015年，这封信的关键性变得异乎寻常，因为这一年是巴菲特创办的伯克希尔－哈撒韦公司成立50周年，各方舆论非常关切。大家说公司已经成立50年了，巴菲特和查理·芒格年事已高，两个人都不应该继续领导公司，公司的前景和股价都有可能就此下滑。很多人对此表示认同，也有一些担心：如果这两位创始人离职，公司股价还能继续保持在高位吗？是不是应该赶在他们离开之前把股票卖了呢？

在致股东的信中，巴菲特正面回应了这个问题。巴菲特指出，公司成熟的商业模式能够使公司获得长远的发展，他把这种商业模式比作牢不可破的金融资产护城河，并且称他们已经找到了下一任首席执行官的合适人选。这些言论非常重要，而最重要的是在展开这一番言论之前，巴菲特先提出了一个语言框架。他在信中说：“对于大家提出的这些问题，我所给出的答案，就跟家人向我提出这些问题时我所给出的答案是一样的。”巴菲特在这里所用的“家人”的语言框架，为他致股东的信构建了一个非常好的情感背景，在用理性语言阐释公司为什么将继续保持异常优秀的业绩之前，首先使用感性的语言框架去打动大家，这有效地提升了大家的信任感，让巴菲特随后披露的信息显得更加可信。

通过运用语言框架，你可以改变别人对一件事的看法，甚至可以让人们接受那些他们原本很反感的事。

在本章开篇的思考题中，信用卡刚开始在美国普及的时候，因为有3%的手续费，所以很多零售商家会要求用信用卡支付的客人多付3%，但这样人们就不愿意用信用卡了。于是信用卡公司就跟零售商家，尤其是加油站不断地打官司，要求他们不能额外收费。

但信用卡公司总是败诉，所以它就向商家提出了一个建议，说商家可以多收钱，但是用信用卡支付的钱一定要叫“常规价”，用现金付的钱叫“打折价”，而不能说用现金付的钱叫“常规价”，用信用卡多付的钱叫“额外收费”。

虽然这两种说法的本质都是一样的，用现金便宜一点，用信用卡贵一点，但是在信用卡公司建议的框架下，消费者就会觉得，用现金只能省一点点钱，而用信用卡付的也只是本来的“常规价”，这样就不会触发消费者对“额外收费”的关注。最终，信用卡公司虽然输了官司，却赢得了消费者。

很多看似无解的问题，有时只要换个角度来看就豁然开朗了，难题也就迎刃而解了。同样的道理，你在工作中也可以通过替换框架来赢得别人的关注和认可，让自己脱颖而出。

假设你在一家旅游公司工作，“十一”假期就快到了，你们公司想做一个促销活动。其他旅游公司的宣传语可能是“国庆大酬宾，国内线路全部五折”，而你千万不能在这个框架下和对方比拼谁更便宜，他五折你就三折，这样就掉入了别人既有的框架。你需要重新创造一个框架，比如拟定这样的宣传语：“两人同行，一人免单。”

这个新框架的好处显而易见。大多数情况下，人们出游都是结伴而行的。不是有这么一句话吗，“旅游最重要的不是目的地，而是与谁同行”。而“两人同行，一人免单”能切中大多数出游者的现有需求，反正是与朋友一起旅行，每两个人就有一人能免单，那是多好的事儿啊。

虽然仔细算算，从价格的角度来看都是五折优惠，但你跳出了对手的宣传框架，既不用在价格战上越陷越深，还通过新框架设定了新的规则。用户不再问，“人家五折，你几折呀”，而是会想“我可以免费带女朋友出去玩了”。

总之，只要能够掌握语言框架这种重量级武器，你就能够在成为说服高手的路上迈进一大步。

语言框架的作用，就是建立一种世界观，或者借用科学哲学家托马斯·库恩（Thomas Kuhn）的说法，是建立一种“范式”，它代表了一种价值观念和行为方式。而语言的作用就是唤起这种范式，就像在你的大脑里打下一个桩子，无论你走了多远，都是在绕着这根桩子转圈。想要打造你的沟通主场，你既要打破别人为你设定的框架，拔掉头脑中的认知桩子，避免思维视角被窄化，同时也要掌握足够多的框架，懂得应该在什么场合使用哪种框架，这样才能掌握沟通的主动权，更有效地发挥影响力。你一定要记住，**说什么很重要，怎么说也很重要。**

15

拨动“说服力开关”，撬动你的特权瞬间

说服别人
靠的不是智慧，
而是情感。
——亚里士多德

思考力训练

米尔顿是著名的心理医生，他不仅擅长治疗患者的心理疾病，还善于运用心理学方法与患者进行顺畅的沟通。在一次接诊过程中，米尔顿医生建议他的患者接受一种新的治疗方法，根据之前的经验，这种方法可以有效提升治疗效果，但不知道为什么，这位患者的注意力不太集中，并没有听进去。于是，米尔顿医生打算耐心地等待合适的时机，把这个重要的建议再向患者说明一次。过了一会儿，一辆卡车“轰隆隆”地从远处驶来，声音越来越大。米尔顿医生心中暗喜：“机会来了！”于是，他换了一种方式重新提出自己的建议，而这种新方式明显抓住了患者的注意力，让他认真地听取了米尔顿医生的重要建议。

你认为米尔顿医生是如何做的？

1. 提高音量再次介绍这个重要的建议；

2. 降低音量再次介绍这个重要的建议；

3. 等待卡车完全驶过后，再次介绍这个重要的建议。

实际情况是，米尔顿医生降低音量再次介绍了这个重要的建议。当他这么做的时候，之前心不在焉的患者不自觉地俯身向前，靠近米尔顿医生，想尽力听清他说的每一个字。

在职场上，我们都希望每天的工作能够有条不紊，一切按照计划顺利推进。但是事实上，我们会不断面对突发性、临时性的工作，而在处理这些工作的过程中，我们也不可避免地要去打破、干扰别人的原定计划，这就意味着与他人观点的冲撞与交锋。

遇到这样的情况时，你会发现有这样一种人，他们十分擅长说服别人，能够“四两拨千斤”地把这些临时性的工作落实下去。这些人仿佛手里握着一个沟通的“开关”，只要轻轻按下，别人就会认同他们的观点。你可能会认为这是因为他们天生拥有过人的口才，但其实只要掌握正确的方法，你也可以获得同样的职场影响力，在沟通中掌握说服他人的“开关”。

抓住稍纵即逝的瞬间，化危机为转机

投资圈有一家声名显赫的机构——3G 资本[①]，他们投资控股了许多知名企业和品牌，比如百威啤酒、亨氏食品、卡夫食品、汉堡王等。因为 3G 资本的三位创始人都是巴西人，所以他们被称为“巴西三剑客”。

三剑客中的“大哥”豪尔赫·雷曼（Jorge P. Lemann）1957 年考入了哈佛大学，在那个年代，巴西平均每年只有一名学生能够申请到去哈佛大学就读的资格，雷曼就是那一年的幸运儿。然而，那个时候年轻气

---

① 想要了解更多关于 3G 资本帝国背后的故事，欢迎阅读《3G 资本帝国》。本书中文简体字版已由湛庐策划、由北京联合出版公司出版。——编者注

盛的雷曼是个地道的热情桑巴少年，临近大一结束的时候，他在一天晚上跑到哈佛大学的主广场，在那里放了一整夜的烟花。同学们免费看了一场烟花表演，也狂欢了一整夜。这可激怒了校长和老师，所以在雷曼学期结束回家过暑假时，校长给雷曼写了一封信。在信里，校长“建议”雷曼休学一年，以便让他“更成熟一些”。一般人收到信可能会特别沮丧，因为很明显学校是想让雷曼停学。可是暑假一结束，雷曼照常回哈佛去上学了，他跟老师说：“学校的信我收到了，可是信上说的是‘建议’我休学一年，不是‘强制’我休学一年，我不采纳这个建议。”他接着说道：“我之所以这么活跃，就是觉得学校生活太无趣了，所以，为了避免我无聊到再次做出什么不合时宜的事情来，我要申请三年时间完成四年的课程。”别忘了，这可是在哈佛大学，课程难度超乎寻常，但雷曼竟然口出狂言要提前毕业。不过，老师们同意了雷曼的要求。

雷曼这种反其道而行之的做法，给自己创造了一个转瞬即逝的顺从时刻，让老师们无法继续坚持让雷曼停学。心理学中有个名词叫“特权瞬间”（privileged moment），指的就是这样的神奇时刻。

特权瞬间有两层含义：第一层是指时间上的，这个时间很短暂，是说服他人的机会窗口，在这个时间内，想施加影响力的一方如果抓住机会进行说服，会有很好的效果；第二层是指心态上的，一方攻势最强的时刻，同时也是另一方防御最弱的时刻，这正是你们的合作最容易达成的时刻。所以，你成功说服对方的时候，并不只是因为你抛出了一个明智的提议，还可能是因为你抓住了某个特权瞬间。

利用特权瞬间带来的机会，雷曼随后的哈佛求学生涯仿佛“开了外挂”。他依据三年要毕业的目标给自己设计了一整套非常有效的学习系统，同时，他也通过向老师和学长们求教，发现了很多学习中的捷径。很快，雷曼的成绩就突飞猛进，他也从一个问题学生变成了院长眼中的好学生。后来，他真的在三年内完成了四年的课程并顺利毕业。

创造特权瞬间，让局面尽在掌握

从一开始险些被学校停学到仅用三年时间顺利毕业，雷曼化被动为主动，让我们看到了把握特权瞬间对事情的发展方向所起的决定性作用。而相比被动地等待特权瞬间到来，我们可以更进一步，主动创造属于自己的特权瞬间。

一家连锁超市想对顾客做一个问卷调查，于是，他们派了一些调查员在店里随机询问顾客，问对方能否花费几分钟时间，帮忙完成这个调查。很快，调查员们就变得士气低落，非常沮丧，因为只有不到 1/3 的顾客愿意参加问卷调查。这样下去，调查工作很难继续开展。于是，这家超市的主管紧急召集团队商量对策，最后，他们做出了一个改变，在调查员的工作流程中加入了一个环节。调整之后的效果还真不错，超过 2/3 的顾客最终答应调查员的请求，并配合完成了问卷调查。这个环节，就是让调查员们在向顾客提出能否帮忙完成问卷调查之前，先询问对方一个问题：“您认为自己是一个乐于助人的人吗？”当被问到这个问题时，对方差不多都会先愣一下，然后下意识地说“当然了”，然后，调查员会马上提出自己的请求。

人们对于自己认可的人、事或观点，都有在随后的行动中保持一致态度的倾向。采用了新方法后，之所以这么多人都答应接受问卷调查，就是因为他们在调查员提出请求之前，肯定了自己乐于助人的态度，所以在这个特权瞬间，他们会让自己的行为和刚刚表明的态度保持一致。在面对选择时，我们是什么样的人，常常取决于我们在做出选择之前把注意力放在了什么地方。

忽视也可以创造特权瞬间。维也纳剧作家罗达曾经写过一个小故事：奥地利的一支轻装甲部队驻守在一个荒僻的小镇上，镇上的小酒馆里有位非常迷人的女服务员，她身边总是围着一群爱慕她的年轻军官，而这位可爱的服务员通常会婉拒所有人的殷勤。

有一位军官和其他莽撞的追求者不同，他设计了一个策略。每次去小酒馆，他都会独自坐在离这位服务员较远的一张桌子边，每次他喝完酒要离开的时候，他就用一种无视这位服务员的姿态去结账。由于人类好奇的天性，服务员对这位军官产生了极大的兴趣，并开始主动接近他。这位军官是一个聪明人，他用简单的方法为自己对爱情的追求开启了一个特权瞬间！

让我们回想一下本章开头那道思考题，当一辆卡车“轰隆隆”地从远处驶来，盖过米尔顿医生的讲话声时，他没有提高音量，也没有等待卡车驶离，而是降低了自己的音量，让之前心不在焉的患者不自觉地俯身向前，靠近米尔顿医生，尽力想听清他说的每一个字。

米尔顿医生非常擅长在治疗中运用非语言因素的力量，他深知人们做出的俯身向前靠近的动作，代表了注意力聚焦以及倾听的兴趣。因此，米尔顿医生通过降低自己的音量，制造出了一个特权瞬间，让患者主动选择接受他想要给出的重要建议。

用好启动效应，拨动“说服力开关”

特权瞬间能够让我们在说服别人的时候产生巨大的影响力，但它也存在一些不确定性和偶然性。比如那位故意忽视酒吧女服务员的军官，如果尺度拿捏不当，就可能会让服务员误以为军官讨厌自己，所以才忽视自己。又比如那辆“轰隆隆”的卡车如果没有驶来，米尔顿医生也就不可能抓住这个特权瞬间。也就是说，我们必须在沟通过程中等待、寻觅和捕捉这些特权瞬间，就像一头潜伏在大草原上搜寻猎物的狮子。

但是，如果我们能够在沟通的一开始就掌握主导权，就像是提前打开沟通的“开关”，就能够得到事半功倍的效果。这里就分享给你一个十分有效的方法，心理学中将它称为“启动效应”。

启动效应指的是，预先在别人的潜意识中埋下一些左右他人后续决策的线索，进而推动他们后续的一系列行为，而这些决策和行为，都是在无意识的情况下产生的。

哈佛商学院的经济学家费利克斯·奥伯霍尔泽－吉（Felix Oberholzer-

Gee)[①] 曾经做过一组插队实验，这个实验向我们展示了启动效应是如何发挥作用的。

他安排自己的学生去各种队伍里插队，在每一次提出插队请求时，学生们都会告诉被插队者，自己愿意付钱，请对方允许自己插队。结果，当学生们拿出1美元时，50%的人同意他们插队；当拿出3美元时，65%的人松了口；当拿出5美元时，75%的人都爽快地答应了。你是不是会认为，这在自己的预料之中，金钱刺激确实非常有效：钱出得越多，被插队者因为插队而遭受的损失就能得到更高程度的弥补，所以，学生愿意给出的钱越多，人们越愿意帮这个忙。但是，如果我告诉你实验的结果，你可能就不会这样想了：几乎所有同意让学生插队的人，都没有收下学生给的钱。

这个结果是不是让你觉得很意外？尽管可能得到的钱越多，人们同意插队请求的概率就越大，但钱数与人们接受这笔钱的概率并不是正相关的。这是为什么呢？原因在于，一般人都会认为，来请求插队的人愿意出的钱越多，就表明他越需要尽快排到，而且一定有特别急切的原因。我们潜意识里会认为，一个人越需要帮助，我们就越有义务帮助他，如果没帮，我们很容易产生愧疚感。如果我们潜意识里认为别人需要我们帮的忙越重要且越急切，我们就越乐意心甘情愿地去帮忙。

金钱固然重要，但它的力量却往往没有表面看起来那么强大。相

① 费利克斯·奥伯霍尔泽-吉教授讲述战略价值落地的新作《战略是简单的》即将由湛庐策划出版。——编者注

反，还有很多其他因素发挥着比金钱更大的作用，比如义务感、正义感、责任感等，这些因素虽然不那么显而易见，却常常是启动效应产生的真正根源。

有时候，我们还可以把特权瞬间和启动效应结合起来应用，让自己的职场影响力成倍扩增。“影响力之父”、著名心理学家罗伯特·西奥迪尼教授，就曾被这股巨大的影响力“击败”。

当时，西奥迪尼正在一家商学院进行客座研究工作。有一次，他正在和学院的副院长商量工作的事情，副院长突然热情地告诉他，学院为西奥迪尼准备了一间新的办公室，里面配有性能极佳的电脑，一部长途电话，还给他安排了一位秘书，甚至还给他提供了一个固定停车位。西奥迪尼听到这个消息，马上向副院长表达了感激之情，同时他心里也有点过意不去，因为自己仅仅是一名客座研究者，这样“高规格”的待遇显然超出了他的预期。就在这时，副院长突然话锋一转，对西奥迪尼说：“有件事让我很头疼，我们刚好缺一位给 MBA 学院上专业营销课的老师，如果你能教授这门课的话，那就是帮了我很大的忙，给了我很大的面子。”

西奥迪尼几乎是下意识地回答道：“好吧，那好吧。”但西奥迪尼其实根本不愿意上这门课，因为这是门基础性课程，需要花费很多心思和时间，又与西奥迪尼自己的研究没有任何关系。但不管事后有多么后悔也来不及了，西奥迪尼已经答应了对方。

你看，就连研究影响力的权威学者，在面对启动效应和特权瞬间这样的沟通“开关”时，也会败下阵来。这并非西奥迪尼当时放松警惕的结果，而是因为，人类在漫长的演化过程中已经形成了许多种定向反应。

比如，当获得远超预期的奖励时，我们会产生惭愧感，这其实是一种心理防御机制，能够阻止我们破坏稳定的社会关系。于是，惭愧感会推动我们从超出的奖励中拿出一部分与他人分享，以防自己被群体敌视和孤立。再比如，当遇到危险情况时，我们会产生加入群体的强烈倾向，我们潜意识里知道一定要融入集体、避免落单，因为人多力量大。

正如古希腊哲学家亚里士多德的那句名言：“说服别人靠的不是智慧，而是情感。”那些善于在职场中说服别人的人，不一定个个都口若悬河。特权瞬间和启动效应能够带来巨大的影响力，其实是利用了人们心里的这些定向反应。用好这些定向反应，不仅可以让你在合作与谈判中掌握更多主动权，避开职场沟通中潜在的诸多矛盾和冲突，更能让你抢占认知高地，在群体中脱颖而出，拥有让人欣羡的职场影响力。

16

合作，
让你的人生之路越走越宽

关于超级合作者的研究
给我们提出了一种生存策略，
可以总结为 12 个字：
心存希望，
慷慨大方，
宽宏大量。

思考力训练

请你在头脑中回忆自己生活中的两位朋友，一位是你认识 2 年左右的，一位是你认识 10 年以上的。假设我给了你一张表格，这个表格里包含 118 项物品，请你评估你的两位朋友对这些物品的喜爱程度，并在 1 ~ 4 分之间进行打分，1 分代表完全不喜欢，2 分代表不喜欢，3 分代表喜欢，4 分代表非常喜欢。然后，你将这两张对应的表格分别交给这两位朋友，请他们自己根据实际情况为这些物品打分。你认为自己对哪位朋友的喜好估计得更准呢？

如果让你预测一个陌生人对这 118 件物品的喜爱程度，你只能随便猜。因为我们给物品打分的分值有 4 种，所以你猜中陌生人喜好某件物品的概率为 25%。而你现在要预测的是自己的两位朋友，所以，相比于预测陌生人的喜好，你对朋友的预测应该更加准确。心理学家真的做过这样一个实验，但结果让人有些意外：人们对朋友的预测准确度并没有比预测陌生人高多少。而在上述案例中，我们对相识 2 年左右的朋友做出的预测准确度为 42%。而我们对相识 10 年以上的朋友所做的预测准确度较低，只有 36%。

人人都知道，要在职场上做出成绩，合作是必不可少的。但是，在如何才能有效合作这个问题上，大多数人总是强调要有合作精神、合作意识，却往往忽略了合作更是一种能力，需要有意识地练习才能拥有。

共情与换位思考，合作必备的认知能力

有一个比喻我很喜欢：合作就像一根绳子，你只能拉，而不能推。原因很简单，一个人如果不是自愿自发地与你合作，那他有一百种敷衍你的方法。

只有理解一个人内心的需求，你才能知道该怎么打动他，让他真诚地与你合作。为此，我想给你介绍两种理解别人的必备能力。

第一种能力是共情，它可以让你了解别人源自本能的喜好和厌恶，帮你自然而然地了解别人最关心什么，找到开启合作的关键点。比如，对公平的追求就是一种底层的心理需求，尤其是在利益分配的时候。如果一个人的所得比别人少，他就会心生怨恨，而如果一个人的所得比别人多，他就会忧虑会不会招致别人的嫉妒。著名心理学家弗朗斯·德瓦尔（Frans de Waal）做过这么一个实验，他出于研究需要，给了一只倭黑猩猩很多食物，但这只倭黑猩猩却不敢吃。它无助地看着工作人员，并用手指向了正在远处观望的同类，工作人员只好给所有的倭黑猩猩都发了食物，这只倭黑猩猩才开始进食。显然，这只倭黑猩猩为自己得到的太多而感到不安，而它的做法非常明智。这就是共情带来的帮助，能让你去考虑别人的感受，也为自己换来安全和爱戴。

与公平类似，我们的道德感、审美标准等也与共情密切相关。剑桥大学的心理学家西蒙·巴伦-科恩（Simon Baron-Cohen）认为，如果你想要理解某个人，就需要和他建立起某种情感联系，不论是在生活还是工作中，一定要意识到自己是在和人打交道，而不是和物品。你只有知悉了他人的心理状态，才能了解他人的感受，推断他人的行为倾向。而且，人的感受是非常多变的，会在很大程度上受到情境的影响，今天让一个人感到开心的事儿，未必明天也会让他开心。

共情能力是可以提升的。很多人以为共情能力是天生的，但其实只要勤加练习，每个人都能成为共情达人。IDEO 是一家世界顶级的创意公司，曾获得过许多设计大奖，他们做设计的秘诀之一就是共情。IDEO 认为，优秀的设计不是始于一张不错的图纸或一个精巧的装置，而是对人的深刻了解。为了锻炼共情能力，IDEO 的员工们常常玩一种游戏，叫作“谁的生活”。他们会把公司里某个人的钱包、公文包或背包拿过来，把里面带有个人信息的东西取出，然后让大家在不知道这些物品的所有者的情况下，猜测这个人的生活方式。比如，这个包是杂乱不堪，还是既精简又整齐？包里的东西都和工作有关吗？哪些物品反映了主人的家庭生活及其个人兴趣？钱包里有多少钱？里面放照片了吗……大家会像考古学家一样，仔细地分析里面的东西，并通过玩这个游戏来锻炼自己观察和了解他人的能力。

第二种能力是换位思考，它能帮你做到内外协调，调整自己的行为和观点，与他人和谐相处。你不妨把换位思考能力想象成收音机上的按钮，你可以随着环境的需要调节按钮，哪怕信号一开始并不是特别强，声音并不是很清晰，但是随着你的细心摸索，你将逐渐锁定最理想的收听状态。换句话说，当你能学会站在对方的立场，了解对方如何思考，你就能更好地预测对方的反应，采取更有针对性的行动。

2008 年，有研究者曾经做过一项实验，让一群销售员和客户谈判，目的是出售一个加油站。这场谈判的难度在于：买方愿意支付的最高价低于卖方愿意接受的最低价。但双方也存在着一些共同利益，如果销售员的能力比较强，谈判顺利，也是有可能成交的。研究者把销售员分成了三组：第一组叫“共情组”，研究者让这一组的销售员在谈判之前想象客户的感受；第二组叫“换位思考组”，这一组的销售员被要求想象客户的思考过程；第三组是对照组，研究者对于这组销售员没有给出任何特别的指示。结果表明，共情组达成交易的销售员比对照组多，而换位思考组达成交易的销售员比共情组更多，换位思考组里高达 76% 的销售员达成了令交易双方都满意的谈判结果。

心理学家又做了另外一次实验，这次的谈判场景发生在招聘人员和求职者之间，不出所料，这一次还是换位思考组做得更好，不仅是求职者做得好，招聘人员也做得很好。这就表明，站在对方的立场思考问题，能让双方都获得更大的总体收益，产生更有价值的结果。

总的来说，共情和换位思考是一组密切相关的能力。**共情是一种情绪感知能力，侧重于感觉，它有助于帮助你建立持久的关系，化解沟通中的矛盾。而换位思考是一种认知能力，侧重于思考，它能帮你在沟通的双方之间进行恰当的校准，让双方调整到和谐一致的状态，维护双方各自的以及共同的利益。**如果想要打动他人，你就要重视这两者，尤其是把换位思考当作你与他人沟通的基础准则。

要进入他人的头脑，就要为他们留出一把“空椅子”

虽然我们已经知道共情和换位思考非常重要，但是这些道理说起来容易做起来难。我想请你先来做一个测试：用食指在自己的额头上写一个大写的英文字母 E，然后告诉我，如果你对面的人看向你，他看到的 E 是正常的还是反向的？

如果你对面的人看到的是一个正常的 E，那么说明你潜意识里会首先关注他人；如果他看到的 E 是反向的，那么说明你潜意识里会首先关注自己。社会心理学家常用这种被称为“E 测试”的方法来衡量一个人的换位思考能力。

对于大部分人来说，以自己的视角和经验来理解别人，这是本能和天性。对于职场上的管理者而言，他们更是容易在不知不觉之间丧失换位思考的能力。研究显示，高权力感的人写出方便自己读的 E 的可能性比低权力感的人高三倍，也就是说，高权力感的人更少会依据他人的观点调整自己的观点，权力感和换位思考能力之间存在着此消彼长的关系。

权力可能会让你从换位思考的恰当位置偏移，扰乱你接收到的信号，并对明确的信息加以扭曲，让本来就微妙的信息变得更模糊。打动他人的能力往往依靠的是权力的反面，也就是理解他人的立场，考虑他人的想法，透过他人的眼睛去观察世界。所以，当你想做到共情和换位思考时，不妨假设自己处在势单力薄的位置上，这样有助于你更准确地理解他人的观点，而准确的理解又能进一步帮助你打动他人。当然，这并不是要求你变成不具备抗击打能力的弱者或无私奉献的圣人，而是让你做到内外和谐。

除了权力感，还有很多原因会削弱人们换位思考的能力和动机。请回想一下本章开头的思考题：请你在头脑中回忆自己生活中的两位朋友，一位是你认识 2 年左右的，一位是你认识 10 年以上的。假设我给了你一张表格，这个表格里包含 118 项物品，请你评估你的两位朋友对这些物品的喜爱程度，并在 1 ～ 4 分之间进行打分，1 分代表完全不喜欢，2 分代表不喜欢，3 分代表喜欢，4 分代表非常喜欢。然后，你将这两张对应的表格分别交给这两位朋友，请他们自己根据实际情况为这些物品打分。你认为自己对哪位朋友的喜好估计得更准呢？

在实际的研究中，人们对相识大约 2 年的朋友喜好预测的准确度是 42%，对相识 10 年以上的朋友所做的预测，其准确度竟然只有 36%。所有的被试都没有意识到，自己对朋友的了解竟然如此之少。在研究者公布结果之前，他们曾让被试预测自己对朋友喜好的预测的准确度，大多数人都认为自己起码能达到 60%，根本没想到事实上差距会如此之大。

导致人们对朋友喜好的预测准确度不高的潜在原因有很多。第一个原因是，我们和他人之间的信息交换大都发生在交往初期，那时彼此之间想要相互了解的热情相当高，然而随着时间的推移，这股热情就慢慢消退了，新信息的交换随之也就没有那么频繁了，因此我们可能都没有注意到对方的喜好已经在不知不觉间发生了变化。

第二个原因是，双方相处的时间很长，每一方都认为相互之间的关系相当密切，于是自以为十分了解对方，也就不会太注意对方在态度和喜好上的变化，如果这些变化是逐渐发生的或是比较细微的，那就更难注意到了。

第三个原因是，在某些情况下，相识已久的人们或许会对彼此说一些善意的谎言，或者刻意回避一些坦诚直率的交谈，这样做可以保护关系，在很多情况下也是可以理解的，但也可能让人们渐渐疏于对彼此的了解，甚至导致关系破裂。

因此，无论新朋友、老朋友，或者是认识多年的老客户，抑或是合作很久的工作搭档，在相处的过程中，你应该与他们定期交换一些新信息，创造一些非正式的沟通机会，这样才能增进彼此的了解，让友谊之树常青。

我想给你推荐亚马逊公司创始人杰夫·贝佐斯（Jeff Bezos）的一个做法，帮你有效提升换位思考的能力。贝佐斯改变了整个零售行业，是全世界最富有的人之一，但鲜为人知的是，在公司最重要的会议上，除了管理人员、营销专家和软件开发人员的座位，贝佐斯总会额外留出一把空着的椅子——这把椅子是留给“顾客”的，为的是提醒参会者谁才是会议室里最重要的人。

亚马逊西雅图总部的“空椅子”后来成了业界传奇，这把空椅子激励着亚马逊的高层管理者站在顾客的立场上，想顾客之所想：他们的期望是什么？他们又担心什么？他们会如何看待公司提出的想法？你也可以在工作中试一试空椅子这个方法。如果你正在准备演讲，空椅子就可以代表听众和他们的关注点；如果你在为营销方案收集素材，空椅子就能帮你想到目标顾客有可能提出的意见和问题；如果你是一位正在备课的老师，空椅子就可以提醒你要从学生的角度去看问题。

想要让自己和他人和谐共处，更有效地展开合作，就需要你转变自己的视角，进入他人的立场。这是打动人心、获得他人认可必不可少的环节。**进入他人头脑的一条简单又有效的途径，就是为他们留出一把空椅子。**

超级合作者，联通一切

有了共情和换位思考能力，你就能更准确地理解对方真正在乎什么，能更加有的放矢地促成双方的合作。但是，很多人都对合作有一种误解，那就是认为合作就是“利益的交换”，所以只要计算好给对方的利益就行了，这就把合作想得太简单了。

合作是人类的一项重要发明，它体现在人类社会的方方面面，强大的合作能力是我们区别于其他生物，也是人类能在地球上占据主导地位的原因。研究者发现，自然界中存在五大合作机制，分别是直接互惠、间接互惠、空间博弈、群体选择和亲缘选择。**人类是唯一可以灵活运用五大合作机制的物种。**一些专家的研究表明了合作是如何从竞争中诞生的。合作与竞争是相辅相成的，就像白天与黑夜、善良与邪恶一样。要想在工作和生活中游刃有余地推动与他人的合作，你就需要了解这五大合作机制。

第一大合作机制是**直接互惠。**这种机制可以解释很多现象，比如有些鱼类可以通过帮助大鱼清理口中的食物残渣生存下来，但它们也随时面临被大鱼一口吞掉的危险。这种依赖于相互信任的合作机制的表现，就是我们会选择为他人服务，但这并非源于我们对他人心存善意，而是我们可以预见他人同样会报答我们。

第二大合作机制是**间接互惠。**当群体成员之间会交叉碰面时，间接互惠的合作机制就会开始发挥作用，这时我们对其他成员所采取的行为依赖于其对别人所采取的行为。只要你为别人做了好事，你就会期待在之后得到相应的回报，而无论后续是跟谁碰面。间接互惠的实现很大程度依赖于语言，人们会通过做好事建立起好名声，然后好名声会传播开来，促使其他人更愿意和自己合作。相反，坏名声则会让人与人之间的合作前景越发黯淡。就像莎士比亚说的："如果有人偷走了我的钱袋，他不过偷走了一些废物……可是谁若偷去了我的名誉，虽然不能因此而富足，却令我一贫如洗。"

第三大合作机制是**空间博弈。**这个合作过程会发生在我们生命的棋盘之上，发生在各种错综复杂的社会网络中，还会发生在我们所归属的各种集体当中。我们会发现，某些人之间相互交往的频率比他们跟其他人交往的频率要高，这样一来，这些交往频率高的人之间就形成了一个互助网络，能够有效地提高这个群体中个体的生存概率。

第四大合作机制是**群体选择。**这种合作机制表明，在一些环境中，合作不仅会作用于个体，还会在群体之间的竞争中产生影响。由更多合作者组成的群体，会比由更多背叛者组成的群体更可能获得成功。如果一个群体中的成员都愿意互相帮助，愿意为共同的利益奉献自己的力量，那么这个群体可能会比其他的群体更具有竞争力。这意味着，自私的个体也许能战胜无私的个体，而无私的群体将战胜自私的群体。

第五大合作机制是**亲缘选择。**家族的纽带、共同的祖先将会在促进合作中起到关键作用。一般而言，我们跟与自己有血缘关系的亲属密切合作的可能性要远远大于与陌生人合作的可能性，正如我们通常所说的“血浓于水”。这种合作的特点是存在“差序格局”，以自己为中心像水波纹一样荡开，愈荡愈远，形成不同的圈层，亲兄弟要优于表兄弟，表兄弟又优于外人。

以上就是人类社会中存在的五大合作机制，正是由于这些机制的存在，我们的行为才更多地表现为合作而不是竞争。人类的天性就这样一代又一代地被塑造成如今的样子，因此爱、友谊、团队精神等普遍出现在了所有的人类社会。

关于超级合作者的研究给我们提出了一种生存策略，可以总结为12个字：心存希望，慷慨大方，宽宏大量。心存希望是指，当你遇到一个陌生人时，你会希望通过努力跟他建立起合作的基础；宽宏大量意味着，如果有人背叛你，你会尽你所能去重建你们之间的合作关系；慷慨大方则意味着，你不会目光短浅地看待自己与他人之间的交往，你不会抱怨谁比你得到的更多，相反，你会接受公平的分配，同时寻求更高效的合作，进而争取创造更大的价值。也就是说，我们应着眼于一起把

“蛋糕”做大，从而让每个人都能分到更多。

俗话说，孤雁难飞，孤掌难鸣。人与人之间广泛且密切的合作，不仅可以让每个人的人生之路越走越宽、越走越顺，更让人类整体成为最伟大的超级合作者，拥有了超强的文化适应力。在充满不确定的世界里，我们难免会猜疑、会决裂，但历史已经证明，能让我们最终胜出的一定是合作。

董　明 | **云南白药集团 CEO**

爱思考的人是迷人的，就如我认识的韩焱一样；会思考的人是动人的，亦如我认识的韩焱一样。我与她，由湛庐文化创办的“思想马拉松”而结缘，到湛庐阅读 App 上的“韩焱精选”而结伴，成为共同学习和进化的知己。她的新作《把思考作为习惯》，是一本很“湛庐”的书，兼具科学性、启发性和实用性，每个字都是用心的，每句话都是用力的，每页纸都是用情的，可谓兼容并包、风云际会。用思考来表达思考，用习惯来成就习惯，读毕此书，做自己的英雄。

车品觉 | **阿里巴巴集团前副总裁，红杉资本中国基金专家合伙人**

在21世纪，随着机器学习与大数据时代的到来，忽然间人们对此兴奋不已，但没过多久大家又担心被科技取代。如这本新书所提出的，人类的智慧潜能是无上限的，面临的障碍反而是对自身的认知不足。在信息超载的时代，我们的思考盲区不减反增。正如我们的先贤所说，智慧是去芜存菁的结果，感谢韩总在百忙之中为大家带来了面向未来的思考方式，我推荐读者们细心阅读。

杨德宏 | **杭州米雅信息科技有限公司董事长**

很钦佩那些能把自己喜欢的事情坚持做到极致、完美的人，在我认识的人当中，韩焱女士就是这样为数不多的人之一。她用自己最靓丽的人生时节，打造了湛庐文化，传播全球最有智慧的大脑思考世界的杰作。每个人的思考，都是别人看不见、摸不着的，再先进的技术，也无法探测人的思想。但一个人的行动结果的对错，又是其思想决定的。一个人有了正确的思维工具，就会有正确的思想，就会增加把事情做对的可能性。韩焱女士的《把思考作为习惯》，集合了世人在成功道路上面对各种复杂情境的智慧思考方法，加上她自身对“思考”的思考，形成了这本有关“思考”的专著，堪称是一部成功人士正确思考方法的简明词典。书中很多论述和生动的例子，都能让读者对应到自己生活和工作中曾经或对或错的思考痕迹。读者从这本书中不仅能学习到正确思考的方法，更能感受到正确思考的力量。特别是事业蒸蒸日上的年轻人，更应该“把思考作为习惯”，雕刻自己的价值人生。

周健工 | **未尽研究创办人，《第一财经》《福布斯》中文版前总编辑**

每门学科都可以教会我们特定领域的知识，比知识更重要的是训练我们的思维，因为思维能够让我们看到知识以外的世界。比思维更重要的是养成思考的习惯，因为思考能够让我们超越固有的认知。《把思考作为习惯》，是对思考的精致思考，为我们面对复杂、未知的世界提供了一部通用的思考指南。

檀　林 | **前海再保科技董事长，海创汇首席生态官**

韩焱总的《把思考作为习惯》匠心独运，真如斲轮老手，又似庖丁解牛，游刃有余，把诸多大家的思维模型熔炼一炉，光射牛斗、俊采星驰，令人叹为观止，其中隽语金句，信手拈来，毫不费力，全无斧凿痕迹，却别开天地，文章格调如山川气度、高岸深谷，一时无两。随韩焱老师的妙笔，有一出三峡之豁然开朗——“山随平野尽，江入大荒流”；有隆中答对，群英荟萃，云津直上，纵谈古今之慨。掩卷推窗，书中妙处无法言说，但似可意会，放眼西山，正春花烂漫，不觉胸襟尽敞，把酒高斋，何如趁扁舟一叶，拥书而去！

商　容 | **微软亚太研发集团运营及公共事务副总裁**

因为思科CTO的《网络就绪》一书，我在1999年与韩焱老师相识，此后见证了她“20年磨一剑”的执着，创建了湛庐阅读出版知识服务品牌矩阵。湛庐出品的好书不胜枚举，我个人非常喜欢在不同阶段给我重要启发的《精要主义》《指数型组织》两部作品。她的新作《把思考作为习惯》，我以为是韩总“阅读—思考—创造”思维实践的真实呈现，信息量密集，任意打开一个章节，仿佛都可以即刻开启一段思维训练的旅行。当我们将内在的目标感，与持续的学习相结合，以开放敏锐的观察力发现新的视角并付诸行动时，才能在不确定的世界中有所依托，不会散乱，持续转型，共同进化。

刘小鹰　　老鹰基金创始合伙人

韩焱老师说她是“把思考作为习惯”的受益人，我何尝不是。热爱看书、喜欢思考的人其实都在潜移默化地学习把思考变成习惯。湛庐文化创办 17 年来，让 3 000 多万读者接触到全世界最前沿的思想和新科技知识，读者们通过持续的阅读、消化和吸收，自然会逐步建立一个“把思考作为习惯”的思想框架。韩老师说“每一本书都是无数前人花费大量时间发明出的思考工具”，她要把多年来内化的思考内功毫无保留地分享出来。只要认真学习，在日常生活中，每个人总能找到自己想要的答案。把思考作为习惯，到了十字路口，你就会做出正确的选择。能经常做出正确选择的人，终究会有好运相伴，从而走上一条更丰盛的人生道路。

王煜全　　海银资本创始合伙人

人类的进步有赖于经验的积累，其中最重要的经验，就是那些“跨域”的思考工具。面对这个纷繁复杂的世界，掌握了这些重要的思维武器，你就能删繁就简，从表象中看出规律，从迷雾中看出路径。

一直以来，湛庐文化的董事长韩焱老师致力于通过图书出版的方式引进全球最前沿的思想。现在，她更是将这些重要思想凝结成一个完整的思维系统和全新场域——把思考作为习惯，助力你在积极运用中实现跃迁。希望人生不断成长的朋友，此书不可不读。

余　晨　**易宝支付联合创始人、总裁**

“我思故我在”，一个人如何思考，决定了他会成为什么样的人。《把思考作为习惯》一书用有效的思考工具将读者武装起来，可以帮助他们超越固有的思维局限，成为能够掌控自我并影响他人的“思维骑士”，勇敢地迎接生活与职业中的种种挑战，成就更深刻而有意义的生命。

张智强　**元旨数据科技创始人，品类管理中国最早的推行者和实践者**

从领导华章，到创建湛庐，以经管类图书开始，再延伸到广泛的人文、科技题材，20 多年来，韩焱坚持把当今世界最有价值的著作引进国内，让我们的企业家和学者与世界同步，引导奋斗中的年轻人汲取源源不绝的思想精华，与国际接轨。她是国家兴旺和民族进步的大功臣。

湛庐倡导“与最聪明的人共同进化”，韩焱是一位优秀的学习者和积极的实践者，她也是一位出色的思想者。《把思考作为习惯》是她对当代世界最优秀思想的概括和总结，再加上与中国人的文化根基相融合的体认，读来轻松有趣，也常常深受启发。

我要把这本书放在案头，常常翻阅，可娱情，可解惑。我要用它作礼物，送给年轻后辈，作他们踏入社会的寻宝图；给工作的同事，作我们相互协同的合奏乐谱；给每一位好朋友，与他们一起享受被智慧的思想滋养的喜悦。

Thinking Habits

第四部分

心理能量是第一生产力

在职场中，提升自我和连接他人的过程都伴随着能量耗损。就像我们需要通过饮食和锻炼让体能保持充沛一样，我们同样需要为自己补充心理能量。

补充心理能量的方法有很多，像是在假期里出游，和好友聚会，这都是在为内心充能。但是，想要时刻保持充沛的心理能量，我们还需要掌握更多更有效的系统性方法。

学习了这一部分的充能方法后你会发现：积极情绪能帮你取得超高绩效，而且可以储存起来，在需要的时候随时取用；心理余闲可以让你做出更好的决策判断，跳出越忙越穷的怪圈；消极情绪可以转化成心理能量，推动你更好地工作；你的内心能变得富有弹性，在身处逆境时快速复原，甚至变得更强大；你还能在工作中发现更宏大的意义感，驱动你进入自我发展的良性循环。

在今天的职场，心理能量已然成为人的第一生产力。技能和经验只能决定你一时的成败，而心理能量则决定了你一生的成败。

17

积极情绪，点燃你的职场发动机

理智战胜不了情绪，
只有情绪才能战胜情绪。

思考力训练

假设你是一家酒店的经理，公司突然告知你，活动场地全面涨价，之前已有客户预定的也不例外。你需要和客户进行商谈，让他们接受涨价，或接受退回的定金。这个要求对你来说非常棘手，但是又不得不执行。你觉得自己如何与客户沟通，才能最大程度获得对方的谅解？

1. 你表现得非常友好，语气温和且面带微笑；
2. 你说话语气强硬，且态度坚决；
3. 你语气平和，几乎不带情绪，说话非常有条理。

答案是第一个选项。曾经有心理学家专门进行过研究和测试，结果表明，如果你用积极的情绪和态度来面对客户，获得客户体谅和接纳的概率是你态度强硬或平和时的两倍。

职场上有一个常见的心理误区，那就是很多人都会隐藏和压抑自己的情绪，因为他们认为情绪是心理不成熟的代名词，大喜大悲是一个不合格的职场人才会有的表现。

但是，我一直坚定地认为，表现出情绪不仅是正常的，而且是必要的，因为积极情绪不仅能让你更快乐、更幸福，还是高效工作的前提和保障，能帮你充分施展才华和魅力。

洛萨达线，一个神奇的临界点

法国著名文学家、戏剧家让·季洛杜（Jean Giraudoux）曾写过一出戏剧，叫作《贝拉克的阿波罗》。这出戏剧讲述了这样一个故事：一个叫艾格尼丝的年轻姑娘来到一家公司参加面试，当她坐在等候区时，旁边的一位男士看到她紧张得手足无措的样子，就好心找她聊天，想要缓解她的紧张情绪。这位男士建议艾格尼丝别紧张，如果实在是紧张得不知道要说些什么，最简单的应对办法就是夸对方英俊或漂亮。

然而，艾格尼丝认为这样非常虚伪、不诚实，但这位男士继续跟她说道："如果你告诉一个人他很英俊，那么你真的会觉得他更好看一些，这不是诚实与否的问题，你可以先试试看。"于是，艾格尼丝决定按照这位男士的建议试一试。

结果，她在面试中一路绿灯，最后，总裁亲自面试了艾格尼丝。面试结束后，总裁对她说："亲爱的艾格尼丝小姐，我们这家公司 15 年以来充斥着怀疑和猜忌，可是现在，你的热情深深地打动了我，并让我看到了改变的可能。"随后，满怀欣喜的总裁录用了艾格尼丝。

戏剧大师季洛杜用这个故事告诉我们这样一个道理：**积极情绪可以让你对自己和身边的人更有信心、更宽容，而你的生活和未来也将会因此发生变化。**

积极心理学的领军人物芭芭拉·弗雷德里克森（Barbara Fredrickson）[①] 和巴西的社会学家马西亚尔·洛萨达（Marcial Losada）一起从事有关积极情绪的研究。洛萨达非常善于利用数学模型和复杂理论来分析人的行为。他们进行了一场关于积极情绪的实验，研究者要求实验参与者在 4 个星期的时间内每天记录自己的积极情绪和消极情绪，据此计算出了参与者积极情绪和消极情绪的比例，并且把这些比例与参与者做整体幸福量表测评的 33 个项目的得分进行对照。

实验发现，不同情绪之间是有一个临界点的，就像冰和水，冰是固态的、僵硬的、稳定不变的，水是液态的、流动的、灵活多变的。要使冰变成水，只需要改变温度就行了。一个人的人生是悲观绝望还是欣欣向荣，这之间也存在一个重要的临界点，如果把你的积极情绪和消极情绪的比例提高到这个临界点以上，来"加热"你生活中的情绪气氛，你的人生就会开始变得更有力量，就好像从冰变成了水一样。

实验表明，积极情绪与消极情绪的比例为 1∶1 的人，和消极情绪占主导的人表现几乎一样，这两种人一般都萎靡不振；而积极情绪与消极情绪的比例为 2∶1 的人，即积极情绪多一些的人，他们的表现也好不到哪里去。神奇的是，一旦积极情绪与消极情绪的比例达到 3∶1，即每感受到三次感激、欣喜、知足等积极情绪，只会体验到一次愤怒、内疚或尴尬等消极情绪，那么人们就会感觉到充满希望，情绪高昂。这个比例被心理学家称为"洛萨达比例"或"洛萨达线"，具体到每个人

① 积极心理学领军人、国际积极心理协会前任主席。她的《积极情绪的力量》一书已由湛庐策划、由中国纺织出版社有限公司出版，教你稳步提高韧性、创造力和幸福感。——编者注

身上，洛萨达比例的数值也会产生一些上下浮动，但这个理论给了我们一个重要的启示，那就是要经常去“加热”自己的情绪。

让我们回顾一下本章开头的思考题，假设你是一家酒店的经理，公司突然告知你，活动场地全面涨价，之前已有客户预定的也不例外。你需要和客户进行商谈，让他们接受涨价，或接受退回的定金。这个要求对你来说非常棘手，但是又不得不执行。你觉得自己如何与客户沟通，才能最大程度获得对方的谅解？

- 你表现得非常友好，语气温和且面带微笑；
- 你说话语气强硬，且态度坚决；
- 你语气平和，几乎不带情绪，说话非常有条理。

曾经有心理学家专门进行过研究和测试，结果表明，如果你用积极的情绪和态度来面对客户，获得客户体谅和接纳的概率是你态度强硬或平和时的两倍。研究者随后还进行了进一步尝试，他们让商家和客户讨价还价，结果表明，商家情绪消极或者较为平淡时，客户的砍价力度更大；而当商家情绪表现积极时，客户会表现得更大度。由此可以看出，那些情绪更积极的人，不仅自己的感受更好，还能把积极情绪传递给别人，消解很多潜在冲突，让合作更加顺畅。

提升情绪配比，给工作加入“助燃剂”

洛萨达多年以来一直在研究高绩效商业团队的特点，他发现，积极情绪除了能对职场中的个人产生影响，也能显著改善团队的工作成效，帮助打造高绩效团队。换句话说，积极情绪是获得高绩效必不可少的“助燃剂”。

洛萨达建立了一个专门的实验室来捕捉商业团队成员的行为特点，他和研究助理们要在长达一小时的商务会议当中观察每一个团队成员的发言，他们尤其关注以下三个方面：

- 团队成员的发言是偏向积极还是偏向消极？
- 团队成员之间的交流是聚焦于自我，还是聚焦于他人？
- 在交流过程中，人们是更愿意提出问题，还是更急于捍卫自己的观点？

洛萨达研究了 60 个商业团队，并根据结果把这些团队划分为高绩效团队、低绩效团队和混合绩效团队。他发现，这时候洛萨达比例依然在起作用，高绩效团队表现出的积极情绪与消极情绪之间的比例是 6∶1，低绩效团队的这个比例则低于 1∶1，而混合绩效团队的这个比例大约为 2∶1。事实证明，高绩效团队在各项综合指标上都能得到高分，在贡献的利润、客户满意度以及来自上下级的评价等方面都很出色。心理学家把这样的高绩效团队称为“欣欣向荣的团队”。

之所以会出现这种差别，很可能是因为拥有积极情绪的人更愿意倾听和协作，更愿意肯定别人的付出和成绩，而这又会让他们获得别人善意的回复，收获更多的积极情绪，进入一个反馈正循环。无论是对于个人还是团队而言，无论是想要取得引人注目的成功，还是想要改善或者维护关系，我们都应该想办法让积极情绪与消极情绪的比例达到 3∶1 以上。总之，洛萨达比例是个神奇的规律，值得你在生活和工作中认真实践。

接下来，我想向你介绍两个简单又好用的方法，帮助你有效提升自己的洛萨达比例。

第一个方法，请先测一测自己目前的洛萨达比例，看看自己的积极情绪占比是多少。前文提到的积极心理学领军人物芭芭拉·弗雷德里克森，她在《积极情绪的力量》这本书里提供了一个积极情绪的自测量表，你可以依据这个自测量表进行测试和计分。

第二个方法，你可以使用诺贝尔经济学奖获得者丹尼尔·卡尼曼开发的“昨日重现法”。这个方法可以帮助你更精确地计算出你的积极情绪占比，并且深入理解你的积极情绪和消极情绪的来源。

应用这两个方法，你要准备好纸和笔，然后回顾一下昨天的情况。这种回顾最好是在没有心理准备的情况下进行，也就是说，当你忙于工作或处理生活琐事的时候，你并没有预先设想第二天会分析自己前天的情绪。这时，你就可以更客观地捕捉自己的情绪变化。你要仔细地回想自己昨天一天中的所有片段，描绘你在一天中的情绪细节，并完成一份积极情绪的自测量表。当你在不知不觉的情况下完成 30 份积极情绪的自测量表之后，你就可以应用昨日重现法，来为你的积极情绪占比进行集中的打分。同时，你也可以对自己的消极情绪分类，发现可能触发自己消极情绪的“地雷”。

当然你也可以对自己的积极情绪进行分类，识别出最让你振奋的是哪些事情，这些事情可以被视为积极情绪的“气球”。这种方法能帮助你把眼光和注意力转到日常工作与生活中的情绪细节上。一旦你发展出了觉察日常生活中的细微情绪变化的眼光，并且开始运用这些结果来改善自己的行为，你就能有意识地发现和产生更多的积极情绪，在调控积极情绪与消极情绪的比例上练就深厚的功力。

积极情绪是消极情绪的唯一解药

说到提升积极情绪、控制消极情绪，很多人都有一个认知误区，你可能也经常听到这种说法：不要让情绪占据你的头脑，不要做情绪的奴隶，你要用理性去驾驭情绪，做自己情绪的主人。

但是，脑科学的研究表明，**理智战胜不了情绪，只有情绪才能战胜情绪。**《情感机器》的作者、“人工智能之父”马文·明斯基（Marvin Minsky）[①]就认为，从脑科学的角度来说，理智和情绪是不同类型大脑活动的产物，动用的是不同层次的大脑资源。理智能帮助你解决外界的问题，却不能决定你内心的底色。所以，即便你再努力，理智也战胜不了情绪。你要做的，是唤起积极情绪，让它去替代消极情绪。

具体来讲，按照动用资源的方式和复杂程度，大脑活动可以分成三个层次，分别对应着大脑的三层结构。

① 人工智能领域的先驱之一，人工智能科学家。他洞悉人类思维本质，创建情感机器的巨作《情感机器》一书中文简体字版已由湛庐策划、由浙江人民出版社出版。——编者注

最底层的是本能脑，它对应着大脑最内侧的脑核，与呼吸、心跳这类最基本的生命机能相关，大脑调用这个部位的资源的时候，完全是自动运行的，你根本觉察不到。

中间层的是情绪脑，它对应着大脑中间的脑缘系统，与愤怒、恐惧、愉快、欢喜这些情绪相关，这些情绪在亿万年的生物进化过程中已经变成了一种条件反射，你能意识到它们的存在，但是不能直接控制它们。

最高层的是理性脑，它对应着大脑最外层的大脑皮质，与人类的理性思维相关，需要用到最多、最复杂的资源。

据此，我们可以得出两个结论。

第一，情绪和思考动用的是不同层次的大脑资源，人只能有意识地控制理性脑的活动，不能直接控制情绪脑的活动。**即便你付出再多努力，理智也战胜不了情绪。**

第二，你不能既愤怒又开心，就像你不能同时既向左走又向右走。一旦你的大脑激活了一组积极情绪的资源，就必然会关闭和它相对的消极情绪的资源。所以，**你调动起了积极情绪，就能消除负面情绪。**

如果一个人做了一件你特别讨厌的事，让你非常烦躁，很想发脾气。这个时候，你可以动用理智来思考：发脾气不仅没有用，还有可能伤害双方的关系。于是，你压制了发火的冲动，但你的怒气并没有消失，还是积郁在心里，它就会找其他出口来发泄。也许过不了多久，你就会因为一件小事对其他人大发雷霆，最终还是伤害了别人和自己。

但是，如果你在想要发火的时候主动去调动自己的积极情绪，效果就会好很多。比如，你可以打开手机看看和朋友一起去旅游的照片，回忆一下当时的点点滴滴，或者干脆看看孩子或宠物的视频，唤起你内心的幸福感，就会激活与积极情绪相关的大脑资源，关闭与消极情绪相关的大脑资源，你的怒气很快就会消散。当情绪问题解决之后，你再调动理性来思考怎么处理问题，就有可能找出更好的解决办法。

所以，你一定要记住这句话：**理智战胜不了情绪，只有情绪才能战胜情绪。**

无论你是想要提升自己的职业能力，还是想要重塑自己的生活，让它变得更美好，都应该抓住稍纵即逝的积极情绪，将它更多地植入你的内心。请相信，每个人都有为自己“打开”和“关闭”积极情绪的力量，无论何时，你都拥有重塑自己的生活和世界的能力。

18

余闲心态，帮你跳出越忙越穷的怪圈

面对稀缺的威胁，
余闲是最有力的武器。

思考力训练

假设你的交稿截止日期是明天，今天必须把文章写完，所以你计划去图书馆，利用晚上的时间完成这篇文章。你刚走到图书馆门口就看到一张巨大的海报，上面写着一位你倾慕已久的作家今晚将会在图书馆举办一场讲座。这时，你是会选择继续写完文章，还是去听讲座？

接着，你又看到另一张海报，得知隔壁的电影院今晚会上映一部你一直想看的外国经典电影。那么，你是会坚持在图书馆完成文章，还是去听讲座，抑或是去看电影呢？

在只有讲座这一个富有吸引力的选择时，60% 的人都会坚持去继续完成自己的文章，而当同时面对两个富有吸引力的、让人分心的选择，也就是既有讲座又有电影可以选择的时候，80% 的人会选择继续写完自己的文章。事实证明，人们在面临多重诱惑的情况下，更容易坚持最初的选择。

现代人的生活和工作节奏越来越快，会议一个接着一个，日程表排得满满当当。甚至在难得的休息日，上进的终身学习者们也会把所有空闲时间都用在学习上，不这样做好像就是在浪费生命。只有让自己忙碌起来，人们才会感到踏实，只有比别人都努力勤奋，才能确保自己不掉队。

但需要警惕的是，这种所谓的“充实”，有时会成为一种“慢性心理炎症”，在不知不觉之间侵蚀你的思维能力。

稀缺心态，锁死你的思维模式

当你的全部注意力都聚焦在某些事情上的时候，就会自然而然地觉得“时间不够用”，这时你其实已经陷入“稀缺”心态。这个时候，那些没有被满足的需要，无论是“缺时间”“缺钱”，还是“缺资源”，就会俘获你的大脑，让你不自觉地只能看到眼前最紧急的事情，而忽略其他重要但不紧急的事，错失很多潜在的可能性，甚至付出惨重的代价。

2005 年的一天，消防员布赖恩・亨顿和他的队友们接到了一起火灾报警。他们在 60 秒之内全部穿戴整齐，裤子、外套、面罩、手套、头盔和靴子一件不落，然后匆忙跳上消防车赶赴火场。非常不幸的是，这次出警竟然成了亨顿一生中的最后一次。他的死因并不是吸入了烟雾或者房屋倒塌，也不是被大火吞噬，而是在去往火灾现场的路上就出了事。消防车在飞驰着赶往火灾地点时遇到了一个急转弯，亨顿一侧的车门突然被甩开，他摔出车外撞到了头，两天之后离开了人世。事故原因非常简单，那就是亨顿没有系安全带。这个原因让人非常难以理解，消防员不是安全意识最强的人吗？他们的训练难道没有反复强调“系好安全带”吗？这个动作难道不是最容易做到的吗？

然而根据统计，亨顿遭遇的这种意外并不少见。消防员们在车辆事故中丧生的概率排在所有致死事故因素的第二位，仅次于心脏病。而在这些车辆事故中，79% 的消防员死于没有系安全带。美国消防管理局副局长在调查中表示，消防员都了解这些统计数据，教官们在安全培训中也会反复强调。而在日常工作和生活中，消防员们不管是驾车还是乘车也没有不系安全带的，甚至他们还会反复提醒自己的家人要记得系好安全带。那么为什么还是有那么多消防员会因为没系安全带而丧失宝贵的生命呢？

原因是“认知隧道”这种心理机制。**我们可以把注意力想象成一个聚光灯，光束既能扩散又能集中，由我们的意识控制的注意力也是这样。大多数情况下，我们可以选择集中注意力，也可以选择放松注意力。**这是大脑积聚和保存能量的一种方式，能给人类带来巨大的优势，帮助我们控制压力水平，做好处理更复杂的认知任务的准备，大脑也可以自动寻找放松的机会。可是，一旦出现突发情况，大脑中的“聚光灯”就会突然打开，大脑会本能地迫使“聚光灯”把“光束”尽可能多地投在最明显、最重要、最紧急的事物上，这就是认知隧道产生的过程。

你应该有过这样的体会：当你沉浸在一本书或一部电视剧中时，身边的人说话你往往会听不到。也就是说，**对于某些事物的专注，会让你把其他事物排除在注意力之外。**

对于消防员来说，每次接到报警之后，他们不仅要迅速穿戴好装备、跳上消防车、赶赴火灾现场，还要在抵达现场之前完成很多准备工作，比如在路上确定救火策略，研究起火建筑的结构和布局，确定进出火灾现场的路线，计算所需消防水喉的数量，等等。所有这些工作都要在抵达现场之前的短暂时间窗口内完成，这时认知隧道就产生了，而最简单的系好安全带的动作却落在了认知隧道之外。最重要、最紧急的其他事物占据了消防员的全部大脑，他们已经没有多余的注意力分配给安全带了。

主动调整，把心智带宽留给重要的事情

当你处在资源稀缺的状态下，思维就会被锁定在未被满足的需要上，大脑内的“心智带宽”被大量占用，导致用来思考和关注其他事情的带宽不足，而这会带来许多负面影响。

稀缺会让人的认知能力下降，最直接的表现就是智力下降。有研究者做过一个实验，他们让参与者先思考一个问题：要不要马上花一笔钱修理坏掉的汽车。他们告诉一半参与者维修费为 300 美元，告诉另一半参与者维修费为 3 000 美元，显然后者会产生更强的“缺钱”的感觉。如果这时候对两组人进行智商测试，那些被“缺钱”这个想法占用了心智带宽的人，智商测试得分平均会下降 14 分，一些智商本来就很高的聪明人也会直接掉到平均线以下。

稀缺会让人的执行控制力下降，控制冲动的能力变弱。如果你在一群通过控制饮食减肥的人里做个实验，让其中一些人背诵一长串没有规律的电话号码，让另外一些人记住一个两位数，然后在他们面前摆上蛋糕和水果，你会发现，那些背诵一长串数字的人大多选择了蛋糕。这是因为，他们在记忆的时候心智带宽被占用的更多，所以更难控制自己想

吃蛋糕的冲动。

要想避免因为陷入稀缺心态做出错误的决策和判断，你可以试试下面两个方法。

第一，你要尽量节约带宽，减少决策数量，把心智带宽留给更重要的事。比如，你可以运用“清单”这种工具，把流程性的、不需要现场决策的操作步骤列成清单，逐一完成勾选，这样就能节省带宽。像是“系安全带”或者“清点手术器械”这种事情，都应该依照清单来执行。

你还可以尽量削减生活中的琐事。像是乔布斯和扎克伯格，他们就常年穿同样款式的衣服，这样就不用每天思考穿什么衣服，能省下更多心智带宽用在工作上。运用这种思路，你可以买一大袋麦片放在厨房，按月订好牛奶，每天早上直接在家门口取，这样你就不用每天花心思去想早餐吃什么，而是可以提前安排当天的工作、读书、锻炼，和孩子一起走路去上学等。

第二，你可以把那些复杂的重要决策，放在带宽充裕的时候去做。比如，肯尼亚的扶贫组织会在收获季节刚刚过去的时候，请肥料公司的人上门向农民提前销售肥料，等需要施肥的季节再送货上门。因为在收获季节，农民们手里资金充裕，更愿意考虑未来的事情，所以购买肥料的比例一下子从不到 30% 提高到了接近 50%。而如果等到施肥季节到来的时候再销售肥料给农民，他们手里的钱基本上已经所剩无几了，认知隧道导致他们把注意力集中在生活开支等更迫切的短期需求上，更难分出心智带宽去做长远打算。

同样的道理，你也可以把最重要的工作和决策放在心智带宽最充裕的时候来做，比如每个周一和每天刚到公司的第一个小时。在这些时间，各种任务还没有蜂拥而至，你可以更好地思考最重要的工作。而如果等到每周五或者快下班的时候再考虑那些困难的复杂问题，你就更有可能仓促地做出错误的决定。

创造余闲，让自己有能力去思考

人在稀缺的状态下还很容易采取一种错误行为，那就是“透支”。

在不能按时完成那些重要又紧急的工作时，你会自然而然地推迟其他的工作，这其实是在透支完成其他工作所需的时间。在这个过程中，不仅你原有的计划会被打乱，团队也不得不加班，导致工作效率降低，也会更容易犯错，进一步打乱工作计划，陷入一种恶性循环。透支造成的结果就是，你在四处灭火的同时，还在四处点火。

要避免出现这种情况，最有效的方法就是主动创造“余闲”。**所谓余闲，就是要留有余地，拥有一些闲置的资源、时间和金钱，这样不论是人或组织发生意外，你都能从容不迫地应对，不干扰原有的工作计划和节奏。**想象一下，当你去旅行的时候，如果每次都把行李箱塞得满满当当，每天都要花大量时间整理，买个纪念品还要考虑行李箱还有没有空间。而当你行李箱中还富有余裕时，你就可以更放松地欣赏沿途风光，把精力花在更值得的地方。

当然，余闲的作用远不止于此，我还想给你举个例子。

圣约翰医疗中心是位于美国密苏里州的一家提供急诊服务的医院。每年，医院里的 32 间手术室要进行多达 3 万台手术，手术室的日程被安排得满满当当。2002 年，这家医院手术室的使用率甚至达到了 100%！当出现需要紧急医治的患者时，医院就不得不把之前安排好的手术往后推。由于存在手术室稀缺的情况，医生有时甚至要在凌晨两点钟做手术，他们也常常会为进行一台两个小时的手术而等待十几个小时，包括护士、护工等在内的其他员工也经常要在毫无准备的情况下加班加点地工作。

正是因为手术量超出了手术室的接纳能力，圣约翰医疗中心深陷稀缺陷阱无法自拔，医院不得不把已经安排好的手术往后推，医生、护士也因为睡眠不足而烦恼焦躁不已，这些情况严重影响了圣约翰医疗中心的运营效率。于是，医院的管理层从美国医疗卫生改善协会请来了一位顾问。这位顾问在医院调查了一番之后，给出了一个解决办法，这个解决办法匪夷所思：他建议医院把 32 间手术室中的 1 间空出来留作备用，不安排任何手术计划。毫无疑问，这个建议遭到了医院上下的一致反对。医生们都表示："手术室已经严重不够用了，你还要我们再空出一间手术室，简直是疯了！"

虽然有所怀疑，但医院还是按照专家的建议执行了。就在他们空出一间手术室专门处理计划外的急诊手术之后，医院的手术接诊率反而上升了 5.1%，每天下午 3 点之后进行的手术数量下降了 45%，医院的收入出现了增长，医生、护士的生活也逐渐有了规律。一个月后，医院决定把这种方法纳入正规流程。在随后的两年间，圣约翰医疗中心的手术接诊量分别提高了 7% 和 11%。

这位高明的顾问其实是换了一种眼光来审视手术室不够用这件事。从表面上看，圣约翰医疗中心缺的是手术室，但如果往问题的深层次来看就会发现，实际上，医院的手术可以分为两种——计划中的和计划外的。计划中的手术占满了所有的手术室，而计划外的手术是无法预测的，一旦出现特殊情况，如果没有空余的手术室可用，医院就要修改现有的手术时间表，付出高昂的额外成本，医院的运营效率自然会降低，员工们的状态也很难高涨。在这种情况下，每台手术所需的时间就可能会更长。

而如果没有计划外的手术插进来，仅仅执行既定计划，那么每个人都能在指定时间内做好自己的工作，以更高的效率完成计划内的任务，手术室也就不会出现短缺了。这位高明的专家洞悉了真正的稀缺出现在哪里，然后针对这一点提出了解决方案。可以说，**面对稀缺的威胁，余闲是最有力的武器。**

让我们回顾一下本章开头的那道思考题，假设你的交稿截止日期是明天，今天必须把文章写完，所以你计划去图书馆，利用晚上的时间完成这篇文章。你刚走到图书馆门口就看到一张巨大的海报，上面写着一位你倾慕已久的作家今晚将会在图书馆举办一场讲座。这时，你是会选择继续写完文章，还是去听讲座？

接着，你又看到另一张海报，得知隔壁的电影院今晚会上映一部你一直想看的外国经典电影。那么，你是会坚持在图书馆完成文章，还是去听讲座，抑或是去看电影呢？

在只有讲座这一个富有吸引力的选择时，60% 的人都会坚持去继续完成自己的文章，而当同时面对两个富有吸引力的、让人分心的选择，也就是既有讲座又有电影可以选择的时候，80% 的人会选择继续写完自己的文章。这是为什么？选择多了，不是诱惑更大了吗？其实不然。事实证明，人们在面临多重诱惑的情况下，更容易坚持最初的选择。

之所以会出现这种现象，是因为做选择非常不容易，需要你思考和比较，占用大量心智带宽。当选择只存在于听讲座和写文章两者之间时，你很容易分得清哪件事情更重要，是遵守约定完成文章，还是去满足自己见作家的愿望。但是，当第三个选择出现时，你就会开始盘算，究竟哪一个选择更好呢？面对多出来的选择，人们往往会陷入稀缺心态，做出这样一个决定："既然这么难选，那我还是继续去完成我的文章吧！"也就是说，**人们常常会通过坚持最初的计划，回避做出选择造成的心理负担，最终选择"不去做选择"。**

可以说，**稀缺会带来危害，本质上都是因为没有余闲。**你应该学会主动创造余闲，比如不要把工作排得太满，在两个会议之间留出一段时间，防止前一个会议拖延，导致你在紧张的状态下做出一些错误的决定，同时也让自己休息一下，以更好的状态开始下一项工作。

稀缺心态是大部分人陷入"越忙越穷、越穷越忙"这个恶性循环的根源。摆脱稀缺，拥抱余闲，才能让你进入良性循环，以更快的速度前进。请记住，余闲不是对资源的浪费，而是高效工作的保证。

据说，一些国家领导人就算思考的事情再重大，也会忙里偷闲去打桥牌。一个强大而自信的人，不在于他做了多少事情，拥有多少资源，而在于他主动放弃了什么，选择给自己创造多少“留白”。只有拥有余闲，你才能以最好的状态走向成功，走向真正的财务自由、时间自由，更重要的是精神自由。

19

三种方法，
帮你有效积蓄心理能量

要让自己像向日葵那样，
始终面对阳光，
怀抱着积极心态
看待这个世界，
不断积蓄正向的心理能量。

思考力训练

作为一位管理者，我有时会碰到这样的情况，员工提出离职讲述原因的时候对我说：“在工作中，我常常感到自己是在单打独斗，这让我产生了无力感，慢慢地就变得非常消极。如果团队成员和领导能够早些帮助我，也许不至于出现目前的状况。”这是非常遗憾的，相信每一位管理者都不希望看到这种情况发生，如果是你听到这段话，你会选择下面哪一种回应方式呢？

1. 你说的情况非常严重，我会找你的领导谈谈，他应该给予你更多的帮助，这类事情不能再发生了。
2. 我们确实需要增加更多的培训，部门主管和资深员工也应该为普通员工提供更多帮助。
3. 在你需要帮助的时候，请尽管开口，你的同事、部门主管和我都非常愿意在第一时间帮助你。在每个你需要大家的时刻，请直接讲出来。

我的建议是第三个选项。相关研究表明，想要求助的人往往会低估别人提供帮助的意愿和程度。研究者曾经做过这样一个实验。他们请被试预估，需要对多少人发出请求才会有 5 个人愿意配合填写一份调查问卷，被试估算的平均值是 20 个人，但当他们真正去请求别人帮助填写调查问卷时，平均只询问 10 个人就完成了任务。也就是说，我们大致会把别人提供帮助的意愿低估 50%。向别人求助，得到帮助的人不仅可以解决自己遇到的具体问题，也可以补充心理能量，从而在职场上获得更好的发展。

在职场上前进，人们时刻都需要心理能量的驱动。做一次判断决策要消耗心理能量，进行一次艰难的沟通要消耗心理能量，在遇到挑战、冲突、挫败的时候更是会消耗巨大的心理能量，因为我们需要回到自己内心寻找勇气和动力。

然而，心理能量终归是有限的，哪怕是一个天生内心强大的人，面对接踵而至的困难和挑战，也早晚会被“掏空”。所以，你需要提前掌握一些方法和技巧，在平时积蓄心理能量，在遭遇挫折时正确处理自己的负面情绪，帮自己迅速走出低谷振作起来，更好地在职业发展轨道上快速前进。下面我就为你介绍三种简单又好用的方法。

方法 1
积极情绪档案袋，让你随时随地乐观起来

很多时候，挫折和变故都是突然来临的，经常会让你猝不及防。所以，你应该在平时就主动地为自己建立“积极情绪档案袋”，让自己在需要的时候，能随时随地提取积极情绪，恢复心理能量。

积极情绪档案袋，是心理学教授芭芭拉·弗雷德里克森在《积极情绪的力量》里提出的一种方法。你要把能让你产生积极情绪的事物的纪念品装进一个档案袋，比如把过去一周发生的关于喜悦、感激和爱的东西都记录下来归档保存。

这个档案袋就好比一个储蓄账户，能让你在需要的时候随时支取

积极情绪。当你感觉自己陷入情绪低谷的时候，就可以打开这个档案袋，欣赏里面的照片、信件、留言、礼物等，提醒自己生活其实充满着美好与温暖。这些直观的提示，常常能为你再次注入活力，激励你继续前进。

弗雷德里克森还把积极情绪档案袋分为10个类别，包括“喜悦档案袋”“感激档案袋”“宁静档案袋”“兴趣档案袋”等。我们可以把能激发出相应情绪的物品放入对应的档案袋中，给档案袋贴好标签，这样，当我们需要唤起某种具体的情绪时，就会更加得心应手。

为了让人们更有效地利用积极情绪档案袋，弗雷德里克森还给出了一个建议，那就是在建立每一种情绪档案袋之前，记录者要先问自己几个问题。如果你要建立一个“喜悦档案袋”，就要先想一想，上一次感觉到特别高兴是在什么时候？什么事情触发了你的这种情绪？什么活动是你最愿意参与其中的？等等。当思考完这些问题，你就会发现，原来自己一直生活在一个积极情绪的宝库之中，你竟然拥有如此多的创造积极情绪的资源。

在使用积极情绪档案袋的过程中，你还要经常地扩充它们、更新它们，让它们保持在最佳状态。尤其需要提醒你的是，你对这些积极情绪档案袋要保持一种放松的心态，不要特意去分析它们，这样才能最自然地触发你内心的积极情绪。

建立积极情绪档案袋的过程，其实就是让你去观察自己的情绪，将转瞬即逝的积极情绪保存起来。雕塑艺术家罗丹说过：“生活中从不缺少美，缺的是发现美的眼睛。”无论是欢笑还是爱意，这些积极情绪一般都不能持续很长时间。而如果你建立了积极情绪档案袋，**当你再次被消极情绪的乌云所笼罩时，就可以把储蓄的积极情绪“拿”出来，用它们重新照亮你的生活。**

方法 2
ABCDE 法则，帮你养成“习得性乐观”

湛庐的一位超级用户欧阳是一名房产销售员，他每天都要花大量时间打电话给素不相识的人来开拓业务，但常常一无所获。比如，有些人一听到他是房产公司的销售员就把电话挂掉了；有些人会告诉他，自己近期没有任何租售房屋的计划；甚至有人在电话里跟欧阳聊起了球赛，在聊了许久之后，欧阳才发现这个人根本没有经济能力买房；还有些人会在挂断电话的时候警告欧阳别再骚扰他。类似的情况每天都会发生，这让欧阳感觉很沮丧，甚至怀疑自己是否适合这份工作。

其实，不只是销售员常常会有这样的感觉，很多其他行业的从业者也是如此。比如，教师在面对不求上进的学生时，会觉得不管自己如何努力改进教学方式，这些学生还是不想学习；护士在面对患者的苛责时，会觉得自己的付出不被人认可；职业经理人也会感觉不知道员工究竟在想些什么，很难帮助他们培养责任心和提高积极性。

其实每个人都难免要经历挫折和失败，不可避免地产生消沉、自我怀疑等消极情绪。而那些取得了更大成就的人，他们并不是不会失败，而是能从挫折中快速恢复过来。心理学上的ABCDE法则就是一个有效的工具，它可以帮助你正确看待失败的原因，重拾信心再次上路。

在ABCDE法则中，A代表的是碰到了不想要的情况，比如欧阳作为销售员遭到了别人的拒绝；B代表的是这些情况在人们心中汇聚成了一种想法，比如欧阳觉得自己可能不适合做一名销售员，自己的销售技巧有问题、缺乏沟通天赋，等等；C代表的是这些情况和想法带来的后果，比如欧阳感到非常沮丧，不想继续打电话给客户，甚至想换份工作重新开始。

面对这样的ABC连锁反应，如果欧阳不能打破自己心理上的悲观解释，那么就算换工作也无济于事，他还是会一次又一次地陷入这种心理循环当中，不断遭遇类似的危机。那么要怎么做呢？“积极心理学之父”马丁·塞利格曼（Martin E. P. Seligman）[①]给出了应对ABC心理反应的DE法则，包含两个步骤。

第一步，也就是D代表的自我辩驳。欧阳可以把自己的负面想法写下来，逐一寻找可能的原因，像是“客户正在做重要的事情，所以他挂断了我的电话”“客户也许现在心情不好，或者身体不舒服，所以态度有些不耐烦”，等等。你要尽力寻找所有可以支持自己的证据，强调事情没有那么糟糕，其中的关键是通过这个过程，改变自己对事情的解释风格。

---

① “积极心理学之父”，美国著名心理学家。他的幸福四部曲《真实的幸福》《认识自己，接纳自己》《教出乐观的孩子》《活出最乐观的自己》及自传《塞利格曼自传》已由湛庐策划，分别由浙江人民出版社、浙江教育出版社、北京联合出版公司出版。——编者注

塞利格曼的研究表明，遇到不如意的事情，如果你习惯用内在的、永久的、普遍的、人格化的原因来解释，那么这就是一种悲观的解释风格，会让你缺乏自信甚至抑郁，长此以往会导致**“习得性无助”**，更容易放弃。而如果你习惯用外在的、暂时的、偶然的原因来解释，那么这就是一种乐观的解释风格，会让你逐渐拥有掌控感，变得有信心，喜欢迎接挑战，获得**“习得性乐观”**，这会带来更多成功的可能性。

第二步，也就是 E 代表的激发行动。你要进一步激发事件的积极后果，为后续发展列出各种可能性。你要从最大、最难的选项开始，让选项范围逐步变得小一些、容易一些，而且要至少列出 5 个可能的方案。假设你要向客户推销方案或产品，你可以准备的方案有以下几种。

- 为客户准备一个免费试用礼包，如果客户接受，根据互惠原则，他大概率会回应你接下来的要求；
- 为客户准备一个价格高，价值也高的方案；
- 如果客户没有接受上一个方案，再给出一个价格和价值都适中的方案；
- 如果客户还是不接受，再给出一个价格和价值都较低的方案。这时候，他已经连续对你说了两次“不”，如果他是你真正的潜在客户，那么，根据知觉对比原理①，他与你成交的可能性就会非常大；
- 如果客户依然拒绝了你，你可以请他介绍几位可能会对你的产品和

---

① 知觉对比是人类在认知方面的一条原理，主要作用于我们如何看待不同事物之间的区别。例如，我们在搬东西时，先搬轻的、后搬重的，我们就会认为第二件东西比实际上更沉。——编者注

服务感兴趣的朋友。如果没有对你提出的前几个选项的拒绝，那么他很可能不会帮你推荐，但由于他已经连续对你说了好几个“不”字，因此他会感到愧疚，在心理上，他需要通过答应你最后这个小小的请求来换取心理平衡，所以，他答应你最后的请求的可能性会增大很多。这个过程符合“拒绝－后撤”法，通过对客户的不断让步，以及互惠原则和知觉对比原理的共同作用，你获得成功的概率将大幅提升。

ABCDE 法则教你的是，在工作不顺利、碰壁时，你应该对自己说什么。它不是要教你对别人说什么，而是告诉你在别人拒绝你的时候，你应该对自己说什么。一旦你拥有“习得性乐观”，养成与自己的消极想法进行辩驳的习惯，你就会越来越快乐，越来越积极，不畏任何挑战。

方法 3
具身认知，快速改善你的情绪状态

在职场中，面试时的紧张感，商务谈判时的压迫感，构思创意时的焦虑感，这些情绪状态会严重影响你的发挥，你不仅没有足够的时间去缓解和释放，而且还需要立刻做出调整。这种时候，你就可以利用“具身认知”，快速地改善自己的情绪，提升你的状态表现。

所谓具身认知，指的是人类所有的认知功能，包括情绪等内在感觉，归根结底都源于我们自身的感觉系统和运动系统。也就是说，你身体的感觉会对你的头脑产生强大的影响。这意味着，你不仅会通过身体来表达情绪，还可以利用身体反过来影响情绪。

我来给你举个例子。德国和瑞士的科学家在研究中发现，肉毒杆菌可以有效缓解抑郁状态。他们招募了一批重度抑郁患者并将其随机分成两组，分别在被试的脸部注射肉毒杆菌和安慰剂，当然，患者本人并不清楚自己被注射的是哪一种。结果，那些注射肉毒杆菌的患者抑郁的严重程度平均缓解了47%，而那些注射安慰剂的患者则没有显著变化。这是因为，在注射肉毒杆菌后，患者眉间、眼角的皱纹消失了，哪怕有消极情绪产生，也无法做出皱眉的表情，大脑就接收不到皱眉的反馈信号，处理消极情绪的脑区也就没有以前那么活跃了。这个时候，大脑会认为“没有发生什么不高兴的事情”。久而久之，大脑长期接收不到消极情绪的信号，患者的抑郁状态也就明显缓解了。

其实，每个人在生活中都会下意识地利用具身认知调整自己的情绪状态。比如，当感到紧张的时候，我们会通过深呼吸来让自己保持平静；当感到孤独无助的时候，我们握住一杯热水就能得到一些安慰感；当别人生气的时候，我们会抚摸他的后背来帮他消气。

在面试或者商业谈判这样的职场环境中，我们也可以利用具身认知来给自己创造积极情绪，帮自己进入更好的工作状态。当面对面试官或者谈判对象的时候，你可以挺起胸膛，打开双肩，微微抬起下巴，控制自己的呼吸频率，两脚平行踏在地面上。把自己调整到这样的姿态以后，你的自信感也会油然而生，同时，你的这种积极的身体姿态也会感染到对方，并且在对方心里留下一个好印象。

说到底，心理能量始终处在动态调整之中，有时消耗得多，有时消耗得少。而有些重要的事情，比如复杂的决策，你不能因为它消耗心理能量多就不去做。你要做的，应该是积极建设自己的心理状态，预存足够的心理能量，并且在损耗之后及时补充。

哲学上讲“量变引起质变”，积蓄心理能量一开始的效果可能并不明显，但如果你能多给自己一些耐心和时间，长期积累，就会从根本上发生改变。**要让自己像向日葵那样，始终面对阳光，怀抱着积极心态看待这个世界，不断积蓄正向的心理能量**，在遇到困难与挫折之后及时调整心态，更快更好地从情绪低谷中走出来，勇于去挑战困难但更有价值的事情，这样人生之路自然就能走得更宽、更远。

20

三种方法，
让消极情绪转化成职场动力

世界上没有垃圾，
只有放错位置的财富。
世界上也没有心理垃圾，
只有放错位置的消极情绪。

思考力训练

在一个实验中，研究人员按照参与者的焦虑程度，把他们分成了“焦虑组”和“非焦虑组”，然后告诉他们，有一台电脑感染了病毒，必须马上找到这台电脑的主人并向其发出通知。在实验中，参与者需要突破研究人员提前设置好的重重障碍才能完成任务。

你认为在这个实验中，“焦虑组”和“非焦虑组”哪一方完成任务的情况更好呢？

实验结果发现，“非焦虑组”的人更容易被这些障碍分心，完成任务的情况并不好；而“焦虑组”的人更有可能做到集中精力、拒绝额外的请求，成功地绕过这些障碍。

你知道吗？只要方法正确，消极情绪其实也能给你的工作和生活注入积极的能量。

乍一听这句话，你也许会觉得这是在“灌鸡汤”，甚至觉得这完全是胡编乱造。因为在大多数人的认知里，消极情绪总是和障碍、负担、陷阱这些负面影响挂钩，是我们唯恐避之不及的。但是，“世界上没有垃圾，只有放错位置的财富”。世界上也没有心理垃圾，只有放错位置的消极情绪。如果把消极情绪放到合适的位置上，它就能变废为宝，转化为心理能量，推动你的工作和生活更好地发展。

让“不开心”成为工作的好帮手

任何人在工作和生活中都有可能落入情绪低谷，感到消沉郁闷，对什么事情都提不起兴趣。很多人在感到不开心时，会习惯停下手头的工作，等到消极情绪被压下去之后，再继续投入工作当中。因为大家相信，这种不开心的状态肯定会对工作的质量和效率造成负面影响。但是，《消极情绪的力量》[①]的作者、心理学家托德·卡什丹（Todd Kashdan）却认为，**不开心也有积极的一面，它能帮助你把一些事情做得更好。**

有这样一个实验可以证实卡什丹的观点。在实验中，研究者让参与者看了 15 个主题相似的词，包括“卧床”“休息”“疲倦”等。接着，研究者会问参与者有没有看到“睡觉”这个词。其实那 15 个词里并没有“睡觉”，但是感到开心的人回答“有”的比例要比不开心的人高出 50%。

这是因为，开心的人处于一种心满意足的状态，他们的思维特征是“概括式”的，更容易忽略细节。所以，当他们看到“卧床”“休息”“疲倦”这些词的时候，就更有可能概括出“睡觉”的状态，联想到这个词。而那些不开心的人处于一种不满和失望的状态，所以对细节更敏感。他们的思维特征更偏向“分析式”，更容易发现错误和危险。

---

① 颠覆你对消极情绪的全部看法，带你认识消极情绪的积极力量。《消极情绪的力量》中文简体字版已由湛庐策划、由浙江人民出版社出版。——编者注

从这个实验中我们能进一步得出一个结论，那就是有两类工作更适合在不开心的时候去做，达到的效果会比在开心的时候做要更好。

第一类是说服性工作。不开心的人在讨论事情的时候，说服力更强。他们在细节表达方面的平均得分比开心的人要高出20%，在语言感染力方面更是高出25%。所以，当你下次感到不开心的时候，就可以从待办清单里选出一些说服性工作去做，比如跟客户讨价还价、向上司展示提案等，你会发现达成目标的成功率将提高很多。

第二类是评估性工作。研究者曾经做过这样一个实验，让参与者看一段录像，然后请他们分辨录像里的人有没有说谎。正常情绪状态下，参与者的正确率只有49%。但是在不开心的状态下，参与者的正确率提高到了62%。所以，你下次不开心的时候，就可以多做一些需要运用评估能力的工作，比如面试新员工、筛选供应商、审读合同等。你会发现，不管是评估的准确率还是工作的执行效率，都会比开心的时候提升很多。

当你需要做说服性或评估性的工作时，消极情绪就不再是一种负担，而是一种心理能量，能帮你更好地完成工作。你会发现，当你利用这些情绪完成这些有难度的工作后，你的情绪状态也会得到改善，能更好地投入其他工作当中。

那么，具体要怎么做才能更好地把消极情绪转化成心理动力呢？我有三个方法可以教给你。

方法 1
利用焦虑，开启自己的“生物报警器”

焦虑，是职场人谈论自身情绪时会用到的一个高频词。很多研究表明，长时间处在焦虑状态，会影响一个人的健康，让人早衰。所以我们在提到焦虑时，常常会加一些前缀，比如“对抗焦虑”“消除焦虑”“战胜焦虑”等，把焦虑看作势不两立的敌人。

但是，适当的焦虑其实可以提升你的某些能力。就像运动员在百米比赛起跑前会先调动自己进入紧张状态，以此增加肾上腺素分泌，让心跳加快、肌肉紧张，刺激全身所有器官进入“临战”状态，这个时候，只要听到发令枪响，他们就会像离弦之箭一样飞奔出去。

那么焦虑能提升你的哪些能力呢？

首先，**焦虑可以提升你的专注力。**回到本章开篇的思考题，研究人员按照参与者的焦虑程度，把他们分成了“焦虑组”和“非焦虑组”，然后告诉他们，有一台电脑感染了病毒，必须马上找到这台电脑的主人并向其发出通知。

研究人员在参与者寻找电脑主人的过程中，悄悄设置了四道障碍：第一个障碍是让参与者填写一份调查问卷；第二个障碍是当参与者找到电脑主人所在的办公楼之后，要帮大楼管理员复印一些文件，否则就无法得知电脑主人所在的房间号；第三个障碍是当参与者来到电脑主人的办公室门口时，却看到门上贴着“有事不在，请稍等”的字条；第四个障碍是安排一个学生故意撞上参与者，然后把手里的一摞纸撒得到处都是。

实验结果发现，“非焦虑组”的人更容易被这些障碍分心，完成任务的情况不太好；而“焦虑组”的人就能做到集中精力、拒绝额外的请求，成功地绕过这些障碍。

其次，**焦虑可以提升你的感知力。**在另一些实验中，研究人员发现，焦虑能打开大脑应对危险情况的“开关”，全面提升感知力，包括强化视觉、听觉，让人能看到更远的东西，过滤掉噪声的干扰，等等。随着感知力的增强，人们的反应力、分享欲和侦查力也会跟着增强，更容易发现潜在的危险，还会立刻向周围的人发出警告。如果这些警告没有得到周围人的支持，人们还会进一步转入侦查模式，主动去搜集更多的证据来说服别人。

焦虑并不像人们通常理解的那样一无是处。了解到焦虑的这些积极作用，你就可以聪明地利用它。比如，你可以在团队成员里增加一个容易焦虑的“哨兵”，发挥他感知力强的特点。当他给出一些预警的时候，不要责怪他的“大惊小怪”，也不要因为他预警失准而去打击他的积极性。因为当罕见而致命的危险真正来临时，如果没有他进行“焦虑提示”，整个团队就会面临不可估量的损失。所谓“生于忧患，死于安乐”，其实就是这个道理的某种体现。

焦虑是自然选择的结果。在漫长的演化过程当中，焦虑一直都在帮人类躲避和应对各种危险情况。所以，我们应该公正地看待焦虑情绪，不要一味地想着对抗、消除、战胜它，而是要学会把焦虑情绪当作自己的“生物报警器”，把它转化成有价值的心理能量，发挥它的积极作用。

方法 2
主动表达脆弱，把消极情绪化作求助信号

在职场中，很多人在遭遇挫折、感到压力时，都会尽量在别人面前故作坚强镇定，以掩盖自己脆弱的一面。可越怕被看作弱者，越是逞强，就越有可能犯下更大的错误。因为这个社会正在变得越来越复杂，社会分工也越来越精细，即使是一件很小的事情，你可能也没办法独自完成，你总是需要别人的协助。尤其在职场当中，当你需要和其他人合作时，你就应该有意识地给别人机会，邀请他们参与讨论，发挥每个人的独特优势，而不是什么都要一个人来扛。**要做到与他人顺利合作，主动表达脆弱就是一个好办法。**在某些极端的情况下，展现脆弱甚至能挽救生命。

1989 年 7 月 19 日，美国联合航空公司 232 次航班从丹佛飞往芝加哥，机上有 285 名乘客。在最初的 70 分钟里，一切进展顺利。然而在下午 3 点 16 分，飞机尾部突然传来巨大的爆炸声！飞机猛烈震动起来，然后开始向上攀升并向右严重倾斜。

事后调查人员发现了爆炸原因，是机尾发动机内部一个直径约两米的风扇上有一处微乎其微的裂缝。然而，这次爆炸的后果却远远不止发动机报废，飞机起落架也出了问题，没法正常降落，这意味着飞机只能在天空中打转，直到燃料耗尽坠毁。这种情况发生的概率极低，大约只

有十亿分之一，飞行操作手册上完全没有相关的应对方法。

那机长他们做了什么呢？你可能会认为，机长大概是勇挑重担，沉着冷静地指挥机组成员，告诉其他人该怎么办。但实际情况却是，事故刚发生的时候，机长确实下意识地握紧了操作杆，对副机长说自己已经控制住了飞机。但是很快，机长就意识到自己一个人无法应对，他马上向机组成员和乘客们说明了情况。巧合的是，乘客当中有一位经验丰富的飞行教官，他自告奋勇来到驾驶室，希望能提供帮助。不过他们面对的情况实在是太复杂了，三位飞行员都不知道该怎么办才好。他们只能互相商量，机长甚至主动把自己的操作席让给了飞行教官。

他们一起紧急商议之后，想出了一个操作手册上没有的办法：既然飞机一直向右偏转，那就加大右侧发动机的推力，减小左侧发动机的推力，这样就能让飞机重新恢复直线飞行了；液压装置坏了，起落架放不下来，他们就解除起落架的锁定装置，让起落架在重力的作用下自然下落；刹车出了问题，他们就直接用机身着地迫降。最终，飞机有惊无险地成功着陆，三位飞行员挽救了机上全体人员的生命。

在事后复盘的时候，经验丰富的飞行员在模拟器上再现了这架飞机的失控场景，一共模拟了 28 次，而每次的结果都是飞机坠毁。那为什么这三名飞行员能创造奇迹呢？原因在于，他们通过表达脆弱，向其他人清晰地传递了一个重要的信号——自己非常需要帮助。这种求助让所有人减轻顾虑，最大限度地发挥出了自己的潜力。试想一下，在危急时刻，如果机长或者飞行教官强硬地要求其他人必须听自己的，把时间花在虚张声势上，那后果一定是不堪设想的。

方法 3
建立“脆弱环”，用团队合力化解个体压力

职场中的绝大多数工作都需要团队合作，而一个团队往往是一荣俱荣、一损俱损的，一个人的失败，并不只是简单地导致团队的绩效降低，有的时候甚至可能导致整个系统的崩溃。

在工作中，你不仅要学会主动表达脆弱来促进团队成员之间的合作，还要注意观察你的同伴，留意他们发出的脆弱信号，建立起一个“脆弱环”。具体来说就是，你发出一个脆弱信号，对方收到之后会反馈给你一个脆弱信号，你收到他的信号之后，你们之间就建立起了一个反馈闭环，会增进彼此的信任，让大家的关系更亲近。

你要意识到，很多时候，虽然你的伙伴不会主动求助，但是他的一举一动可能已经包含了某种脆弱信号。你要做的，就是敏锐地捕捉这些信号，然后主动给他提供帮助。这种“润物细无声”的方式，既能悄悄地解决问题，又能保全对方的面子。

> 海豹突击队是全球闻名的特种部队，他们执行任务的环境非常苛刻，经常要孤军作战，长时间地执行任务。有些情况下，每个人的负重可能高达 50 千克，这对体能的要求非常高。此外，他们需要对前后左右、头顶脚下都时刻保持警惕，提前发现任何可能的威胁。这意味着，他们彼此之间必须有高度的默契，当有人发现队伍的某个方向没有人警戒的时候，就要立刻上去补位。

为了找到符合要求的队员，海豹突击队有着极为严格的筛选标准，虽然有资格来受训的军人已经是原来部队中的尖子了，但面对海豹突击队的“地狱周”训练，仍然只有10%的人能最终通过。在所有的训练科目中，有一项“原木体能训练”，它既考验体能，也考察合作精神。

“原木体能训练”用到的原木，每根长达3米，重达110千克，需要一组士兵才能举起。训练当中，士兵要合力把原木从一个肩膀换到另一个肩膀上，还要抱着原木做仰卧起坐，只有所有人同时用力，才能顺利完成这些动作。每次训练的时间长达90分钟，参与训练的士兵在体能上各不相同，有的士兵可能很快就会体力不支，而这意味着他在需要发力的时候会慢半拍，破坏整个团队的节奏，导致所有人都通不过训练。

这个时候，其实只要体力不支的士兵主动示弱，其他人也能配合他调整用力的节奏。可问题是，每个参与训练的士兵都不想承认自己的体能跟不上了，因为海豹突击队是精英中的精英，成为其中一员是所有军人的梦想，如果自己体能跟不上被教官发现了，就可能被淘汰出局。当然，如果因为一个人跟不上节奏，整组人也会被拖累。

如果想让自己这一组顺利完成训练，就需要同组的所有士兵都主动观察自己的同伴，捕捉其他人释放的脆弱信号，发现有人慢半拍的时候就配合他的节奏来发力，让所有人重新保持同步，这样才能完成训练。

其实，人类的每一次进步都是在积极情绪和消极情绪的共同作用下达成的。就像电影《头脑特工队》告诉我们的道理一样，无论是积极情绪还是消极情绪，它们都是人类在进化过程中获得的，目的是保护我们、帮助我们，而不是伤害我们。

西方有一句谚语："每朵乌云都镶着一道金边。"人的消极情绪就像乌云一样不可避免，但任何事物都有两面性。当你学会有效利用这些消极情绪的正向价值时，你就会发现，这些曾被你视为累赘的消极情绪，也能转化为宝贵的心理能量，更好地助力你的职场发展。

21

复原力，
让逆境成为炼就你的熔炉

杀不死我的，
只会让我更强大。
——尼采

思考力训练

《易经》是人类历史上最古老的著作之一，它的起源可以追溯到5 000年前，你知道它的书名表达了什么含义吗？

1. 变化是永恒的；
2. 变化是生活中唯一稳定的参照点；
3. 永无休止的变化过程是简单易行的和自然的。

其实《易经》这个书名同时表达了如上三层含义。关于变化的恒久性，并不仅仅是中国古代的圣贤们观察到了，古希腊哲学家也对此有所关注。比如，赫拉克利特曾经说过，一个人不能两次踏进同一条河流，他所秉承的哲学观念就是一切事物皆在永恒的变化之中。

当今这个时代充满了不确定性，商业环境永远在快速变化，机会越来越多的同时，人们遭遇失败和挫折的可能性也越来越大。一般的失败也就罢了，但如果真的碰上那种毁灭性的灾难和打击，你觉得自己能挺过来吗？你能做到“大不了从头再来”吗？

其实，越是身处复杂易变的环境，越是面临巨大的风险和不确定性，你就越需要提前做好准备，拥有强健的复原力。

化危为机，从毁灭性压力中反弹

有个小伙子叫比尔，他在大学主修的是音乐课程，毕业之后和朋友一起组建了一家小公司，目的是创造出一种能让人迅速进入沉思状态的音乐，帮助人们提高学习力以及创造力，让意识更加清晰。公司成立一年来拥有了 43 个客户，略有盈余。

就在他们信心满满地畅想未来事业将如何发展的时候，发生了一件对他们这个小公司来讲可以称得上是灾难的事件——比尔收到了法院的传票。一个竞争对手控告他们窃取了自己公司的音频技术、客户名单等，比尔的公司如果要应对这个诉讼，需要花费 15 万美元以上的诉讼费，但是当时公司的账户上只有 5 000 美元。

比尔的合伙人建议，干脆把公司关了，反正公司规模目前也还不算太大。但是比尔不甘心，他不希望一个商业流氓用一个莫须有的罪名就把自己的梦想给毁了。他的合作伙伴想要退出，于是比尔就花一美元买下了合作伙伴持有的股权。

比尔一直秉承着一个理念——**逆境中同时孕育着希望的种子**。所以，他强迫自己打起精神，开始思考这起诉讼可能给自己的公司带来哪些潜在的好处。这个想法听起来有一些荒谬，被起诉赔偿 100 万美元，其中还会有什么好处吗？比尔自问：“如果我的公司是值得花费 15 万美元来捍卫的品牌，那么它应该是一家什么样的公司呢？”在他的构想里，他的公司会有一个总部，自己也会成为一位颇有声望的创作者，经常在一些论坛上发表演讲；公司将有成千上万遍布世界各地的客户，每年有几百万美元的销售额；他的公司将成为世界上最大、最成功的帮助个人和组织成长的品牌之一。

比尔把这些“异想天开”的梦想写了下来，并在此基础上构建了自己的短期、中期和长期目标。然后，他从自己构想的第一步出发，精心设计了一则广告。经过他的努力，这个微小的起步真的起作用了，这则广告为公司招揽来了客户并让公司赚了钱。接着，他一个接一个地认真践行自己列出的后续目标，结果大部分目标都实现了。

比尔不仅成功地击退了诉讼，而且在 15 年之后，他的公司果真如他当初设想的一样，建起了总部大楼，拥有了很多员工，分公司遍布全世界 100 多个国家和地区，成了一个非常有影响力的品牌。比尔还出版了两本书，经常在论坛上发表演讲，甚至曾被联合国邀请去做以价值观为主题的报告。

在这个故事中，比尔就是典型的拥有很强复原力的人。**复原力指的是，一个人在遇到困难时从毁灭性的、难以承受的压力中反弹的能力。**能在逆境中生存的人，可以用科学的方式面对生活中发生的不幸，当压力和伤害来临时，他们允许自己感到悲痛、愤怒或失落，但是他们不会让这些负面情绪持续存在，而是会采取一系列行动，逐渐抚平自己的伤口，变得比以前更强。

复原力是我们必备的一项技能，特别是当你的生活遇到干扰或者重创时，拥有复原力会使你获得新生，变得更好、更强、更富足。

因势利导，发挥随机应变的潜能

复原力这种心理机制听上去很厉害，你一定很好奇它是如何发挥作用的，下面我就来给你讲讲。

我曾经在世界上最大的出版公司之一西蒙 & 舒斯特（Simon & Schuster）工作过，当时公司有一类非常特别的宣传用品，是一种叫班迪球（Bandy ball）的橡胶软球，弹性和韧性都非常好，我们常常会把书籍的广告印在这种软球上。这种软球的背后也有一个关于复原力的故事。

> 有一个小伙子名叫丹，他在一个非营利性组织工作，这个组织致力于为残障人士寻求工作机会。20 世纪 90 年代，由于美国的经济非常不景气，失业潮来临，丹的很多同事都担心那些自己想扶助的残障人士还没失业，自己反而会先失业，丹也在准备转行，并开始寻找机会。
>
> 一次偶然的机会，丹遇到了一位印刷厂的销售员，这位销售员向他展示了一种可以把公司的名称印在橡胶软球上的新工艺，丹随即萌生了一个想法。他想，也许残障工人们可以制作这种橡胶软球，并在软球表面印上广告，然后卖给有需要的企业，这也许能成为一种非常有效而独特的营销工具。
>
> 说干就干，丹做了一些样品展示给一些公司。令他感到非常高兴的是，很多公司都对这个产品有兴趣，我所在的西蒙 & 舒斯特出版公司以及沃尔玛公司就是丹最初的一批客户，后来很多医药公司也跟他签订了采购合同，用这种软球来推广自己的新药。丹凭借自己不轻言放弃的精神、巨大的勇气以及创造

性解决问题的思路，让很多残障工人都保住了工作，而在同一时期，美国有成千上万的正常人却丢掉了工作。

当经济不景气和失业大潮来临时，丹并没有让自己情绪化或者失控，也没有抱怨经济不景气毁了自己的生活。**他的选择是充分接受现状，不抱怨、不愤怒，这反而能让他冷静下来，清醒地对现状进行思考，从更多的视角来分析目前的局面，这样才有可能让自己的创造性思维发挥作用。**这种创造性思维正是拥有强健复原力的人所具有的显著特征。

你可以选择逃避或者抵抗正在进行中的变化，但你的生活会因此变得更加艰难。你也可以选择适应变化，不断转变，激发出更多的可能性，走向成功和幸福。

古代先哲的教导和心理学家所发展出来的复原心理学都在强调，我们生来就能学会如何理解，如何轻松自然地应对持续性、破坏性的变化。**唯一不变的只有变化本身，所以，我们要对新的状况保持好奇心，这样可以让自己的复原力变得更强。**虽然我们不知道未来会发生什么，但只要复原力足够强，我们就有能力推动事情向更好的方向发展。

翻转思维，动态看待失败与挫折

要拥有强健的复原力，不仅需要你保持好奇心，对新状况做出适当应对，还需要你能从失败当中最大限度地汲取营养。

曾经有一个怀揣文学梦想的年轻人，他花费了数年时间仔细研究海明威、福克纳等作家的创作特点，然后写出了自己的小说处女作。但是，他的这部信心之作却被出版社退稿了，编辑甚至在退稿信里建议他放弃写小说。后来，这个年轻人一次次地把书稿寄给不同的出版商，却一次次收到相同的答复——退稿。在数不清被退稿多少次后，终于有一个出版商答应出版这部小说，可是在小说出版后不久，这个出版商竟然人间蒸发了，年轻人不仅没拿到一分钱稿费，还倒贴了全部出版费用。遭遇挫败的年轻人在报社找到了一份记者的工作，利用闲暇时间继续搞文学创作。然而，因为一篇揭露现实的报道，他得罪了相关利益集团，被迫流亡海外。身处异乡的年轻人身心俱疲，生活上更是穷困潦倒。虽然他在朋友的帮助下成为一名电影编剧，陆续写出了几部剧本，可都反响平平。与此同时，他还是没有放弃文学梦想，陆续发表了一些小说，可这些作品同样鲜有读者问津。此时，这位“年轻人”已年近40，依然籍籍无名。

不过，这位人到中年的作家并没有日渐消沉，把过去的失败看作一无是处的经历，而是将其视为培育成功的土壤，最大限度地从中吸取养分。他在构思下一部小说的时候，把那些被退稿的作品重新整理修改，提炼出有张力的情节，组合成一个宏大的新故事。同时，他利用以往做新闻记者、电影编剧的经验，把这个故事描写得既像新闻报道一样真实可靠，又像神话传说一样充满不可思议的想象力。两年后，他写完了这部小说，小说的名字叫作《百年孤独》，这位作家正是诺贝尔文学奖获得者、哥伦比亚著名作家加西亚·马尔克斯。

在此之后，马尔克斯如井喷一般接连创作出《族长的秋天》《霍乱时期的爱情》《迷宫中的将军》等多部广为流传的杰作。在马尔克斯成名之后，读者把他称为“天降之子”。但读完故事的我们知道，马尔克斯所谓的“天分”，其实是在不断的失败中摸索出的经验。这些“横空出世”的小说汲取了过去被退回书稿的灵感，是无数失败经验发酵后的厚积薄发。甚至可以说，如果马尔克斯早期创作顺风顺水，他可能就没有机会创作出《百年孤独》了。

相比文学创作，职场更加需要吸取失败经验的能力。在这个必须不断推陈出新的时代，大量的创新必然对应着大量的失败。可以说，失败和挫折是一种不可避免的常态，更是必要的经验。但是，有太多人把失败看作通往成功道路上的绊脚石，他们发自本能地厌恶失败，甚至会为了避免失败而扼杀创新。与此同时，也有很多人对于失败毫不在乎，他们错误地理解了“失败是成功之母”，误以为只要失败次数足够多就能自动转化为成功。

事实上，我们既要敢于创新、勇于试错，也需要正确看待失败。我们不是要追求“早失败、快失败”，那只是一种行为艺术。你真正应该做的，是追求把失败转化为成功的铺路石。**就像爱迪生说的：“我没有失败过，我只是发现了一万条行不通的路。”**所以，谁能让失败成为获得智慧的教室、创新的实验室和变革的催化剂，更有效地利用失败，谁就能更快地成长，顺利抵达成功的终点。

浴火重生，让创伤促进你的成长

普通的困难和挫折我们都能克服，无非是速度快慢而已。而当遭遇特别重大的人生变故之后，很多人都会被打击得一蹶不振。但是有些复原力强的人即便濒临崩溃，也能更好地修复自己的心理创伤，并且从中获得力量。

要做到这一点，就要跨越创伤事件带来的三种常见的悲伤情绪陷阱，分别是自我化、普遍化和永久化。这三种情绪陷阱对应的英文单词是 personalization、pervasiveness、permanence，首字母都是 P，所以也被称为“3P 理论”，这套理论是“积极心理学之父”马丁·塞利格曼在《活出最乐观的自己》中提出的。

> 谢丽尔·桑德伯格（Sheryl Sandberg）是 Facebook 的首席运营官，被媒体称为“Facebook 第一夫人”，曾登上过《时代周刊》的封面，被评为全球最具影响力的人物之一。然而在 2015 年，她的人生遭遇了一场重大变故，在一次全家度假途中，她的丈夫戴夫意外死亡，给她留下了一个 7 岁的女儿和一个 10 岁的儿子。那段时间，任何小事都能让她联想到戴夫，然后就是不能自已地伤心痛哭。
>
> 当时桑德伯格就陷入了三种负面情绪陷阱。第一种是自我化，指的是遭遇不幸者会认为发生的不幸全都是自己的错。比如，戴夫的尸检报告显示他死于从健身器械摔下来之后造成的头部创伤。而桑德伯格觉得如果自己早一点找到戴夫，他可能就不会死了。

第二种是普遍化，典型表现是遭遇不幸者认为不幸会影响到自己生活的方方面面。比如，桑德伯格重回 Facebook 上班的第一天，她在心烦意乱之下犯了一个错误，然后她为了弥补开始喋喋不休说个不停。后来她意识到，这其实是因为自己的情绪被悲伤占据，导致做事出现纰漏，但她却对自己的能力产生了强烈的自我怀疑。

第三种是永久化，具体表现是遭遇不幸者认为不幸和负面情绪会持续一辈子。丈夫去世之后，每一次孩子哭闹，或每逢节假日或纪念日的时候，桑德伯格的痛苦都会被进一步放大。她甚至想到，未来女儿出嫁的时候父亲却无法陪她参加婚礼的出场仪式，一想到这些，她就觉得失去丈夫的痛苦会持续一辈子，她和孩子们永远不会再有任何的快乐。

可以看出，桑德伯格经历了巨大的创伤性事件，当时很多人以为她会就这样垮掉。

但是她并没有陷入长时间的消沉，在朋友的陪伴和开导下，桑德伯格意识到，自己虽然失去了丈夫，但还有很多值得庆幸之处。作为企业高管，她家里的经济状况并没有受到丈夫去世的影响。两个孩子都活泼健康，她还有很多亲朋好友帮忙。这让她重新找回了安全感，认识到幸福其实离自己并不遥远。

接下来，桑德伯格开始写日志记录自己的心情，在丈夫葬礼后的五个月内，她一共写下了 106 338 字的日志，这极大地帮助了她从悲伤中走出来。她曾在网上发布了一篇文章，在文章结尾对过世的戴夫说：“我会好好照顾自己和孩子，认真生活，但我一生都不会忘记你。”

与此同时，桑德伯格还积极学习心理学知识，把自己处理商业问题的逻辑应用到心理治疗与恢复领域。后来，桑德伯格把自己的这段经历和研究写成了一本书，希望能帮助有相同经历的人更好地面对伤痛与不幸，更快地走出阴霾，变得更加坚强。《连线》杂志评价桑德伯格是“用黑客之道打败了悲伤”。

2020 年，50 岁的桑德伯格对外宣布，自己再一次找到了爱情，并且已正式和对方订婚，双方在社交媒体上相约要共度余生，这一宣言收获了众多祝福。

桑德伯格说，抗打击能力就如同肌肉，你可以通过锻炼让它更强大。而这些科学的方法，就是你锻炼的指南。

桑德伯格所说的科学方法，与心理疗愈领域所说的“ THRIVE 模型”类似。

这个模型的提出者是《杀不死我的必使我强大》① 的作者、英国诺丁汉大学的心理学教授史蒂芬 · 约瑟夫（Stephen Joseph）。约瑟夫认为，有些人虽然经历过绝症、亲人离世等创伤性事件，但是他们能从这些经

① 诺丁汉大学心理学教授史蒂芬 · 约瑟夫重磅力作，为你揭示创伤后成长的五个阶段和三大关键。《杀不死我的必使我强大》中文简体字版已由湛庐策划、由北京联合出版公司出版。——编者注

历中获得积极的个人成长，在自我认知、重要决策、生活目标和亲密关系等方面发生深刻的改变。约瑟夫的研究指出，这些人的选择和行为都符合“THRIVE模型”，这个模型结合了创伤后心理压力应对练习和积极心理学的最新研究成果，由6个步骤组成，分别是评估自己的状态、在自己身上发现希望、用积极的态度改写人生故事、发现变化、评估变化及用积极的行动来证明成长。

当一个经历了重大变故的人按照这个步骤循序渐进地改变自己，就是在心底埋下了一颗成长的种子，最终会发生飞跃式的转变，这在心理学中就叫作“创伤后成长”。它并不代表心理压力和生活困难会彻底消失，它的真正含义是，你可以通过与逆境抗争，到达新的人生境界。在这个过程中，你会变得更加坚强，对生命产生更深刻的理解。

尼采曾经说过：“杀不死我的，只会让我更强大。”你要记住，失败、逆境和创伤是生命当中无法回避的东西。过去发生的事情没办法再挽回，你唯一能选择的是如何面对。你可以在失败的教训当中重新审视自己，把不幸的事情当作生命中的转折点。虽然并不是所有的成长都需要经历创伤和痛苦，但经历了创伤后的成长更加深刻。促成你成长的关键因素并不是创伤本身，而是你试着与创伤抗争并最终获得胜利的过程。只有这样，你才能成长为更智慧、更成熟的个体，重新体悟自己生命的意义。

22

自我实现，
找到超越工作的意义感

知道为何而战的人，
是不可战胜的。

思考力训练

第二次世界大战的时候，盟军的一家生产轰炸机零件的工厂面临一个难题，那就是工人们生产的零件经常会出现各种质量问题，给飞机的最后组装环节带来很多麻烦，生产出的飞机也更容易发生故障。你觉得以下方法中哪种能更好地解决这个难题呢？

1. 给表现好的工人更多的奖金；

2. 强化零件质检流程；

3. 让工人了解自己生产的零件是装在哪里、发挥什么作用的。

你的答案是哪一个？请给出自己的答案，并思考答案背后的道理。

工厂的管理者想了一个办法，他们找来一架完整的轰炸机摆在工厂里，让工人们能亲眼看到自己生产的零件是装在哪里、发挥什么作用的。这种方式产生了很神奇的效果，工人们在那之后主动地想了各种办法来改进生产工艺，不仅解决了零件的质量问题，还大幅提高了生产效率。

每个人在职场上打拼，其实都是在追求多个不同的目标，比如赚钱养家、结交朋友、满足好奇心等。虽然具体情况因人而异，但大致都可以按照马斯洛需求金字塔理论分成从低到高的五个层次，分别是生理需求、安全需求、社交需求、尊重需求和自我实现的需求。

但是，和一般人的认知不同，这五种需求的实现，并不是严格按照从低到高的顺序层层递进的，而是可以同时追求的。假如你在做一份自己发自内心喜欢且擅长的，还能获得尊重，能让你挣到钱的工作，可以说就是同时满足了这五种需求。

当然，想要从事这样的工作并不容易，现实世界总有各种不如意。与其抱怨自己没有得到什么，怨天尤人地指责客观环境，不如认真思考一下，你究竟能从当前的工作中收获怎样的意义。

这并不是所谓的自欺欺人或者“精神胜利法”，实际上，你越早在职业生涯中追求自我实现，就越能认清自己的长远目标，在这个过程里收获的意义感、目标感、使命感，能让你在工作中如虎添翼，更好地取得事业上的成功。

找到意义感，让自我发展进入良性循环

在职场上追求自我实现，首先要找到自己所做工作的意义感，这不仅能让你提高工作效率，还能帮你成为更卓越的自己。

三个石匠的故事你一定耳熟能详：第一个石匠说,“我在混口饭吃”；第二个石匠说，“我在做全国最好的石匠活儿”；第三个石匠仰望天空自豪地说，“我正在建造一座大教堂”。

第一个石匠和第二个石匠都有自己的目标，而且第二个石匠的目标还很远大，要做全国最好的石匠活儿。而第三个石匠的荣誉感和自豪感溢于言表，他从工作中收获的意义感，让他不仅不会磨洋工，还会勤于磨炼自己的手艺，关注工程的整体质量，主动和他人协作。因为他清楚地认识到，自己工作的最终目标是对建造大教堂做出贡献。所以，理所当然地，这样的人工作成效更显著，进步速度会更快，也更容易晋升到重要的岗位上，进入职业发展的良性循环。**可以说，最有效的激励，其实就在你的内心当中。**

工作的意义感对于组织的进步同样重要。加州大学和宝洁公司曾经合作进行过一项研究。他们追踪了全球5万个消费品牌长达10年的业绩增长趋势，结果显示，全球业绩增长最快的品牌几乎都是围绕“提升人们的生活理念，并且在整个商业生态系统中实现这些理念”构建的。也就是说，那些顶级品牌被更高的意义感驱动着，同时它们的业绩表现也比其他公司要好得多。就拿世界上业绩排名在前50的品牌来说，它们的业绩增长速度是竞争对手的三倍，而且更夸张的是，对这50个品牌进行投资，平均收益会比对标准普尔500指数中的任何一家公司进行投资要高出400%。

从这些数据中能发现，虽然这些企业提供不同的商品和服务种类，但是它们传递出来的价值观却非常相似。找到工作的意义感，对提升工作效率、业绩和品牌价值，都有至关重要的影响。

但你很可能会想，很多工作本身可能没有多么深刻的意义，尤其是在那些入门级的工作或者机械性重复的工作中，寻找意义感更是一件难事儿。不过我要说的是，即便是所谓的理想工作，其中的意义感也不是一开始就摆在那里，一目了然的。所以，更重要的并不是寻找理想的工作，而是要学会“认知重塑”，换句话说，就是自己主动为工作赋予更大的意义感。

比如，图书管理员可以把自己的工作看成是有益于人类知识传播的崇高工作，而不仅仅是分类记录、整理上架的机械式劳动。从这个意义上来说，图书管理员就是读者的“阅读咨询师”，可以帮助读者更准更快地找到自己需要的知识。简单地讲，这种认知重塑其实就是给你的工作和职责找到新的定位。

你可别小看这个新定位，它能给你带来重要的积极影响。比如，研究发现，医院里的清洁工如果把自己的工作定位为“全面护理员”，他们就会倾向于把自己做的基础性工作视为一种特殊的使命。他们不仅会更快更好地完成普通清洁工的日常工作，比如清洗脏床单、拖洗走廊、给盥洗室补充物资等，还会主动帮助医生、护士、病人及家属做一些分外的工作。他们会成为好的倾听者，尽力安慰病人和家属。他们会成为得力的助手，在护士为病人输液的时候帮助病人保持平静；他们会成为随时提供反馈的观察者，在清理便盆的时候，如果看到了异常的迹象会主动提醒护士，等等。这些把自己的工作定义为“全面护理员”的清洁工，虽然并没有因为做了这些额外的工作获得更多酬劳，却产生了源源不断的工作热情。

无论你做的是什么工作，也无论你已经从业多久，认知重塑都可以随时进行，你要让它成为自己的一种惯常的思维模式。假如你是一位客服人员，每天都有数不清的客户留言需要处理，这让你感到非常烦躁。这个时候，你就可以重新给自己的工作定位，你可以把自己叫作“解忧大师”，工作内容是帮助每位客户消除他们的烦恼和焦虑，同时帮助公司解决客户对产品的意见、抱怨和指责等问题。你的工作做好了，不仅可以让用户心情舒畅，还能提高用户满意度，甚至能对产品的改进提出关键性意见。

这种使命感会影响我们对每一份工作的体验。相同的工作可以有很多不同的体验方式，通过重塑工作的意义，我们也在重塑自己的工作体验。其实，人不怕付出，而是怕付出得不到回报、没有价值，找到意义感就是在帮你找到价值，它能给予你情绪和绩效的双重回馈。

树立目标感，打造自组织的高效团队

在职场上追求自我实现，除了能帮你更快地进步，还能让你拥有一种意识，那就是懂得为身边的伙伴赋能，为大家树立目标感，进而帮助你更好地攀登职业发展的阶梯。因为大多数人的职业生涯都会从做具体工作逐步过渡到担负一定比例的管理责任，可以说，成为管理者是每个职场人都要面对的一次蜕变。然而在今天，管理者面临着更复杂的局面，管理早就超越了传统的计划、监督、考核的模式。

应对这一挑战，树立目标感是必不可少的。早在 1954 年的时候，管理大师彼得·德鲁克（Peter Drucker）就提出了目标管理的概念。这是一种能让企业全体成员的努力都凝聚到组织目标上的管理方式。当组织成员能发自内心地认同组织赋予的工作目标和价值的时候，他们工作的效率和质量也会显著提高，而团队成员也能在工作过程中感受到自我实现的价值感，凝聚为一个自组织的高效团队。

回顾本章章首的思考题：第二次世界大战的时候，盟军的一家生产轰炸机零件的工厂面临一个难题，那就是工人们生产的零件经常会出现各种质量问题，给飞机的最后组装环节带来很多麻烦，生产出的飞机也更容易发生故障。你觉得以下方法中哪种能更好地解决这个难题呢？

- 给表现好的工人更多的奖金；
- 强化零件质检流程；
- 让工人了解自己生产的零件是装在哪里、发挥什么作用的。

实际上，工厂的管理者想了一个办法，他们找来一架完整的轰炸机摆在工厂里，让工人们能亲眼看到自己生产的零件是装在哪里、发挥什么作用的，他们还请来了机组成员，请他们讲述自己的飞行故事，帮助工人了解这些零件是如何保护飞行员的生命安全的。

这种体验让工人们产生了切切实实的目标感，那就是要造出最好的零件，生产出最棒的飞机，保护飞行员。这种方式发挥了神奇的作用，工人们在那之后主动地想了各种办法来改进生产工艺，不仅改善了零件的质量问题，还大幅提高了生产效率。

这样的例子还有很多，由此可见，目标管理用好了，确实能很好地提升团队的工作效率。但是，目标管理也是在实践中被曲解和滥用得最多的管理理念，很容易让组织的目标成为一句空洞的口号。

一个最常见的误区是，管理者往往会同时提出多个目标，他们既想提高销量和利润，又想提升品牌美誉度，还想扩大市场占有率，等等。大多数时候，这些目标很难同时兼顾，有的时候甚至会彼此冲突，这就会让团队成员们感到不知所措。

面对这种情况，我给你一个建议：**把组织的所有目标按照优先级进行排序，当目标之间出现冲突的时候，让所有团队成员都知道应该如何取舍。**这看上去好像是一件理所当然的事情，但是很多组织却做得很糟糕。曾经有一本管理学杂志做过一项统计，他们调查了600家企业，请高管们估计一下自家员工能不能说出企业的前三个目标。高管们估计的平均值是64%，但是实际上只有2%的员工能做到。

所以，你需要一遍又一遍地向团队成员重复优先事项，把它们贴在墙上、附在电子邮件上、在演讲或交谈中反复提及，总之，你要不厌其烦地重复，直到团队成员们能条件反射一般地脱口而出。

之所以要为目标排序，目的是要塑造员工们的价值观。因为管理者不可能事无巨细地控制团队成员的每一个行为，所以只能通过塑造员工的价值观，让他们在工作中形成自己的判断：哪些事情更符合团队的目标？哪些方法能更好地达成团队的目标？在此基础上做出好的选择。

有一位成功的餐饮企业家迈耶，他开了25家饭店，其中24家都获得了极大的成功。在最佳饭店排行榜的前20名里，他的饭店经常占据5个以上席位，其中一家更是连续9年占据榜首。不过，迈耶也不是一开始就做得这么好的，他也遇到过管理上的难题。比如，之前他就发现，如果自己不在现场盯着，那么从饭店经理到服务员，就只会按照标准的流程操作，不会主动理解顾客的需求。甚至有的时候，员工已经冒犯了顾客，还自以为干得不错。

于是迈耶带领团队重新梳理了餐厅经营中的重要事项并进行排序，并确保所有人都明确掌握事情的优先级。迈耶把员工排在了第一位，因为只有让员工感受到了温暖贴心、有家一般的感觉，他们才能在工作当中把这种感觉传递给顾客，真正像对待家人一样对待顾客。

迈耶把顾客排在了第二位，他强调所有员工都要主动留心顾客的举动，了解顾客的需求，即使顾客表现得很差，也要假设顾客是善意的，要先从员工自己身上找问题。但是，如果员工和顾客之间发生了冲突，比如顾客辱骂员工或者对员工动手，那么迈耶和饭店的管理层会坚决地站在员工一边，维护员工的利益，因为他们把员工摆在第一位。他们相信，自己的员工不会无缘无故和顾客起冲突。

此外，迈耶把社区、供应商和投资人分别排在了第三到第五位。这样一来，明确了优先级，在遇到没经历过的事情时，管理者和员工也能立刻做出评判并采取行动。比如投资人想要让饭店减少对社区的公益支持，而社区的优先级要高于投资人，这时即使迈耶不在场，饭店的管理者和员工也知道事情应该怎么处理。

当你能清晰地知道自己的目标是什么，把自己与一个更崇高的目标联系在一起的时候，你不仅会有更强的前进动力，还能更好地应对生命中的起起伏伏，即便是身处最黑暗的时刻，也能坚守到黎明曙光的出现。就像尼采说过的：“一个人知道自己为什么而活，就可以忍受任何一种生活。”

商业是一场“无限游戏”，要用使命感驱动前进

我们在职场上追求自我实现，其实还有一个更大的价值，那就是收获一种崇高的使命感。当你是被使命感驱动着前进的时候，你的世界观就会从底层发生改变，你会意识到自己正在从事一项伟大的事业，和更宏大的事物融为一体。这样，面对短期利益诱惑的时候你就不会被蒙蔽，从而做出正确的判断和选择。

具体来说，很多人在职场上追求的，无论是项目的成功、岗位的晋升，还是让企业获得更大的发展，其实都只是一些阶段性的短期目标。如果你沉迷其中，很容易就会在不知不觉中迷失初心、偏离方向，成为只会随波逐流追逐风口的浮萍。

追求真正的事业成功，其实需要拥有一种“无限思维”，要能意识到自己在玩一场“无限游戏”，它能让你更好地找到那个正确的使命。

这里要先介绍一下“无限游戏”，它是著名哲学家詹姆斯·卡斯（James Carse）首先提出的。卡斯认为，万事万物都可以分成两种游戏，一种是有限游戏，一种是无限游戏。所谓有限游戏，就是指那些有边界、有时间限制、有终点、有输赢的游戏；相反，无限游戏就是那些没有边界、没有时间限制、没有终点、没有输赢的游戏。比如，权力、战

争、社会、财富都是有限游戏，而宇宙、文化、教育都是无限游戏。可以说，有限游戏的目标是赢，无限游戏的目标是延续游戏。有限游戏在边界和规则内玩，无限游戏则是跟边界和规则玩。

如果用这个视角来看待很多商业世界的现象，你就会发现，**绝大多数人正在用“有限思维”玩商业这个“无限游戏”，所以无法取得成功。**

> 2006年，微软推出了自己的音乐播放器Zune，想要抢占苹果iPod的市场份额。微软的全部注意力都放在了竞争对手身上，他们在产品外观、操作系统、内存容量等方面一一对标iPod，总之，一切指标都要胜过苹果。在微软举办的论坛上，演讲者花了大量的时间讨论如何打败苹果。微软首席执行官史蒂夫·鲍尔默（Steve Ballmer）对微软能最终“击败”苹果充满信心。
>
> 而苹果公司对于来势汹汹的微软却并不在意。曾经有人向苹果公司的副总裁约翰·库奇（John Couch）① 展示了微软的Zune播放器，并夸奖说：“这比你们的iPod好太多了。”而库奇只是笑了笑说：“我相信。”

库奇之所以这样泰然自若是因为他明白，在商业这场无限游戏里，有的时候苹果的产品会更好，有的时候其他公司的产品会更好。**苹果的使命并不是战胜微软或者其他竞争对手，而是要超越自己，让自己的产**

---

① 苹果公司教育副总裁、第54号员工。他讲述“技术解锁教育”的开山之作《学习的升级》中文简体字版已由湛庐策划、由浙江人民出版社出版。——编者注

品更好地帮助用户解决问题。所以，苹果一直在展望未来，思考在 iPod 之后还可以研发一些什么。

就在微软的 Zune 播放器推出大约一年后，苹果发布了第一代 iPhone，重新定义了智能手机，让音乐播放器几乎在一夜之间就过时了。iPhone 上市仅仅 5 年，销量就超过了微软所有产品的总和。

在商业这场无限游戏里，设计和生产更好的产品并不是企业的使命。历史上，失败的伟大产品比比皆是。企业真正应该做的是想办法超越自己，而不是满足于战胜对手。市场会有起伏，人会有来去，技术会有发展，产品和服务会随着消费者的偏好与市场需求的变化而变化。所以，**一家公司一定要用比产品更伟大的使命来定义自己，这才是通往基业长青应该走的道路。**

无限思维定义的企业使命当中还有一个很重要的维度，那就是怎么看待和竞争对手的关系。

我再给你讲一个发生在 IBM、苹果和黑莓公司之间的故事。

> 20 世纪 80 年代，苹果占据了个人计算机市场最大的份额。这个时候，商用计算机巨头 IBM 决定大举进入个人计算机市场。这就意味着，苹果会遭受巨大的挑战。
>
> 很多人认为，苹果一定会大举反击。但是，出乎人们的意料，IBM 的个人计算机上市的那个月，苹果在《华尔街日报》上刊登了一整版的广告，标题是“Welcome IBM, Seriously!”（欢

迎 IBM，真诚地）。这条广告清楚地表达了苹果的态度——苹果把 IBM 看作一位可敬的对手，而不仅仅是一位竞争者。

苹果把“一起做大个人计算机市场的蛋糕”，视作自己和竞争对手共同的使命。因为有正确的使命感驱动，所以苹果不会和所谓的竞争对手贴身肉搏，见招拆招地打消耗战，而是将 IBM 带来的竞争转化成了一种合作关系。

具体来说，通过和 IBM 的对比，苹果更清晰地突出了自己的特点：IBM 代表着企业用户、稳定和一致，苹果则代表着个性、创造力和差异化。因此，两个品牌都能更高效直接地找到各自的目标用户。借着这股浪潮，个人计算机变成了每张办公桌和每个家庭的必需品。可以说，IBM 和苹果达成了双赢。

可是，有时相似的情况也会有相反的结局。黑莓公司曾经是商务手机市场的大赢家。然而在 2009 年，苹果推出了 iPhone，黑莓迎来了巨大的挑战。黑莓把苹果看作必须打败的入侵者，忽略了自己为用户提供更好的服务的初心，把全部注意力放在了和苹果比拼各项产品指标上。他们全面模仿 iPhone，在黑莓手机上推出了很多应用程序和游戏，这极大地拖慢了手机的反应速度。他们还放弃了自己标志性的全键盘设计，转而采用触摸屏。但这些改变非但没有让黑莓手机像 iPhone 一样好用，还严重影响了原本优秀的用户体验。很快，黑莓的业绩就开始急剧下滑，沦为智能手机市场上一个无足轻重的玩家。

由此可以看到，如果只是把对手看作必须打败的竞争者，那么企业就可能丧失自己原有的特色，跟在别人后面亦步亦趋，永远慢人一步。相反，**如果企业有使命感的驱动，对事业的长远愿景有更清楚的认识，就可以把对手看作可敬的、一同奋斗的合作伙伴，与对手一起做大市场，实现共赢。**

我在创办湛庐的过程中，其实也一直在践行使命感驱动的理念。湛庐的使命是“对话最伟大的头脑，与最聪明的人共同进化”，致力于更好地为终身学习者提供能帮助他们持续远航的知识与智慧，把人类的认知边界推得远一些、更远一些。所以，无论是过去还是未来，我们都在时刻提醒自己拒绝单纯迎合流行风口，坚持筛选最有价值的优质内容，向中国引进全世界的前沿思想，向世界介绍经过验证的中国经验，让不同的文化携起手来一起在这个没有标准答案的世界里探索出路。道阻且长，我们一直在努力。

总而言之，在职场上追求自我实现，绝不是可有可无，或者仅仅是锦上添花的，而是你在漫长的职业生涯当中持续前行的必要条件。任正非曾经说过：“光是物质激励，就是雇佣军，雇佣军作战，有时候比正规军厉害得多。但是，如果没有使命感、责任感，没有这种精神驱使，这样的能力是短暂的，只有正规军有使命感和责任感驱使他能长期作战。”

如果你能让工作变得有意义，能在工作中实现自我价值，你就会拥有一台不断驱动自己前进的“永动机”。就像稻盛和夫（Inamori Kazuo）说的：“人一旦拥有了可以为之舍弃生命的信仰、信念、决心、责任感和使命感，就等于拥有了百折不挠、永不屈服的勇气。”请记住，历史已经无数次地证明，知道为何而战的人，是不可战胜的。

刘建位 **《巴菲特选股10招》作者，《彼得·林奇的成功投资》与霍华德·马克斯《周期》译者**

我平时喜欢骑自行车，每次车子有了毛病，我就会打开修车工具箱，从中选择合适的工具，很快修好。但如果我只有一个锤子，就很不方便了。这就是查理·芒格说的“锤子人思维”与“工具箱思维”的巨大区别。读韩焱这本书，让我想到自己以前读过的几十本好书，她却能从中精选出28个有效思维模型，分门别类组合在一起，组成一个思维工具箱，还附有具体使用说明和经典案例。我的思维“自行车”碰到问题，打开这本书，就如同打开我的工具箱，解决问题就方便多了。

张　延　｜　英国《金融时报》FT 中文网出版人

《把思考作为习惯》是湛庐又一本值得期待的新书，而且这一次它的作者是湛庐的创始人韩焱，她以自己在出版行业多年的丰富观察赋予了这本新书更多能量与价值。与韩焱相识不短，与湛庐合作更多，他们数年来出版的作品都极富特色，无论是社会学、管理学，还是科学、心理学方面的书籍，都有着相当的拥趸和影响力，在我们的“月度出版人荐书”栏目中得到过多次推荐。这本新书的出彩之处在于，韩焱集自己多年与各个领域出色的聪明大脑沟通合作的经验与思考，归纳总结出了一套别具一格的思考方法论。世界越来越复杂，信息越来越庞杂，无论是职场人还是企业运营者，时间与精力有限，如何有效阅读、有效思考，最终做出有效决策，本书提出的思考工具，或许可以帮助他们构建起在各个领域之间传递知识的思维模式，为知识的相连相通提供框架，让读者能更灵活地在不同的思考方式之间自由切换。

粲　然　｜　童书作家，三五锄教育创始人

作者韩焱有一种“神奇女侠”般夺目的生命力：目标坚定、自律、抗挫力强、极富力量感，总令见过她的人难以忘记。在《把思考作为习惯》这本书里，我们可以看到一位思维清晰、不被情绪过多牵绊、能够掌握自己命运的女性，如何驱动“脑细胞”完成自我的、脉络清晰的进化。寻找到“对”的思考工具，就是打造自我管理项目中具体的工作流，本书或将有助于极大地提高阅读者的工作与学习效率，我向青少年、职场人士和年轻父母鼎力推荐！

冷　爱　|　知名情感专家

读《把思考作为习惯》这本书的过程，就是一场思考本质的厘清之旅，一场将思考内化成习惯的修炼之旅：一是它提供了很多正确的、很好的思维洞见和元认知，有助于我们进行认知升级；二是它不仅知识体量丰富，还有大量的实践案例和思考力训练，可以帮助我们把知识真正内化为技能；三是它非常强调内外兼修，让我们对外强化连接，对内关注心理能量，达到内外合一，持续不断地实现自我。

Nod Young　|　知名设计师，A Black Cover Design 设计公司联合创始人

我们处于一个快速迭代的时代，每个人都在思考如何才能让自己的成长速度跟紧时代发展的速度。韩焱是我的好朋友，也是我认识的能够最快迭代以及能最好地解决复杂问题的人，她的想法总能一击即中和一针见血。我是一名设计师，而她判断和处理复杂商业问题的能力却常常能为我带来很多启发与帮助。现在，她把自己思考问题的视角、解决问题的方法，以及不断快速迭代和进化的底层框架分享了出来，并全部写在这本《把思考作为习惯》之中。非常珍贵，诚意十足。

田同生　|　北京略博管理咨询公司创始人，马拉松推广者，乡村发展基金会联合创始人

“力出一孔”，做书 20 多年的韩焱新写了一本《把思考作为习惯》。有幸阅读，深感“脑洞大开”。在如今这个信息碎片化的时代中，在时常被人“带节奏”的常态下，能够做一个习惯“三思而后行”的人，难

上加难。韩焱在《把思考作为习惯》一书中给出了很多行之有效的方法，让思考成为一种习惯不再像往常那么难。

多年来，韩焱还身体力行，把思考和运动融合，通过锻炼改造大脑，用跑步助力思考，实在是可敬可佩。目前，在中国做书这个领域，韩焱是世界马拉松大满贯六星跑者第一人。

Thinking Habits

第五部分

用交响力应对复杂系统

英国著名物理学家霍金曾在世纪之交时提出过一个预言——“21 世纪将是复杂性科学的世纪”，而 21 世纪的职场也将是充满复杂性的职场。技术更新迭代的频率越来越快，用户偏好的变化越来越难预测，需要考虑的要素越来越多，各要素之间的互动牵一发而动全身，各种新的商业模式层出不穷，还有许多跨行业黑马随时可能颠覆你的行业。这些变化意味着，工作当中的确定性越来越稀缺，不确定性越来越突出，过去的成功经验正在失效，尝试创新的风险也越来越大。

面对这样复杂的环境，你需要让自己成为一名“职场指挥家”。世界顶级的指挥家知道如何编排各种音色的乐器，组织不同风格的乐手，衔接乐曲段落之间的变化。唯有如此，才能奉上一场完美的交响乐演出。同样的道理，在未来，你也需要拥有“交响力”，用指挥交响乐的方式来工作，成为具有跨界思维的多面手，把各种要素组合起来，融会贯通，创造出新的成果。这样你才能更好地应对复杂系统，在快速变化的时代，从不确定的环境中获得确定性的成功。

23

思维方式越丰富，越可能找到复杂问题的答案

人生·工作的结果＝
思维方式×热情×能力。
——稻盛和夫

思考力训练

科学家们想要借助计算机的强大算力来解决自然语言语音识别的问题。以下两种设计方案中，哪种识别能力更强、识别准确性更高呢？

方案 1：按照人类学习语言的方式，让语言学家帮助计算机学会人类语言的语法，然后再尝试理解语言含义。

方案 2：把语音识别当成通信问题，把语音识别不准当成通信过程里的噪音干扰问题，用大数据减少或消除干扰的方法来实现语音识别。

科学家们最早采用的是方案 1，让计算机学习人类语言的语法，但是进展缓慢，这些科学家努力了十几年，计算机也只能识别几百个单词，而且错误率一直在 30% 以上。

后来，信息论专家弗莱德里克·贾里尼克（Frederek Jelinek）教授提出了方案 2，把语音识别当作通信问题。结果，短短五六年之后，新系统就能识别 22 000 个单词，而且错误率降到了 10% 左右。

在学习和工作中，你经常能了解很多具体的知识，也有很多机会学习别人的经验，但你可能很少意识到，其实掌握思维工具往往是更重要的。思维工具就像是你在拧螺丝时用到的改锥，如果这个改锥和螺丝不匹配，那么你用的力气再大也没有用。

日本企业家稻盛和夫曾经在《干法》中提出了一个公式：

人生 · 工作的结果 = 思维方式 × 热情 × 能力

在这个公式里，稻盛和夫把思维方式放在了影响工作结果的要素的第一位，因为在职场中，错误的思维方式会让你事倍功半，甚至越是努力，就离目标越远。相反，正确的思维方式能极大地提高处理问题的效率，让你的付出达到事半功倍的效果。

跳出“先例依赖症”，实现思维的“弯道超车”

那么，怎样才算是找到正确的思维方式呢？你要做的第一步，就是不盲从别人的经验，独立思考，这样才能找到最适合你的解决思路。然而要做到这一点并不容易，很多人在遇到问题时，往往会下意识地复制别人的成功经验、模仿别人的做法，这样做看起来既省事又保险。如果仔细观察你家小区周围的店铺，你就会发现类似的现象：假如一家有特色的饭店、水果店或奶茶店生意很好，很快就会有好几家类似的店铺开起来。可是，过一段时间后，所有同类的店就都开不下去了，陆续倒闭关张。

盲目跟风的思维习惯，是一种在工作和生活中很常见的“病”，叫作“先例依赖症”，有时会让人犯下非常离谱的错误。

第二次世界大战时的英国空军有一项规定：战机的皮具座椅要涂骆驼粪来保养。粪便的味道异常难闻，但是没有人提出过反对，所有人都认为骆驼粪一定有特殊的功效。直到有一天，一位参加过第一次世界大战的退伍老兵来部队里探望儿子，当看到儿子往战机座椅上涂抹骆驼粪时，他感到不可思议，因为这项规定在今天看来毫无意义。原来，这种把骆驼粪涂到皮具上的习惯源自第一次世界大战，因为在当时的北非沙漠战场上，士兵需要骆驼来牵引战斗机，而骆驼闻到牛皮的气味，会变得异常兴奋，因此士兵才用味道浓烈的骆驼粪遮盖牛皮座椅的气味。没想到这个做法却被英国空军当成了一项规定代代相传。你可能会觉得这也太可笑了，但先例依赖症的威力就是这么强大。任何患上这种“病”的人，都有可能犯下让人贻笑大方的错误。

近10年来，日本各地动物园受到娱乐项目多样化以及少子化的影响，游客数量持续减少，大多数动物园都面临着闭园歇业的危机。可是，它们中却有一家动物园的生意很好，营业额不降反升，它就是后来成为日本第一动物园的旭山动物园。那么，这家动物园有什么独特之处呢？

原来在好几年前，旭山动物园的园长就已经注意到了游客的抱怨，他们说：“现在来动物园，就是看关在笼子里的动物，真没劲。”这些抱怨让园长意识到，游客已经厌倦了千篇一律的“笼子”，更希望看到各种动物在自然环境中展现出来的不同神态。

于是，旭山动物园就制定了生态展示策略，把动物放在让它们感到舒适的环境里，并且巧妙地设置了游客观察窗口。比如，他们在海豹馆设置了直径一米的圆柱体玻璃观察窗，这样游客就可以置身于海豹的生活场景里，360度自由观赏。他们还把黑猩猩馆建在游客观赏区的上方，并用安全绳索隔开。黑猩猩在人们头顶上的每一次跳跃，都会在人群中激起一阵阵惊呼。

旭山动物园的成功之处在于，当绝大多数动物园把游客减少的原因归结于客观因素，比如娱乐项目增多、少子化影响的时候，旭山动物园能利用突破性思维，不走其他动物园的老路，转而从那些充满抱怨的、不断流失的游客中寻找解决办法。也正是从游客的抱怨声中，旭山动物园找到了解决问题的关键，重新赢得了游客的青睐。

可以说，高明的经营者的思维方式已经从“发现变化”过渡到了“发现变化的趋势”，这便是跳出先例依赖症的“药方”。

7-11公司董事长铃木敏文曾经说过：“在创建7-11前，我没有参观过别的商店。因为我担心自己看到好的东西就想去模仿，这会让我懒于思考。”而铃木敏文先生最喜欢做的，是到一线门店走走，观察顾客购物的全流程，听他们的牢骚和抱怨，以此作为调整经营战略的灵感和依据。

7-11成立于20世纪70年代。当时大型超市是市场的主流，小型便利店普遍惨淡经营，关门倒闭的也很多。但是，铃木敏文敏锐地捕捉到了社会消费趋势的变化。当时是日本社会人口老龄化的开端，各个城市逐渐过渡到小型家庭。每个家庭对日常用品的需求量相应减少，但对购物的便利性要求提升。因此，铃木敏文就把小型便利店7-11开到了人们的家门口。如今，7-11 在全世界十余个国家开设了超过 6 万家门店，靠的就是铃木敏文摆脱先例依赖症，抓住了变化的趋势。

7-11 的故事给我们的启发是，对一家企业来说，即便是爆款产品也迟早会被淘汰，只有持续关注用户需求，了解用户的“不爽”，看到需求的变化趋势，持续地突破自己，推出满足用户需求的新产品，才能让企业不断地发展壮大。

对个人来说也是如此，你今天掌握的知识和技能，很可能满足不了明天的工作，那些在前面领跑的人，同时也遮挡了你前行的视野，一旦方向发生改变，你就有可能来不及调整，导致掉队。所以，只有从先例依赖症里跳出来，持续不断地独立思考、自我迭代，才能看清局势，把握方向，匹配不断变化的工作需求。

反事实思维，让想象成为改变现实的力量

思考的一个前提，是要实事求是地看待问题。但有的时候，也需要你从当下的现实中跳出来，假设处在不同甚至相反的情况下，思考还有哪些可能的选项，这样往往能发现解决问题的新思路。

有一家大型呼叫中心，每年的员工离职率高达 130%，这种频繁的人员变动给公司造成了巨大的负担，他们必须不断招聘和培训新员工，然而这些新员工却可能在几个星期之后就离职，这让公司付出了很高的经济和时间成本。

为了尽快改善现状，这家呼叫中心找到了一家咨询公司寻求帮助，这家咨询公司提出了一种叫作“气球爆破法”的招聘方法。当每一位求职者通过初次面试之后，他们会被要求听一段音频。这段音频是呼叫中心日常工作中发生过的真实通话录音，内容是一位愤怒的客户在向工作人员疯狂地抱怨，毫无节制地发泄自己的情绪。接下来，面试官还会向求职者介绍工作中可能会面临的一系列问题。与通常的招聘过程相比，这种气球爆破法看起来的确让人很沮丧，真像是无情地戳破了人们对这份工作的美好想象和憧憬。但在应用了气球爆破法进行招聘之后的一年里，这家呼叫中心新招聘员工的人数减少了 10%，累计节省近 160 万美元。

你可能会认为，气球爆破法之所以会成功，是因为这一方法吓跑了本来就不能胜任这份工作的人，然而这只是一个相对次要的因素。在研究者看来，这种方法成功的原因是：招聘者用“小剂量”的现实，给应聘者注射了关于这份工作真实情况的“疫苗”，让应聘者充分地了解这项工作的真相。如此一来，新员工不仅会考虑到困境，还会提前思考，在遭遇这些困境时自己将如何做出恰当的回应。因此，气球爆破法不仅能降低员工离职率，还能提高工作满意度。

心理学家将这种主动想象一个与现实不同的，可能更好也可能更坏的情境的思维方式称作“反事实思维”。这种思维方式的作用就是建立事实和想象之间的对比，根据对比的结果，反事实思维还可以分为上行反事实和下行反事实。

在气球爆破法的案例中，当真实度过的一天要好于想象中那个被抱怨和指责的电话填满的一天后，呼叫中心的员工会感到额外的轻松愉悦。这种把情况想象得比现实更糟糕的思维方式，就是下行反事实。

与之相反，上行反事实则是把情况想象得比现实更好。在比赛后的颁奖台上，我们常常能看到银牌得主痛哭流涕，而铜牌得主却显得非常开心。这是因为两位运动员各自想象出了一个与现实不同的情境。银牌得主拥有的就是上行反事实思维，他更容易想象自己拿到金牌的情况，可能还会苛责自己：如果没有在比赛中跌倒或之前训练得更刻苦，那么自己就有可能会站在冠军的位置上。而铜牌得主则会把情况想象得比现实更糟糕，觉得自己差一点就和奖牌失之交臂了，很庆幸能得到第三名站在领奖台上。

在职场和生活中，反事实思维是一种强大的思维工具，下行反事实思维会让你对自己做得好的地方心存感激，上行反事实思维会激励你下次做得更好，在这两种思维之间取得平衡可以让你避免陷入痛苦消极的状态，同时激励自己不断改进。

除此之外，拥有反事实思维，还能帮你摆脱现实条件的约束，发现更多的可能性。

北极星是一家专营雪地摩托的公司，它们凭借过硬的产品质量赢得了不错的市场口碑。但是，雪地摩托这个细分市场的规模非常小，北极星公司很快就触到了市场天花板。紧接着麻烦来了，由于连续三年的暖冬，高纬度地区降雪量骤减，雪地摩托的市场需求也就跟着急剧萎缩，北极星的经营状况濒临崩溃。

为了避免破产，北极星公司的所有者卖掉了公司。结果几年之后，北极星公司迅速成长为一个规模远超过去的大公司。这家公司之所以能逆势崛起，并不是因为天气因素好转，而是新的经营者用反事实思维跳出了原有的思维框架：如果没有雪，雪地摩托还能有什么用处呢？其实雪地摩托和普通摩托最大的区别，是前者使用的滑雪板和履带能分散摩托的重量，让它能在松软的雪面上驰骋。那么按照这个原理，在沙漠、海滩和沼泽等类似的松软地形上，也应该对交通工具有相同的需求。于是北极星公司稍加改进，用更宽大的轮胎取代履带和滑雪板，就开发出了沙滩摩托、越野全地形车等新产品，北极星公司的销售额也随之倍增，不仅弥补了原先的亏损，还获得了巨大的利润。

跨越思维的边界，才能迈向更大的成功

在职场中，你会接触到各种各样的问题，有时候同一个问题，在不同环境中就需要运用不同的思维方式去解决；有时候问题比较复杂，就需要你转换多种思维方式。可以说，在复杂多变的现实中，没有哪一种思维方式永远行之有效，必须要因地制宜，具体问题具体分析。所以，谁掌握的思维方式更多，谁就更有可能找到复杂问题的解决方法。

你不妨把思维方式看作手上拥有的工具，每种工具都能应对某一类

问题，就像用改锥拧螺丝，用扳手紧螺母，用锤子敲钉子等。这就需要你建立起自己的“思维工具箱”，不断切换思维方式，更灵活地应对问题。**而想要做到思维的灵活切换，你就需要一种更高层次的思维方式——“跨界思维”。**

“人工智能之父”、图灵奖的首位获得者马文·明斯基认为：**人使用不同的大脑资源，就会表现出不同的思维方式。**当你遇到一个从没见过的新问题，大脑就会尝试调动不同的资源，形成新的思路。一旦某种新尝试得到了比较好的效果，大脑就会记住需要用哪些资源来解决这种问题，这个时候，你就掌握了一种新的思维方式。

所以，要想用好跨界思维，就要积累足够多的思维方式。你平时接触的问题类型越多，大脑积累的思维方式就越多，思维工具箱里的工具种类就越齐全，在遇到新问题的时候，就越有可能找到合适的思维方式，更灵活地应对问题。

回到本章开篇的那道思考题：20 世纪 60 年代，科学家们想要借助计算机的强大算力，来解决自然语言语音识别的问题。当时，科学家们的思路是：先让计算机学会人类语言的语法，然后再尝试理解语言的含义。IBM 公司就雇用了大量的语言学家，来帮助计算机实现语音识别的突破。但是，这些科学家努力了十几年，计算机也只能识别几百个单词，而且错误率一直在 30% 以上，进展十分缓慢。

直到 70 年代，信息论专家贾里尼克教授加入 IBM，语音识别工程才取得了突破性进展。贾里尼克曾经跟随“信息论”的创始人克劳德·香农（Claude Shannon）教授，深入地研究过数据通信的问题，是那个时代最优秀的通信专家。所以，他在面对语音识别问题的时候就自然而然地想到，语音识别其实可以类比成一个通信问题。

语音识别的本质，就是“说的人”要让“听的人”明白自己的想法，这个过程可以分成三个步骤：

- “说的人”把大脑里的想法组织成语言，通过语音表达出来；
- 语音传递给“听的人”，在“听的人”的大脑里从声音信号转变成神经信号；
- “听的人”把神经信号转换成“说的人”的想法。

这个过程，其实就相当于通信过程里的“编码—传输—解码”。所以，贾里尼克就想到了借用通信问题的解决思路，把语音识别不准的问题当成通信过程里的噪音干扰问题，用大数据减少或消除干扰的方法来解决语音识别的问题。

于是，贾里尼克裁掉了 IBM 所有的语言学家，转而招聘了许多数据处理专家，收集了大量语音数据训练各种统计模型。结果，IBM 的语音识别系统在短短五六年之后就能识别 22 000 个单词，而且错误率降到了 10% 左右。正是因为贾里尼克拥有不一样的思维方式，才能另辟蹊径，找到了解决语音识别问题的方法。

同样的道理，生物学家看待人体里血管走向的思维方法，能启发城市设计师优化道路、电网和排水系统的设计；而传染病专家阻止疾病扩散的思路，也能帮助公关公司找到阻止谣言传播的更好的方法。

跨界思维也启发湛庐创办了“思想马拉松”。在这个活动中，各个领域的先锋思想者能在同一个场域里互相碰撞，哲学家可以像火箭科学家一样思考，量子密码专家可以像艺术家一样思考。这些跨越边界的思维方式，往往能催生出超越日常的、有价值的宏大想法。如果你能让自己的思维方式尽量地多样化，不仅能改变科学研究的方法和社会生活方式，还能进一步推动人类文明的进步。

医学里有个概念叫作“同病异治、异病同治”，意思是那些看起来相同的病，其实是由不同的原因引起的，所以要区别对待；而有时候看起来完全不同的病，反而是由同一个原因引起的，所以可以用同一个方法治疗。然而，要做到这一点对医生的要求非常高，他们不仅要能够准确地识别病因，还要熟悉每种治疗方法的利弊，结合患者的具体情况给出治疗方案，如此才能药到病除。

在面对职场问题时，你也需要有“同病异治、异病同治”的意识，而这就要求你必须掌握尽可能多的思维方式。有句话叫“选择比努力更重要”，你的思维方式越丰富，就越有可能理解问题背后真正的“病因”是什么，摆在你面前的选择也越多，然后你才能对症下药，更好地找到解决问题的思路，并且在必要的时候打破固有的思维定式，开拓出更多的可能性。

24

模型思维，找到开锁需要的那把钥匙

要想成为一个有智慧的人，
你必须拥有很多个模型。
你还必须把你的所有经验，
无论是直接的还是间接的，
都放到构成这些模型的网格上。
——查理·芒格

思考力训练

请看以下两个问题，想一想它们有什么共同点，用哪个知识点能做出解答呢？

1. 为什么现在的货轮和游轮都越造越大呢？

2. 为什么各大公司的首席执行官中，女性所占的比例这么少呢？

表面上看，其中一个是工程问题，另一个是社会问题，但其实它们都是数学问题。你只需要一个数学知识点——幂律，也就是 X 的 n 次方，就能正确解答这两个问题。

现实中有很多现象非常难以理解，甚至有的看上去难以置信，但其实这些现象的背后都有其合理性，就像黑格尔所说的，“存在即合理”。举个例子，曾经有一个人买了一辆车之后反复向经销商投诉：他的车对香草冰激凌“过敏”，每次他买完香草冰激凌回到车里之后，车辆就点不着火，而买芒果或巧克力冰激凌就没事。听上去是不是匪夷所思？经销商也是这么想的，但是他们在实地调研之后发现，事情还真是这样。只不过，原因并不是“过敏”，而是卖香草冰激凌的店顾客很少，不用排队，买完冰激凌回到车上的时候，车的散热系统还没有完全冷却，所以就点不着火，而买芒果或巧克力冰激凌要排很久的队，回到车上时车辆已经完成散热，所以就能顺利点火。

从这个故事里可以看出，只有当你拥有一个正确的认知框架，也就是人们常说的“思维模型”时，你才能正确理解一个现象背后真正的原因和机制。你会发现，很多所谓的非理性选择，其实都是当时最理性的决策；很多长期存在的明显问题，其实很可能是一个更大问题的解决方案。同样的道理，你要解决一个问题，做出一个决策，也需要一个框架来指导自己进行分析和预测，这个框架就是一个思维模型。

由于现实世界比较复杂，产生了越来越多开放性的、棘手的问题，所以大多数时候，你其实需要很多个模型，去培养一种“模型思维”。

智慧，就是知道何时该用何种模型

模型的应用范围非常广泛，作用也很大。你基本上找不到任何一个不受模型影响的研究领域，也不存在不需要模型的决策领域。麦肯锡和德勤这样的咨询业巨头需要构建模型来制定商业策略；医疗卫生研究机构会使用人类基因组学的数学模型来寻找更多治疗癌症的潜在方法；谷歌公司的人力资源部会利用预测分析模型在超过 300 万的求职者当中辨识出更适合的人才；就连大学的招生人员也要建立模型从成千上万的申请者当中选出要录取的新生。

想要了解模型思维，你可以先设想一个智慧层次结构，这会对你有很大的帮助。你可以想象，自己在一架梯子上攀爬，这架梯子一共有四阶：**第一阶代表数据，第二阶代表信息，第三阶代表知识，第四阶代表智慧。**

或者我们换个例子，你就更容易理解了。假设北京正在下一场雨，那么落在你头上的雨就是数据，全北京市 7 月份的总降水量就是信息。而雨水中包含的化学物质会和土壤中的元素产生怎样的化学反应，这是知识。能预测北京未来一年的降水量会对农业生产和人们的生活带来怎样的影响，这是智慧。对于任何一件事情，你想要得到正确的答案，就需要搜集数据，整理相关信息，掌握必要的知识，然后用智慧选择和应用相关的知识。这就是应用模型思维的整个过程。

但是，模型的种类成百上千，其中有些看上去还是彼此冲突的，比如，“非我族类，其心必异”是一种模型，“人同此心，心同此理”也是一种模型，而你不可能同时使用这两种模型来解释现实。所以，仅把模型死记硬背下来还远远不够，还要能因地制宜地选择合适的模型，才能发挥模型思维的效力。

我再给你举个例子，一只玩具熊从正在飞行的飞机上掉了下来，那它落地的时候会造成多大的伤害呢？要想得到正确的答案，首先，你要收集数据，也就是这个玩具熊的重量、大小，还有飞机距离地面的高度等。其次，你需要对这些数据进行整理和分析，汇总必要的信息。再次，你需要在头脑中搜索你已经掌握的一些知识，比如引力、自由落体的加速度等。最后，你要在自己掌握的这些知识当中，选出能帮助你得出最优答案的模型。

你可以用引力模型做出预测，如果没有任何外力干涉，玩具熊直接掉到车上，会把车砸穿。你还可以用自由落体速度模型预测出，玩具熊掉落的最高速度可以达到 16 千米 / 小时，大约是 4.4 米 / 秒。如果你还能应用更多的模型，你就会知道，玩具熊落下来的时候速度并不会很快，如果选对了时机，你完全可以轻松把它抓在手里，不会造成任何伤害。

查理·芒格曾经说过："要想成为一个有智慧的人，你必须拥有很多个模型。你还必须把你的所有经验，无论是直接的还是间接的，都放到构成这些模型的网格上。"在你不断磨炼自己的模型思维时，你会渐渐知道，**何时应该使用何种模型，选择一个还是几个模型，这才是一种真智慧。**

理解真实的世界，做出更明智的决策

模型思维是一种高级的思维方式，它可以让你对模型中的各种实体，包括人、事物、组织等，以及这些实体之间的相互关系，都有更清晰的理解。但是，对于每个人来说，模型思维具体有什么用途呢？其实，模型思维的用途很广泛，其中最重要的有 7 种，分别是推理（reason）、解释（explain）、设计（design）、沟通（communication）、行动（action）、预测（predict）和探索（explore）。如果你想快速记住这 7 种用途，有一个办法，你可以把它们记成"红披风"，因为这 7 个词的英文单词首字母加起来正好是"red cape"。

可以说，掌握了模型思维，你就能更好地理解真实的世界，做出更明智的决策。这里，我想举两个例子进行说明。

第一，模型思维可以帮助你做出更好的商业决策，提高利润率。航运业的巨头——船王尼亚克斯，他就运用模型思维建造了世界上第一艘现代超级游轮，赚得盆满钵满。

通常来说，如果想提高盈利能力，那么就要让收入和成本的比值越高越好。一艘游轮的成本主要取决于它的建造和使用成本。其中建造成本主要取决于游轮的表面积，表面积越大，建造所需的钢材就越多。同时，游轮的使用成本主要看它的油耗，也就是航行时遇到的阻力，这取决于它的正面尺寸。而表面积和正面尺寸都正比于游轮长度的 2 次方，也就是说，游轮的成本正比于它长度的 2 次方。

而一艘游轮的收入则取决于它的体积，因为体积越大，能承载的旅客和货物也就越多。而体积正比于它长度的 3 次方，也就是说，游轮收入正比于它长度的 3 次方。

说到这儿你就会发现，随着游轮尺寸的增加，虽然它的成本也在上升，但收入增长得更快，只需进行粗略的计算就能获知，尺寸增大 2 倍，虽然成本会增加 4 倍，但收入能增加 9 倍。所以，现在的游轮都会越做越大，这样才能让利润更高。就拿世界上最大的超级游轮“奈维斯号”来说，它每一次通过苏伊士运河的时候，都是贴着河岸边缘“挤”过去的，每一侧都只有十几厘米的缝隙。

第二，模型思维也可以帮助你用逻辑来判断和分析问题，而不是单纯依靠情感，这样能让你更好地理解世界。很多人都了解这样一个事实，那就是女性首席执行官比男性首席执行官要少很多。如果仅仅看数据，以 2016 年为例，在《财富》500 强企业当中，超过 95% 的首席执行官都是男性，只有不到5%的企业是由女性首席执行官掌管的，这个差异相当大，很容易给人留下职场性别歧视很严重的印象。但是深究这个问题就会发现，这背后是个“概率放大”的问题。

假设男性的升职概率大约是50%，而女性的升职概率大约是40%，确实存在着10%的差异，听起来也不算很大。但是，如果想成为一家《财富》500强企业的首席执行官，一般来说至少要升职15次，而每一次升职，在男女之间都会产生10%的概率偏差，那么15次之后，一位男性成为首席执行官的可能性就是50%的15次方，约等于万分之三，而一位女性成为首席执行官的可能性是40%的15次方，约等于万分之零点一，男性成为首席执行官的可能性是女性的30倍。所以，正是这15次升职阶梯，放大了男性和女性升职概率的差异，最终导致女性首席执行官比男性首席执行官要少很多这个结果。

如果你掌握了这个模型就会意识到，问题的根源在于概率差异，所以对症下药就能找到正确的解决方法。比如，公司可以减少从底层升到高层的层级，让更多的女性有机会升职为高管。有研究证明，大学校长中的女性比例大约是25%，这比女性首席执行官占5%的比例整整高出5倍。其中的原因，并不是教育机构比企业更加重视男女平等，而是因为从教授升职到校长一般只需要三步：系主任、院长、校长，这样累积的偏差就不会太严重，女性升职到最高层级的概率也就提高了。

在上面两个例子里，表面上看，游轮造得越来越大是一个工程问题，而女性首席执行官人数特别少是一个社会问题，但其实它们都是数学问题。你只需要一个数学模型——幂律分布，也就是X的n次方，就能正确解答这两个问题。

同样的道理，面对工作和生活中的判断和决策，当你能用模型思维来处理的时候，很多难题也就迎刃而解了。可以说，**模型是每个人都应该掌握的思考工具，模型思维是每个人都应该拥有的思考习惯。**

光是“模型多”还不行，你需要“多模型思维”

知道了模型思维的威力之后，很多人都容易陷入一个误区，那就是习惯于使用单一模型来分析和做决策，而这其实是很危险的。

> 在大约一个世纪以前，美国东部居民开始向西部山区移民，他们很快就发现在西部生活有一个大问题，那就是每年都会发生至少一次大规模山火，而且无论他们多么小心，一发现火苗就立即扑灭，但每年还是会遭遇一场大火灾。这个问题困扰了美国林业局100年，直到现在才搞明白。原来，移民们原本生活的美国东海岸地区气候相对湿润，枯树落叶放着不管就会受潮降解，所以如果发现小火苗立刻扑灭，就不会发展成大火灾。而西部山区气候干燥，那些移民被过去的经验误导，不计代价扑灭小火灾，反倒是给大火灾积累了充足的燃料，一旦碰上大风天气，小火灾就会飞速发展成超大规模火灾。于是，现在美国林业局在西部地区改变了防火思路，他们会放任自然发生的小火灾，还会主动烧出一些防火带，以此来预防大火灾的形成。

作家马克·吐温说过，“拿着锤子的人，看什么都像钉子”。你在工作和生活中，**真正应该追求的是“多模型思维”，这是一种抛弃习惯和经验，切换思考逻辑的能力。**普通人想要做一件事，会在自己长期积累的“模型库”中找到最合适的模型，这叫“模型多”；而拥有“多模型思维”的人想要做一件事，他会使用多个模型，融会贯通、灵活使用，最终合成那把能打开面前那把锁的钥匙。在你处于执行层时，单一模型思维可以帮助你提高工作效率，但越往高处走，越需要多模型思维。

举个例子，如果你想要增强宣传效果，打造爆款产品，那么你有三种模型可用。

第一种，广播模型。这是一种一对多的单向传播模式，比如通过投放广告来触及目标用户。它的特点是，前期传播触及的用户数量增长较快，随着广告投放次数、投放时间的增加，你触及的用户数量将不断上升，但是增速会变得越来越慢，用户人数随时间变化构成了一条 R 形曲线（见图 24-1）。

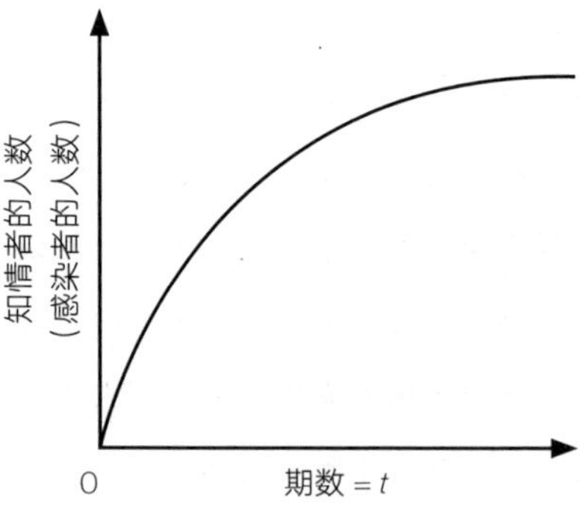

图 24-1　广播模型示意图

第二种，扩散模型。它的特点是，用户增长的过程是开始慢、中间快、后来又变慢，形成了一条S形曲线。裂变营销模式就符合扩散模型，其触及的用户人数不会在一开始就冲上一个高点，但是随着时间的推移，“人传人”的方式会在某个时间点发生一个明显的急剧变化，迎来一个人数激增的“倾覆点”（见图24-2）。

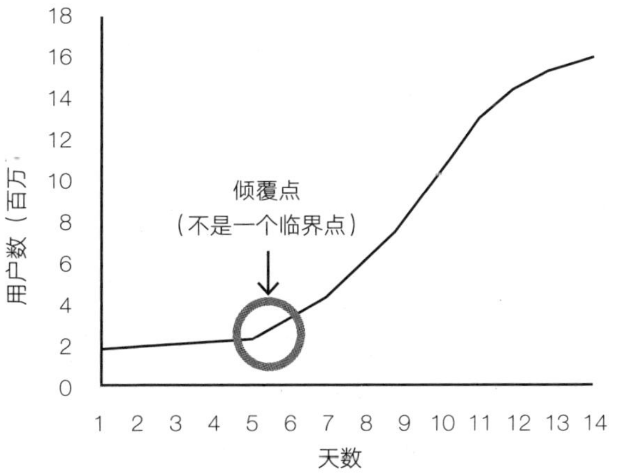

图24-2　扩散模型示意图

不过，和现实情况对比，这两个模型都有一个缺陷，那就是它们都假设：所有人在成为你的用户之后就再也不会离开，永远是你的忠实用户。但是很显然，这种假设是难以成立的。实际情况是，有些用户肯定会在一段时间之后流失。

这时就要看第三种模型，传染模型，也叫作“SIR模型”。S、I、R分别代表的是传染病当中的易感者（susceptible）、感染者（infected）和痊愈者（recovered），对应到商业环境当中，就是“目标用户”“用户”

和“流失用户”。在传播过程中，虽然每天都有新用户在加入，但也有老用户在流失。要判断用户发展的趋势，就要用到“基本再生数 R0”的概念，也就是一个用户能“传染”的平均人数。当 R0 大于 1 的时候，这个数字越大，用户增长就会越快；但是当 R0 小于 1 的时候，用户数量就会越来越少。进一步讲，R0 是依据三个概率来计算的，用公式来表达就是：

$$\text{基本再生数 R0} = \frac{\text{接触概率} \times \text{扩散概率}}{\text{痊愈概率}}$$

也就是说，“接触概率”和“扩散概率”越高，“痊愈概率”越低，产品的“传染力”就会越强。所以，你要想打造爆款产品，就要关注这三个指标。想要提高接触概率，就要让更多的人看到你的产品，产品推广的时候用到的各种事件营销、广告曝光都是在提升接触概率。而要提高扩散概率，就要让接触到产品的人更容易转化成用户，常见的做法就是找到更精准的用户群。而要降低痊愈概率，就是要尽可能地减少用户的流失，常见的连续签到送礼品活动，目标就是提高用户留存率。

上面说的这三个模型并没有绝对的好坏之分，而是各有特点。比如，广播模型和扩散模型可以让你根据历史数据快速估算出想要达到效果需要多少时间和资源；而一旦考虑长时段的影响，就更适合采用 SIR 模型，但是因为需要计算的变量更多、更复杂，所以产生误差的可能性也更大。只有想清楚自己的目标是什么，然后再选择对应的模型，或者是把它们组合起来使用，才能取得最好的效果。

真实世界里的棘手问题，通常是由多种原因导致的，甚至是牵一发而动全身的，我们很难找到一招制敌的撒手锏，需要的是硬桥硬马的真功夫。你需要了解每个模型的优点和局限性，发挥创造性，还要有举一反三的能力。有的时候，你要“一对多”，即找到一个可以应对多个不同场景的模型。还有的时候，你要“多对一”，即同时使用多个模型分析一个问题，才能做出准确的预测和判断。就像《模型思维》的作者斯科特·佩奇（Scott Page）[①]说的：**“所有模型都是错的，但其中一些是有用的。”**

最后，我要提醒你，模型不是数据，不是信息，而是一种高级知识，模型思维比知识和方法更基础，是一个人的思维的底层系统。假如你发现自己做事的方法都没问题，但就是无法获得预期的结果，你可能就要反思，是不是一开始就用错了模型。**很多时候，模型比方法更重要。**

① 模型思维课首创者，密歇根大学复杂性研究中心“掌门人”。他系统性讲述模型思维的重磅力作《模型思维》中文简体字版已由湛庐策划、由浙江人民出版社出版。24 种思维模型，精准解决你的所有难题。——编者注

25

发挥群体智慧，收获多样性红利

拥有最好想法的
并不是最聪明的人，
而是那些最擅长
从别人那里获取想法的人。
推动变革的
并不是最坚定的人，
而是那些最擅长
与志同道合者相处的人。
最能激发人的
并不是财富和声望，
而是来自同伴的尊重和帮助。
——阿莱克斯·彭特兰

思考力训练

一位科学家曾经发起过一个“棉花糖挑战”实验，实验要求很简单，就是每 4 个人组成一个小组，在 18 分钟的时间里用有限的材料搭出一座塔，每个小组得到的材料如下：

- 20 根干燥笔直的意大利面；
- 一条一米长的透明胶带；
- 一根一米长的细线；
- 一颗棉花糖。

实验要求，每个组搭好的塔的顶端要能安稳地放上一颗棉花糖。哪个组搭出的塔最高，哪一组就获胜。

在 5 年的时间里，这位科学家邀请了 700 多人参与实验，参赛者按照不同身份组成了多支团队，具体如下所示：

1. 名校毕业的大学生；
2. 商学院的 MBA 学生；
3. 《财富》500 强企业的首席执行官；
4. 专业的工程师；
5. 幼儿园小朋友。

那么，成绩最好的团队是哪一支呢？

出人意料的是，获胜的并不是那些由精英组成的团队，而是由幼儿园小朋友组成的团队，他们搭建的塔平均高度达到了 63 厘米；相比之下，商学院 MBA 学生组成的团队的成绩最差，平均高度只有 25 厘米，连幼儿园小朋友团队的一半都没有达到。

现在工作中的很多项目都需要组建一支团队来共同完成，因为大家可以集思广益，分工协作，这样才能有效地解决各种难题。

然而，要想充分发挥出团队的战斗力，仅仅人多是远远不够的，甚至可能产生意料之外的副作用，就像那句法国谚语说的——“厨子多了煮坏汤”。

要想把团队成员们的想法汇聚起来，取长补短，更好地发挥群体智慧，就要破除一些常见的误区，建立正确的团队协作与互动模式。

最强成员不一定能组成最强团队

在本章开篇的思考题里，精英们组成的团队在“棉花糖挑战”实验里的表现反倒不如幼儿园小朋友，这个结果很让人费解。这些精英组成的团队在才智、技能和经验等方面都远超小朋友，按理说绝对不可能会输。而幼儿园小朋友们心思简单、经验不足，为什么他们能够完胜大人呢？

研究者仔细分析比赛的过程之后发现，这些精英们的做法是，先研究手头的材料，然后花很多时间提出各种想法和意见，分析各种方案的利弊，综合各自的优缺点确定最佳方案，然后分派任务开始搭建。

和他们相反的是，幼儿园小朋友组成的团队在搭建过程中完全没有规划，小朋友们一上来就直接动手，七手八脚地搭建他们的塔。在这个过程中，他们会一边交流一边尝试各种办法，彼此之间的交流总是简短有力："这里！不，是这里！"有的小朋友还会直接拿过同伴手里的材料，放在自己觉得正确的地方。

各个精英组成的团队之所以会输，并不是对手太强，而是由于他们缺乏安全感，所以在合作的过程中有所保留，没能发挥出全部的实力。

商学院的 MBA 学生们在团队合作当中会有很多顾虑，他们会想："谁是这支团队的领导者？这里有什么规矩？批评其他人会不会被人讨厌？"如此一来，就会陷入一种缺乏安全感的心态。他们为了建立起安全感，就会小心翼翼地揣摩彼此的意图。

所以，精英团队的合作虽然看上去配合得很顺畅，但其实隐藏着犹豫、低效和微妙的竞争，他们并没有把全部精力都放在解决问题上，而是让彼此之间的内耗拉低了整个团队的表现。

越是在重视知识和创新，依赖成员个体能力的组织里，缺乏安全感带来的影响就越严重。这一点很容易理解，如果一支团队里的成员没有安全感，总是担心别人对自己的看法，他们肯定会有所保留，将保证自己的安全排上最高的优先级。这就导致他们不敢尝试、不愿创新，抱持所谓"不求有功、但求无过"的心态。除此以外，缺乏安全感的团队还会面临一种更大的危机，那就是成员会"抱团取暖"，在团队内部拉帮结派。这种小团体一旦形成，他们追求的目标就不再是团队整体绩效的最大化，而是小团体的利益和影响力最大化。这样一来，整个团队自然就会失去活力。

所以，发挥群体智慧、打造高绩效团队的第一步，不是考虑“能不能”“会不会”的问题，而是要在内部营造一种充满安全感的氛围，解决“想不想”“愿意不愿意”的问题。具体来说，**你需要频繁地向团队成员发送“归属信号”**。

研究显示，人类非常善于解读信号，尤其是人际关系方面的信号。人们的大脑会自动地解读，不需要有意识地去分析，就能判断出是不是安全。所以，你要细心地设计发送给团队成员的各种信号，包括目光接触、面部表情、肢体语言、声音语调，等等。你要善于运用这些信号，向团队成员传递归属感，让他们感到安全，比如张开双臂，表示你没有威胁；模仿对方的动作，表示你喜欢他。所有这一切，都是为了让团队成员一直保持警惕的大脑能够放松，让大脑感觉到：可以放心了，这里没有危险，可以让它的主人放心地和他人建立联系了。

著名篮球教练格雷格·波波维奇就非常善于释放归属信号，在他执教马刺队的生涯中，这支队伍一共 5 次夺得 NBA 的总冠军。有专家分析说，马刺队队员的实力其实没有那么强，他们能够以弱胜强的关键就在于教练波波维奇独特的领导方式。他非常擅长在团队内营造安全感，但他并不是那种“老好人”的性格，很多人把他比作一只斗牛犬。只不过他并不会胡乱骂人，而是就事论事，直接指出队员们哪里做得好、哪里做得不好。大家都能意识到，他所做的一切都是为了帮助队员们提升自己的篮球水平。当队员们表现好的时候，他们知道教练会真心地为他们高兴；当队员们搞砸的时候，他们也不用过度担心，而是会想到只要多加努力，波波维奇一定愿意继续帮助他们。所以，队员们打起球来特别有底气。波波维奇通过行动，一遍又一遍地向队员们传递了两个信号：第一，“我实话实说，不绕弯子”；第二，“我真诚地爱你们，直到永远”。

当球队士气低落，队员们最需要支持的时候，波波维奇还会用特别的方式帮他们重建安全感。有一次，球队在一场争夺NBA总冠军的关键比赛中以一球之差输给了对手。队员们都垂头丧气，想回到酒店草草地结束这沮丧的一天。可是波波维奇却做出了一个相反的决定，他坚持要所有队员都到一家饭店去，他自己开车提前到达，亲自布置现场。

队员们抵达饭店的时候发现，波波维奇站在饭店门口迎接他们，他微笑着和每位队员打招呼，拍拍他们的手臂，说一些玩笑话，还主动拥抱他们。等到大家都落座开餐之后，波波维奇开始四处走动，和每位队员交流，向他们表达感谢。虽然没有什么正式的讲话，只是一些亲切日常的交谈，可是波波维奇就是有办法让每个人都敞开心扉，大家开始打破沉默，忘掉失败，彼此相依，原本的沮丧、自责和懊恼都逐渐消散了。后来有人回忆说：“那天晚上结束的时候，球队已经恢复了正常，我们又是一支团结拼搏的队伍了。那是我见过的最伟大、最难忘的一个晚上。”

通过传递归属信号来制造安全感，它能让团队成员产生一种信念：“我们彼此信赖，我们息息相关。”

团队成员的多样性比能力更重要

团队要取得成功，除了成员愿意为集体全力付出，还需要他们具备多元化的知识和能力模块，这样才能互相取长补短，解决看似不可能解决的难题。

我来给你举个例子，有一家经营生鲜电商的公司，产品的破损率一直居高不下。他们有的产品非常怕碰，比如芒果；有的则非常坚硬，比如榴莲。如果包装的时候，榴莲压在了芒果的上面，那么肯定会把芒果压坏。这个问题一直存在，但始终难以解决。包装部门说："上千种产品，要让包装工人记住哪个怕碰、哪个太硬，还要考虑互相之间的摆放关系，这个活儿根本没法干。"采购部门说："如果为每个产品都制作不怕压的独立包装，虽然破损问题解决了，但成本却会飞上天，利润率会一落千丈。"

破损率这个"老大难"问题困扰了这家公司很久，直到有一天，公司的首席执行官带领各部门高管亲自到包装线上干了一天活，没想到意外收获了一个破解之道。他们发现，包装工人装箱的时候，是按照订单上产品的打印顺序去拣货和装箱的，订单上越靠前的产品越会被压到下面。于是，技术部的人员灵机一动，想到可以给每种产品设置一个"耐压级别"，打印订单的时候，把最耐压的产品打印在前面，把最怕压的打印在后面。这样一来，包装工人只要按照订单顺序装箱，就能大大地降低产品的破损率。你看，某些人的难题，在另一个人的眼里解决起来却是易如反掌的。

所以，组织一定要建立一支有多样化视角和能力的团队。这样既能解决具体问题，还能促进组织发展。《多样性红利》[①] 的作者斯科特·佩奇认为，对于一个组织来说，**群体能力 = 单兵作战能力 + 成员能力的多样性**，能力的多样性可以让一个组织持续创新、进步，不断突破自身的局限。

要做到这一点，我可以给你两个建议。

首先，你要坚信“多样性优于能力”。个人的能力对于组织来说当然很重要，但是，很多组织都太过重视员工的个人能力，甚至只看某种单项能力的高低，这样构建的团队往往会趋向“同质化”，很容易出现“偏科”“瘸腿”的现象，甚至做出错误的决策。

所以，你在选择团队成员的时候，一定要努力提升团队成员的多样性。如果一个人能补充团队的能力短板，或者能贡献与众不同的视角，那么即便他的整体能力要弱于其他候选者，他对于团队也是有很大价值的。

著名的斯坦福大学商学院在招生的时候就非常重视学生的多样性。在每年招聘的 400 名学生里，只有大约一半的人是传统意义上的优等生。另外那些被录取的学生并不是其他候选者里成绩最好的，但都有着

---

① 一个人是否聪明不是由智商决定的，而取决于他认知工具的多样性。《多样性红利》创造性提出了多样性视角、启发式、解释和预测模型四种认知工具，将帮助读者掌握高级的思维方式，成为一个真正意义上的聪明人。本书中文简体字版已由湛庐策划、由浙江教育出版社出版。——编者注

鲜明的个人特色。这些学生主要有三种类型：第一种是特长生，占总数的 5% ～ 15%，这些人要具备某种特别突出的专长，比如小提琴演奏达到世界级水平，或者拿过奥运金牌，又或者是拥有很多发明专利；第二种是有文化特异性的人，占总数的 25% 左右，他们来自不同的国家、不同的民族，有不同的宗教信仰；第三种人被称为“秘密调料”，他们的数量很少，但都有极不寻常的经历，可能是在战场上执行过特殊任务，也可能是单亲妈妈，还可能是来自一个非常冷门的行业。

斯坦福商学院把这些经历、身份和背景各不相同的人聚在一起，就能让他们之间产生多样性的碰撞，创造出各种意料之外的成果，而这也让斯坦福商学院拥有了善于创新的美名。换句话说，只有“坚信多样性优于能力”，才能激发出组织的创新动力。你要记住，**不齐的齿轮之间才能摩擦出火花。**

其次，要让组织获得多样性红利，你还需要“区分不同的偏好”。很多公司都很害怕公司内部出现矛盾争执，认为团队必须要和谐，这样才能成为一个有战斗力的团队。但是，这样的认知其实是过于简单的，你应该依据争执的类型区别对待。

比如，有的冲突形成的原因是“目标偏好”不同。比如，一项新业务的目标是提高利润率，还是扩大影响力？如果团队成员发生冲突是因为目标偏好不同，那就要先想办法统一。否则，团队里就会产生不可调和的矛盾。

而有的冲突争的是“手段偏好”。比如，关于达到扩大用户规模的目标，有人认为应该“稳扎稳打、步步为营”，还有人认为应该“补贴用户、快速扩张”。如果团队想要达到的目标是一致的，只是手段偏好不同，那吵就吵吧，甚至可以让“子弹再飞一会儿”，这样反而能激发出更多的创意。

著名的新兴服装品牌“韩都衣舍”，他们就把业务团队分成了很多个小组，所有小组的共同目标都是要打造爆款、提升业绩。但在具体工作方法上，每个小组都有很大的自主性，可以自由去探索，比如自己决定做什么款式、留多少库存、定多高的价格，等等。公司还会根据销售额给小组排名，表现优异的小组还可以孵化成为子品牌和子公司，拿到更高的利润分成。通过鼓励这种内部竞争机制，韩都衣舍只用了几年时间就把公司的销售额从 20 万元做到了 18 亿元，更是连续 6 年获得“双十一”互联网服饰品牌的冠军。

要做到区分不同的偏好，你需要知道什么时候应该坚持原则，确保团队的目标一致，什么时候应该妥协，允许和鼓励不拘一格、多样化的工作方法和手段。

总之，单个人的能力是有限的，群体却可以拥有无与伦比的多样化思维。重视团队的多样性，就是在为你所在组织的创新和进步种下一颗希望的种子。

改变组织互动模式，激发团队群体智慧

在团队成员已经有意愿也有能力通过协作创造更大的价值后，你的团队还需要一个有效的沟通互动模式，这样才能更好地激发出群体的智慧。

《智慧社会》的作者、著名科学家阿莱克斯·彭特兰（Alex Pentland）①指出，一个团队之所以能够取得优异的成绩，一定是其在工作过程中更好地利用了“想法流”，让每个人都能从周围人的身上学到提高自身能力的想法，做出比独自决策更好的决定。

举个例子，有一家电话呼叫中心有 3 000 多名员工，如果平均通话时间能缩短 5%，那么每年就能为公司节省 100 万美元。彭特兰研究之后提出了一个建议：调整员工们的工间休息方案。原来的方案是每个团队里的每位成员轮流休息，新的方案是让整个团队一起休息，这样一来，同一团队里的成员们就会在放松的状态下自然而然地交流工作心得，比如怎样引导用户说清楚自己的问题，如何更好地帮助老年用户理解一项功能，等等。就是这么一个非常简单的改变，居然帮助呼叫中心每年节省了 1 500 万美元。你看，让想法先流动起来，财富也会跟着流动起来。

---

① “可穿戴设备之父”，MIT 人类动力学实验室主任。他在《智慧社会》中讲述了大数据背景下社会物理学正在或即将发生的种种变革，本书中文简体字版已由湛庐策划、由浙江人民出版社出版。——编者注

要提升团队当中的“想法流”，有三个办法可以帮助你。

第一个方法是，改变团队成员所处的物理空间布局，让他们能够进行更多面对面的交流，方便他们碰撞出新的创意。像是著名的麻省理工学院 20 号楼，就是第二次世界大战时期紧急设计建造的一栋办公楼，除了面积足够大，里面基本没有什么特别的设计。楼内办公室的布局很混乱，房间编号也完全不按套路出牌，经常有人走错。但就是因为这种设计，在不经意间促进了不同学科之间的交流，大家会从其他人的工作当中获得灵感，所以，这栋简陋的大楼里居然走出了 9 位诺贝尔奖得主。

这种意料之外的碰撞对于激发创意的效果特别好。乔布斯为皮克斯动画设计了办公大楼，就故意把整栋楼设计成男女只有各一个卫生间，而且全部都在一楼，这样大家就会在卫生间遇上一些不太熟悉的同事，闲聊的时候就能摩擦出一些火花。我们湛庐办公区的思想空间也参考了这个设计方法。

第二个方法是，借助外部力量，为组织提供更加多样化的信息来源。组织内的成员再优秀，人数也是有限的，而且大家的知识结构可能很相似，你不知道的事情，你的同事可能也不知道。所以有的时候，借助外部信息来源能够起到更好的效果。

科学家阿尔菲斯·宾汉姆（Alpheus Bingham）创办了著名的众包网站 InnoCentive。如果一个工作团队有个什么技术难题无法解决，就可以把问题放到 InnoCentive 上求助，谁第一个解决了这个问题，就可以得到一笔奖金。这些问题当中，大约有 1/3 最终都能得到解决。而解决问题的人往往不是相关领域的从业者，而是一个“局外人”。

比如，有一艘油轮在海上泄漏了大量的石油，专家们花了很长时间都解决不了石油凝固后难以抽取的问题。而一位化学家因为偶然看到工人们用振动器搅拌水泥防止凝固，于是获得启发，用一份只有三页的方案就顺利解决了问题。再比如，有一个困扰了航天科学家 30 年的问题，那就是无法预测太阳粒子风暴，太阳喷射出的放射性物质可能会伤害宇航员和影响飞船上的设备。这个问题被发布在 InnoCentive 上 6 个月之后，一位退休的通信工程师解决了这个问题，他发现只要用望远镜监测太阳射出的无线电波，就能准确预测太阳粒子风暴的发生。有人研究了 InnoCentive 帮助解决的问题，结果发现越是由“局外人”提供的方案就越好。

第三个方法是，利用一套有效的会议讨论机制，来避免团队陷入“群体思维”，更好地激发成员的集体智慧。群体思维你一定听说过，它指的是在进行群体决策的时候，人们的思维会倾向于寻求高度一致，以至于忽视或者压抑了其他的思路，而且更容易做出极端的判断，导致一组聪明人组成的团队反而比单个人的工作成效还差。

有时，我们只有设计一个好的会议决策机制，才能避免群体思维的产生，形成良好的互动模式。彭特兰就曾设计过一个“社会计量标牌”，能准确测量团队内部成员的互动模式。每位参加研究的公司员工都要佩戴一个社会计量标牌，标牌会随时收集员工们的交流行为的数据，比如他们在什么位置和谁说了话，说了多长时间，话题转换的轮次是怎样的，等等。通过综合分析这些数据，彭特兰就能够分析出一支团队的互动模式具体是什么样的。

彭特兰发现，越是那些由少数人主导的，在讨论的时候比较不平等的团队，集体智慧的水平往往越是低下。相反，那些表现更好的团队基本都具有三种互动模式，你也可以将这些要素当作组织会议讨论的原则。

- 团队成员不能长篇大论，而是要用简短的发言贡献大量的想法；
- 团队成员之间要进行密集的互动，对于某一个人的发言，其他成员要用简短的回应，比如“好”“对”“什么”这样的词，来和发言的人进行连续的互动，响应或者质疑他的想法，建立起共识；
- 团队中的每个人都要贡献想法，发言的次数和时间要比较平均，保证想法的多样性。

这种会议讨论机制，既能够确保收集大量不同的想法，又能够对这些想法进行有效筛选，在达成共识的过程中完善想法，收获高水平的集体智慧。

这种做法有一个特别积极的意义，那就是无论你的资源丰不丰富，你都可以用更好的团队互动模式，激发出更高水平的集体智慧，创造出更大的价值。彭特兰有一段话给我留下了非常深刻的印象，我把这段话也分享给你：**“拥有最好想法的并不是最聪明的人，而是那些最擅长从别人那里获取想法的人。推动变革的并不是最坚定的人，而是那些最擅长与志同道合者相处的人。最能激发人的并不是财富和声望，而是来自同伴的尊重和帮助。”**

非洲有一句谚语：“独行者快，众行者远。”在职场精进之路上，拥有一众志同道合的同行者，不仅能帮你解决各种具体问题，更能让你的内心充满力量，让你在翻越高山时忘却孤独，在跨越险滩时充满信心，在度过漫漫长夜时不再迷茫，在做出艰难选择时更加坚定。当你找到了那些能和你并肩奋斗、共同前进的伙伴时，请一定要珍惜，因为他们会是你一生最珍贵的财富。

26

远离噪声，
做聪明的决策者

噪声就像地下室漏水，
它之所以能被容忍，
不是因为人们认为
它是可接受的，
而是因为它一直未被发现。
—— 丹尼尔·卡尼曼

思考力训练

假设你是某个领域里非常资深的专业人才，但是性格比较内向腼腆，你参加了一家顶尖公司的招聘面试。面试当天，天气非常好，你的心情不错，面试表现也很好，你非常有自信能拿到一份 offer。

巧的是，你的一位同事也参加了这个公司的面试，他的专业能力和各方面表现都和你不相伯仲。你们俩遇到的是同一个面试官，他的面试过程也很顺利。只不过，他面试的那天赶上了一个坏天气，阴云密布。

不久之后，录取结果公布了，非常遗憾，你落选了，而你的同事被录取了。你觉得这是怎么回事呢？

针对这类问题，行为科学家乌里·西蒙松（Uri Simonsohn）曾经专门写过一篇有趣的论文，叫作《云让书呆子看起来不错》。他说："阴天的时候，面试官会更关注求职者的成绩类指标；晴天的时候，面试官则更关注求职者的性格、情商、亲切度等非成绩类指标。"由此可见，晴天放大了你的性格劣势，缩小了你的成绩优势；而阴天放大了你同事的成绩优势，缩小了他的性格劣势。

工作和生活中，我们随时随地都要对眼前的事物做出分析、判断和决策，其中难免有很多错误。有些错误是由于缺少必要的信息或者是粗心大意造成的，但是也有很多错误是显而易见、毫无道理，根本不应该出现的。你可能会说，这种错误我知道，就是人类的“认知偏差”造成的。

确实，认知偏差会导致错误判断，比如损失厌恶、禀赋效应等，过去几十年，行为科学家对偏差的研究已经比较充分了，一共总结了超过 200 种偏差。

但是，很多人都没有意识到，导致人类判断错误的很重要的一部分原因还包括“噪声”。

噪声，人类判断的缺陷

“行为经济学之父”、诺贝尔经济学奖得主丹尼尔·卡尼曼在《噪声》中告诉我们，所有的人类判断错误，都是由偏差和噪声造成的，可以用一个公式来表示：

错误判断 = 偏差 + 噪声

有一个小实验可以让你直观地感受一下噪声。请你打开手机里的“秒表”功能，然后在启动秒表的瞬间闭上眼不去看它，在心里默数 10 秒再按停秒表。你可以多试几次，最后一定会发现，总是会存在误差，有时候少零点几秒，有时候多零点几秒，没有明显的规律。这其实就是噪声在影响你。

在这个“测量 10 秒钟”的实验里，即使你估计错了时间也没有关系，但在实际的工作和生活当中，噪声却可能造成严重的后果。噪声的存在挑战了很多你原本以为绝对可靠的东西，比如指纹鉴定。在绝大多数人的印象里，每个人的指纹都是不一样的，指纹鉴定应该是绝对可靠的，根本不会出错。但是实际上，同一位指纹鉴定师对同一枚指纹进行鉴定，前后几次的结果很可能是不一样的。

此外，噪声还会造成不公平。在两起相似的挪用公款案中，一个人只被判了 117 天监禁，另一人却被判了 20 年；两名因兑现假支票而触犯法律的男子，他们兑现的数额只差十几美元，但一个被判处了 15 年监禁，另一个却仅被判处 30 天监禁。这些明显的错误判断可能仅仅源自法官的一念之差，却会让当事人的命运发生翻天覆地的变化，有伤法律的公平正义。

除司法领域以外，在很多工作场景中，噪声也会造成巨大的影响。在保险行业，不同保险经理测算的保费相差巨大，这之间的差异甚至可能高达 55%，最终导致保险公司每年损失几亿，甚至几十亿元。在公司评估员工绩效的时候，噪声也会导致巨大的结论差异。医生对患者的诊断当中也存在着大量噪声，不同医生对同一患者给出的诊断结果有时甚至相差巨大。

总之，噪声制造了大量的错误，如果你不想让这些错误发生，就必须要了解噪声、降低噪声。

偏差有方向，噪声难预测

人类的错误判断都是偏差和噪声造成的，而它们之间有一个决定性的差异，那就是偏差是有方向的，而噪声是随机、无序的。

具体来说，偏差的种类虽然很多，而且表现形式各不相同，但是都有方向性，对不同的人会产生相同的影响。换句话说，偏差是“可预测的判断误差”。假设你是一位招聘专员，面前有两份简历，上面候选人的履历没有什么不同，但是其中一位候选人的简历用纸更硬挺、更光滑，仅仅这一点差异，你就可能对相应的应聘者给出更高的评价。而且这个现象在全世界是普遍存在的，正常情况下，很少有招聘者会对用粗糙纸张印制的简历更有好感。

如果说偏差是有方向性的、可预测的，那么噪声就是随机的、不可预测的。假设你是一位股票交易员，要根据最新消息决定买入还是卖出股票。当你看到特斯拉新推出的廉价车型大受欢迎时，你可能就会认为特斯拉已经找到了新的增长点，应该买入特斯拉的股票。但你没有意识到，自己的判断其实受到了某种噪声的影响，如果是在另一个时间点看到这条消息，你很可能会做出完全相反的判断，比如，你可能会认为廉价车型会分流高端用户，导致特斯拉的利润降低，所以应该卖出特斯拉的股票。

关于偏差和噪声的区别，如果用打靶来说明，偏差就是枪不准，子弹落点会偏向一边；噪声就是手不稳，子弹落点飘忽不定。换句话说，偏差会让误差往一个方向偏，而噪声则会让误差往不同的方向偏。

说到这里，我要特别提醒你，偏差不仅和噪声不同，而且偏差还会制造噪声。

如果你是一家大型公司的人力资源总监，管理着许多负责招聘的人力专员，那么这些人力专员个人工作的偏差，合起来就会成为整个招聘系统的噪声。

比如，人力专员可能把“候选人的专业水平”这样一个不容易衡量的标准，在心里用另一个比较简单的问题来替代，像是“在相关行业的从业年限”，并且把简单问题的答案当成困难问题的答案。

再比如，人力专员可能会先得出结论，再去寻找支持这个结论的证据，同时忽略那些不支持的证据。也许有一个候选人比较胖，那么人力专员就可能会先入为主地认为“这个人自律能力比较差”，然后他就会专门提问和自律能力有关的问题，并且把发现的蛛丝马迹当作支持自己观点的证据，而对候选人身上的闪光点视而不见。

又比如，人力专员看到信息的顺序也会影响他的判断。如果他在简历上先看到的是候选人“名校毕业”“工作业绩出色”，后看到候选人“前两份工作都没干满一年”，那么他很可能认为候选人“精明能干”。反过来，如果人力专员先看到的是候选人“前两份工作都没干满一年”，后看到候选人“名校毕业”“工作业绩出色”，那么他就更可能认为候选人“好高骛远”。虽然看到的信息是一样的，但是顺序不一样，他们就会对候选人产生截然相反的印象。

上面说到的这些都是人力专员个人工作中产生的偏差，从整个系统的角度来看，就会形成巨大的噪声，导致招聘工作出现更多的错误。而且因为噪声的影响是千人千面的，所有你很难预估它会如何干扰人的判断。更可怕的是，噪声对判断的影响这么大，而我们以前居然都没有意识到这一点，这就导致我们总是会重复犯同样的错误。

噪声容易被忽略，是因为人都偏爱“因果思维”

我们之所以会忽略噪声的存在，对它放任自流，很重要的一个原因就是人们都偏爱“因果思维”，这是一种根深蒂固的人类认知模式。

假设你是一个公司的中层管理者，工作还算稳定，但是有时也会对未来感到迷茫。现在，你眼前有一个机会：你的一位毕业于常春藤名校的至交好友曾在国外知名互联网公司工作过几年，后回国创业，他先后创建的两家公司都被互联网行业巨头收购了。现在他打算继续创业，投资已经到位，团队也基本搭建好了，想邀请你加入。

你认真考虑了一下，感觉这个机会的成功率很高。于是，你从原来的公司辞职，开始创业。几年之后，这家新公司成功登陆科创板，你也获得了丰厚的回报，实现了财富自由。现在回想起来，你真的非常佩服自己，正是因为当初判断准确、决策果敢，才赢得了这个绝佳的机会。

但是，这个故事很可能还有另一个版本：你在认真考虑后，觉得创业的风险太大，于是决定继续留在原来的公司。几年之后，这位朋友创业失败、公司倒闭。现在回想起来，你觉得实在是太惊险了。如果当时辞职加入创业，自己就会血本无归，幸亏当时没有一时冲动酿下大错。

听完上面的故事，你会发现，在故事的两种结局里，你看上去都做出了正确的选择，因果关系非常明确，成功或失败的结局似乎都是必然的。

这其实是你的因果思维造成的，无论现实当中是什么样的结局，你都会自动“脑补”出故事里人、事、物之间的相互关系，在没有联系的地方创造联系，在没有规律的地方创造规律。一旦一件事已成定局，无论结果如何，因果思维都可以给出合理的解释。

归根结底，这是因为我们的大脑是 illusion brain，是一个有幻觉的大脑，而且它“太懒了”，不想费力思考。你在分析自己为什么会做出错误决策的时候，很容易就能找到无数个自圆其说的解释，并相信这就是真相，不再探寻是不是还有其他的原因。正是因为如此，我们非常容易忽略噪声的存在，你不会意识到自己受到了哪些噪声的干扰，结果就会一而再，再而三地犯同样的错误。

就像卡尼曼在《噪声》里总结的：“噪声就像地下室漏水，它之所以能被容忍，不是因为人们认为它是可接受的，而是因为它一直未被发现。”

三类噪声同时存在，组合形成难以预测的错误

噪声的具体形态千差万别，每个人遇到的噪声都会受到他的成长背景、生活经历和价值观等因素的影响，有的甚至是完全随机、毫无来由的，这就导致了无穷无尽的噪声。不过，所有的噪声都可以分成三大类，每类噪声都会以相似的方式影响人的判断。接下来，我就通过一个例子来为你讲解这三类噪声。

假设你们公司的首席执行官最近收到了法院的传票，一时之间，公司里谣言四起、人心惶惶，大家都在猜测这件事的结果会怎样。而你研究了以往的类似案例，想要预测这个案件最后会怎么判决。虽然你已经充分掌握了类似案件的情况，但依然会有很多噪声干扰你的判断。

第一，不同法官对类似案件的判决结果可能相差巨大。比如，认为服刑是“惩罚”的法官往往判得更重，而认为服刑是“改造”的法官则判得更轻。所以，这个案子的判决结果在相当程度上将取决于它会遇上怎样一位法官。这种当事法官和所有法官判决结果平均值之间的差异，就是第一类噪声——“水平噪声”。

第二，当事法官如果有某种特定倾向，也会明显影响判决结果。比如，一位法官虽然总体来说比其他法官更严格，但可能对白领罪犯更宽容；一位法官整体上总是从轻处罚，但是对于经济犯罪却很严格；一位法官整体量刑适度，但是如果受害者当中有老年人，就会判得更重。这些特定的倾向，就是第二类噪声——“稳定模式噪声”。

第三，还有很多偶然的随机误差会影响法官的临场判断。比如，法官心情的好坏也会影响判决结果，如果法官支持的球队昨天刚刚输了，他心情不好，那么他就会更仔细地分析证词，找出其中的问题和漏洞。再比如，法官审理案件的顺序也会产生干扰，如果他之前刚刚对另外两个案子的嫌疑人给出了无罪判决，那么就更可能给第三个案子一个有罪判决。此外，天气因素、压力和疲劳程度等都会产生噪声。就算没有这些外部干扰，人类大脑的思考效率也是忽高忽低的，会造成一些不可解释的误差。上面这些干扰因素都可以统称为第三类噪声——“情境噪声”。

更复杂的是，这三大类噪声是同时存在的，会对你的决策同时产生作用，其影响可以用一个公式来表达：

系统噪声 = 水平噪声 + 稳定模式噪声 + 情境噪声

这意味着，无论你进行怎样的研究和准备，你都无法对法官的判决做出完全准确的预测。可以说，法官的判决结果就像抽奖一样难以预料，你永远无法准确预测下一次开奖的结果。

这里我要特别强调一下，不少人在知道了噪声的影响是随机的之后很容易陷入一个误区，就是觉得既然错误是随机的，有的向左偏，有的向右偏，那就取个平均值，让错误相互抵销不就行了吗?

但这是行不通的，这就好比保险公司对一份保单估价过高了，对另一份保单又估价过低了，虽然从平均值来看没有造成多少额外的损失，但这其实是两次判断错误，给保险公司造成了两次损失。司法审判也是这样的，如果给该重判的人判轻了，给该轻判的人判重了，这也是两次重大失误，不仅有失公平，也没能伸张正义。所以，噪声带来的一个巨大且可怕的影响就是，错误不会相互抵销，只会不断累加。

决策也要讲卫生，三步法让你远离噪声

哪里有判断，哪里就会有噪声。而且在做决策的时候，人们很难意识到噪声的存在，所以，减少噪声干扰的关键在于预防。预防噪声的道理和预防疾病是一样的。

你一定知道，保持健康需要讲卫生，同样的道理，保持判断的准确性也要“讲卫生”。洗手的时候要遵循“7 步洗手法”，这样能帮你消灭掉绝大多数细菌和病毒，保护你的健康。而在决策的时候，也有很多方法和技巧可以帮你消除掉大量的噪声，这就是“决策卫生”。有一种保持决策卫生的方法非常好用，叫作“三步决策法”，我来给你介绍一下。

假设你们公司的业务是生产电动汽车的电池，现在正考虑要不要批量生产一种新材料电池，那么，你就可以把决策过程分成三步。

第一步是“分解指标”。你要列出一张清单，写清楚哪些指标对于这种新材料电池是最重要的。这些指标的数量要少，但是要全面，而且要互不包含。比如这种电池的能量密度比原有产品提高了多少？目标客户群体的规模有多大？研发时间需要多长？生产成本是多少？等等。

第二步是“独立打分”。你要把这些指标分给不同的人去调查研究，这些人可以是公司内部的同事，也可以是外聘的专家，但是他们必须独立进行研究，不能互相讨论，避免互相影响。在给出的调查报告里，所有人都要给自己负责的指标打一个分数，代表这个指标在多大程度上支持这种新材料电池的量产。这种打分必须是基于事实的，而且最好能参考外部视角。比如，你要评估这种新电池的研发难度，就不能只说“工程人员预计研发需要一年半”，还要指出“竞争对手研发类似产品已经用了一年，但是进度只有 50% 左右”，这样才充分。

第三步是“整体判断”。简单来说，就是把直觉推迟到这个时候再用。参加决策会议的人要逐个评估所有指标，先听研究人员的报告，然后匿名对指标打分，再公布分数，接着组织大家进行讨论并重新打分。每一项指标都要按照这个流程，计算出一个平均分。最后，大家要根据这些指标的平均分，再结合自己的经验和直觉，投票得出最终的结论。

这种三步决策法的好处是，既能参考很多人的独立判断，又能利用自己过去积累的经验，尽量减少噪声的干扰，更好地发挥群体智慧的力量。

这种方法还适用于很多其他决策，无论你是要帮孩子选择大学专业，还是要给自己制定投资规划，都可以使用三步决策法：先分解指标，再独立打分，最后整体判断。这样可以有效减少噪声的影响，提高决策的质量。

说到这里，我要提醒你一下，你要消除的只是错误判断，而不是不同意见。我在第一次读《噪声》这本书的时候，就想起了著名诗人艾米莉·狄金森（Emily Dickinson）的一首诗 *The Saddest Noise, the Sweetest Noise*（暂译“最悲伤的噪声，最甜蜜的噪声”），我得到的启示是，只有拥有不同的视角，才能看见世界的多样性。当你希望解决某个问题的时候，会期待不同的团队成员贡献差异化的方案；当你希望了解一部电影、一本小说这样的文化产品时，也希望别人能说出各自的真实想法。在这些情况之下，你需要大家有不一样的反应，这样生活才会变得更加有趣和丰满。

但是除此之外，那些工作和生活中不必要的判断误差，则是我们一定要努力消除的噪声。人生充满了变化和随机性，你往往意识不到它们在左右着你的每一次决定，而且会让你付出沉重的代价。导致我们做出错误判断的噪声，是一个巨大的，但也一直被忽视的问题。

未来会有越来越多的人意识到噪声的危害，所有的组织和个人都会把噪声看作决策中最大的陷阱，认真研究和对待。虽然我们不能彻底地消除所有噪声，但可以有效地预防它的负面影响。只要大家能坚持正确的意识和态度，付出更多的努力来尽量减少噪声，我们就能进入一个决策错误更少的世界，收获成功的事业和幸福的生活。我们现在就可以行动起来，一起学习预防噪声、对抗噪声，成为更聪明的决策者。

27

延时最优化，帮你实现“后发先至”

行动并不会换来回报，
只有正确的决策才能。
——沃伦·巴菲特

思考力训练

股票交易当中有一种高频交易，是由计算机完成的超高速股票交易。美国有一家从事高频交易的UNX证券公司，总部设在加利福尼亚州，在每次交易时，计算机都要把信息传递到纽约，然而加州距离纽约将近8 000千米，信息传递大约需要65毫秒的时间。后来他们把公司总部搬到了纽约，这样每笔交易的交易时间可以缩短35毫秒。你觉得他们这么做之后，能提高公司的交易效率和利润吗？

结果很让人惊讶，他们的每笔交易确实节省了35毫秒的时间，但是公司的交易成本却比以前更高了，计算机总是会在更高的价位上买入股票，卖出之后的收益也变得更少了。这家公司花了大量的时间，一遍遍地进行检验，但最终得到的结论都是：速度越快，结果反而越差。

如今，大多数人已经习惯了对问题做出快速反馈，尤其在职场上，很多人都默认处理问题的时间越短越好，这样才能最大限度地提高工作效率，取得更高的绩效。

但是，这样做既会让你感到紧张和焦虑，也有可能导致忙中出错。除此之外，单纯从做事的效果来看，快速反馈也未必是最好的方式。

效率就是生命，但未必越快越好

在金融市场上，股票交易当中有一种高频交易，就是由计算机完成的超高速股票交易。在高频交易中，计算机的优势更大，可以更快、更频繁地买卖股票，这是人类交易员无法比拟的。可以说，高频交易的首要特点就是速度快，各家交易平台拼的就是速度。目前，高频交易已经占到了美国股市总体成交量的 70% 以上。

美国 UNX 证券公司总部在加利福尼亚州，距离纽约华尔街将近 8 000 千米。这家公司意识到，要想让公司存活下去，必须使自家的交易平台更加高效，这样才能与其他高频交易证券公司一争高下。所以，UNX 公司想到了采取延时最小化的策略，也就是说，要尽可能缩短计算机交易的延迟。他们迅速筹集资金建立了一个顶尖的计算机交易系统，这个系统的软件和硬件都很精良，速度更快、效率更高。

全新的交易平台极大地提升了 UNX 公司的业务能力，公司买卖股票的成本低于所有同行，客户因此蜂拥而至。消息一经传开，华尔街上的其他股票经纪都坐不住了，他们争先恐后模仿 UNX 公司的做法，因而各家公司的交易速度都得到了提升。UNX 公司的领导者也开始未雨绸缪，想要采取一些措施让公司业务能更上一层楼。他们首先想到的就是把公司总部搬到纽约去，因为他们所处的加利福尼亚州和纽约华尔街距离太远了，超长的传输距离可能导致明显的时间延迟，即使信号的传播速度超快，从加利福尼亚州到华尔街的订单因为距离更远，也需要更长的时间才能在横跨整个美国的光缆之间完成传递。经过精密的计算，他们发现一笔交易从被输入公司计算机的那一刻到这笔交易最终在华尔街完成，一共需要大约65毫秒的时间，而如果把设备搬到纽约的话，就能节省35毫秒。

在金融领域，时间就是金钱，效率就是生命，所以这家公司飞快地把总部搬到了纽约，再次启动了交易平台。然而令人意想不到的事情发生了，他们的交易确实节省了35毫秒的时间，但公司的交易成本却比以前更高了。虽然交易速度提高了，但是执行效果却大不如前，问题在于现在计算机总是会在更高的价位上买入股票，卖出之后的收益也变得更少了。这家公司花了大量的时间，一遍遍地进行检验，但最终得到的结果都一样：速度越快，收益反而越差。就在他们几近绝望的时候，有人提议说："干脆我们试着稍微放慢计算机的运行速度，回到原来的速度上。"然后，奇怪的事情发生了，当把每一笔交易的时间调回到65毫秒时，这家公司很快又重新登上了股票交易排行榜的顶端。

这真是太不可思议了，当交易速度变得更快时，结果却变得更糟了，在交易速度至上的高频交易领域，放慢速度居然可以做得更好，这背后的原因是什么呢？事实上，如果计算机被设定为只能在某个特定时段内接收数据包，那么过早发送信息就很可能会导致效率低下，或者是网络拥堵，因此计算机程序员常常会在程序代码中写入暂停指令，以保证计算机有足够的时间做好接收数据的准备。由此可见，速度并没有那么重要，慢一些可能更好。技术顾问往往会建议证券公司在时间和成本之间寻求一个平衡点，以制定合理的延时管理预算，既能确保数据准时送达，也可以避免因为信号发送太快而导致成本增加，其中的关键是要找出最理想的延时量，这个策略就叫作“延时最优化”。

速度至上的原则并非适用于所有场景，选择延时最优化还是延时最小化，关键要看你是更注重时效还是更在意成本。**如果时间是关键，就要尽快行动，将延迟时间缩到最短；如果成本更为重要，则应该稍加等待，伺机而动，把握最理想的延迟时间。**

高频交易看上去是由计算机操纵的，但实际上，计算机的编程和监控方面都融入了大量的人类智慧。从根本上讲，效益最好的高频交易公司都善于管理时间，在时机恰当的时候，它们会加速运行，但有时也会求慢求稳。高频交易商会鼓励员工花更多的时间来制定决策，还会通过设计相应的计算机算法来预测其他交易商的具体动作，然后静待这些动作的发生。有时，这些计算机算法会被用来实现延时最小化，但在多数情况下，这些算法的设计目的是追求延时最优化。

延迟策略，一种主动的战术性等待

在追求延时最优化的过程中，你可以主动采取一种“延迟策略”。《慢决策》的作者、华尔街金融畅销书作者弗兰克·帕特诺伊（Frank Partnoy）[①] 认为，**和被动的“拖沓”不同，主动延迟是一种战术性的“等**

① 美国圣迭戈大学法学、金融学教授。他在《慢决策》一书中揭示了让你的生活从容不迫的关键，可以帮助你把握行动的最佳时机，本书中文简体字版已由湛庐策划、由北京联合出版公司出版。——编者注

待”。当你能巧用延迟策略的时候，反而可以达到后发先至的效果。

20 世纪 90 年代，香港证券交易所、深圳证券交易所、新加坡证券交易所和东京证券交易所都规定了 90 分钟的午休时间，这个规定有非常重要的积极作用，因为暂停交易可以让交易员们更理性地分析当天的交易状况，保持头脑冷静。在这段时间里，他们可以好好吃个午饭，认真分析数据，冷静思考对策，这样后续表现往往更好。

不过，要用好延迟策略，并不只是意味着等待，而是需要注意两点。

第一点，“何时出手”比“抢先出手”更重要，把握好“决策”与“时机”的关系。比如，有顶尖的网球高手在“速度决定胜负”的比赛中就运用延迟策略获得了最后的胜利。在网球比赛中，从一方发出球到另一方接到球，留给对手的反应时间只有半秒，也就是 500 毫秒。温布尔登网球锦标赛男单冠军吉米·康纳斯（James Connors），他在面对对手的凶狠发球时，总是会用 400 毫秒观察，最后 100 毫秒出击。也就是说，他要花足够的时间确认机会，尽可能地等待，然后一击命中。

康纳斯所运用的决策步骤可以总结为：第一步，仔细观察；第二步，处理信息；第三步，在最后一刻做出反应。其实，这和我们日常生活中的决策框架并没有什么不同，这种体育比赛中的延迟策略也同样适用于个人决策或者商业决策。

“股神”巴菲特就曾说过，他的成功秘诀之一就是延迟决策。他说：

“行动并不会换来回报，只有正确的决策才能。因此，需要等待多久，我们就等待多久。”巴菲特曾经把炒股和棒球放在一起作类比，他说：“我把金融投资称为世界上最美妙的行业，因为你不用每一球都挥棒。你只要站在本垒旁边，观察对面的投手向你扔来的一个个球，也就是不同股票的股价，比如通用汽车 47 美元、美国钢铁 39 美元……而且，没有裁判会判你出局，唯一的惩罚不过是丧失机会而已。你可以花一天的时间来等待最合心意的那个球，然后趁捕手打盹的时候，挥动球棒，一举击中。”

由此可以看出，高手做决策更看重何时出手，而不是抢先出手。想要成为高手，既要拥有当机立断的魄力，也要拥有伺机而动的镇定。在角逐中，高手追求的是最终的胜利，而不是最快的决策。

第二点，“正确执行”比“快速执行”更重要，降低错误发生的可能，就能提高工作效率。比如，医院使用延迟策略进行过程管理，可以降低重大手术并发症的发生率。著名医生阿图·葛文德为了降低重大手术的并发症，在医院外科手术的标准程序清单中增加了三个必要延迟点，分别是麻醉之前、切口之前以及离开手术室之前。每次的延迟时间不超过一分钟，正好够手术小组的成员做一些基本的核查，比如术前确认病人身份，术后清点针头和纱布。表面上看起来，医生或护士在这三个延迟点做的都是一些小事情，但取得的效果非常惊人。短短几个月之内，重大手术并发症的发生率就下降了 36%，死亡人数更是减少了 47%。

在任务清单上设置必要的延迟时间，能让你停下脚步来思考，减少错误发生的可能，为你节约更多的时间成本和精力成本，提高效率。换句话说，**主动“慢下来”，反而能让你更好地“快起来”。**

所以你看，无论是在投资领域，还是在管理领域，大师们都不谋而合地采取了延时最优化的策略，看来这个世界的顶级智慧都是相通的。

让思维飘一会儿，帮你孵化破题新思路

延时最优化除了能帮你做出更好的决策，还能优化你的行为表现，尤其是提升你的学习效果。绝大多数人都认为，工作和学习的时候必须保持专注，要坚持不懈、专心致志，甚至“头悬梁，锥刺股”。但是，脑科学和行为科学的最新研究却告诉我们，在学习过程当中保留必要的延时，适当的“暂时停机”，反而能提升学习的效果，并且激发大脑的创造力。脑科学的最新研究表明，专心致志的关键并不在于你是看上去很专心，还是自认为在毫不分心地投入一件事情。即使你觉得自己很专注，整个学习过程中也充斥着许多短暂的休息和分心的时刻，甚至是神游天外。

如果你不信，可以在工作或者学习的时候，在自己的对面放一台摄像机，拍下你自以为认真工作或学习的画面，我相信你一定会发现，你不仅常常会摸摸这儿摸摸那儿，吃点东西喝个水，还会刷会儿朋友圈，甚至给亲朋好友打电话，和同事聊天，还可能会坐着发好长时间的呆。如果没用视频记录下来，你真的会以为自己集中精力高效完成了工作或学习任务，可是换成第三者的视角来看，你其实是不断分心、片刻不宁的。

但说回来，这些表现其实并不是不专心的不良习惯，而是你在运用一种“暂时停机”的工作和学习方法。

科学研究发现，**关键性的顿悟往往会出现在你放松的时候，而很少出现在专心思考的时候。**每一次意外的出现，都会让你产生更深刻的体验，而这种体验会清晰地沿着一系列内在历程一步步走到顶峰，这一步步的内在历程，在心理学上又被称为“创意灵感的抓取过程”。

进入这个过程要经历四个步骤，分别是准备期、孵化期、顿悟期和验证期，其中孵化期是最重要的。孵化期就是指大脑借着休息来恢复思考力的阶段，在这个阶段，你的潜意识里会不间断地进行低强度思考，大脑会不间断琢磨各种概念和可能性，一会儿把这些念头推到一边儿去，一会儿把那些想法组合到一起，就好像一个人心不在焉地摆弄着一副七巧板，这些摆弄可能短时间看不出会有什么结果，但就在不知不觉间，七巧板就组成了特定的轮廓或图案，接下来该怎么拼就一目了然了。

在孵化期，大脑对周围环境中与解决问题相关的信息非常敏感，更容易找到相关提示，也更容易打破限制思路的预设。随着时间流逝，在经历多次失败之后，这些妨碍思路的障碍会逐渐消散。你在遇到瓶颈进行不下去的时候，会感到思维被冻住了，而休息和暂停就像是在帮思维解冻。

知道了休息和暂停对解决问题有帮助之后，你还要了解怎么休息或暂停才更有效。休息或暂停的方式可以分成三种：

- 第一种是放松，比如躺在沙发上听音乐；
- 第二种是轻度用脑，比如在互联网上漫游；
- 第三种是高度用脑，比如写一篇短文或者琢磨一项课题。

如果你要解决的是数学或者空间类的难题，这三种休息方式都不错，你选哪一种都可以。如果你要解决的是语言类的难题，比如填字谜或文字游戏，那么采用轻度用脑的休息方式效果最好，你可以玩电子游戏或者看电视剧。不过我要提醒你，心理学家发现，如果你并没有到真正黔驴技穷的地步就跑去休息，这种休息是无法带来任何好处的。所以，如果你早早就收工跑去打游戏的话，这种休息是没办法帮你想出优秀的解决方案的。

适度的分心和休息，可以帮助你孵化出破解难题的新思路。当你下次要做一项复杂的市场调研，然后撰写一份策划提案的时候，我建议你可以在遇到瓶颈的时候尝试切换自己的工作状态，换换脑子做其他的事情。著名科幻作家刘慈欣就说，当自己写作思路枯竭的时候，就会主动放下手上的工作，出去散个步，一走走几个小时。他说自己创作的时候，“很多想法不是一瞬间灵光乍现就有了，而是像一棵植物那样，在那里慢慢生长，时候到了，自然就看到它了”。对于任何创意工作者而言，无论是艺术家、建筑师、设计师还是科学家，在大脑卡壳时，大家都不妨休息一下，等着答案自己慢慢浮现出来。

孔子曾说过：“欲速则不达。”很多人习惯于在遇到问题后的短短几秒内就给出答案，而这些答案总是会受到无意识的深刻影响，常常漏洞百出。而当你能进行适当的延迟，习惯于先思考再行动之后，就能避免这些错误的发生，不让瞬间得出的结论误导你的判断和决策。可以说，延迟之道既是一门科学，也是一种艺术。有的时候，慢就是快，多等待一毫秒，也许就能改变一切。

28

第二序改变，让你跳出死循环，把认知转化为红利

所谓疯狂，
就是重复做同一件事
却期待不同的结果。
——阿尔伯特·爱因斯坦

思考力训练

假设你是部门管理者，现在有下属遇到了一个工作上的问题，来请教你该怎么办，这个时候你该怎么回答他呢？

1. 直接告诉下属该怎么办；

2. 说自己要先想一想，让下属晚一点再来找自己；

3. 明确责任，让下属做具体的工作，自己只负责参谋。

很多领导者都会直接告诉下属该怎么办，或者说要先想一想，让下属晚一点再来找自己。但是，这样很容易造成“领导忙得焦头烂额，下属却没事可做”的局面。

管理专家威廉·安肯三世（William Oncken, III）[①] 提出过一个著名的“猴子管理法”。所谓“猴子”，就是企业在解决问题、实施项目计划的时候要完成的一个个任务。如果让领导背负太多本该由下属负责的“猴子”，就会形成所谓的“逆向管理”：下属没有做好自己的工作，而是由领导代替下属工作。这样一来，不但领导的工作效率越来越低，下属成长的速度也会特别慢。要改变这种情况，有三条原则可以帮到你，分别是：

① 威廉·安肯企业管理顾问公司首席执行官，多年来致力于企业经营与管理的课题研究。他的《别让猴子跳回背上》一书就“为什么领导没时间，下属没事做”这个常见的管理问题进行了精彩阐释。本书中文简体字版已由湛庐策划、由浙江人民出版社出版。——编者注

第一，明确责任，谁的“猴子”谁抱走；

第二，让下属做具体的工作，领导只负责参谋；

第三，只做同步沟通。

你在工作当中一定遇见过这种情况：一项工作的进度总是反复拖延，组织人手集中突击之后情况有所好转，但没过多久便故态复萌；一个部门的人员总是不够，不管人力资源部门帮忙招聘了多少人，没过多久就会因为人员大量流失而恢复原样。

其实，这很可能是系统本身的结构问题导致的，当一个系统结构确定下来的时候，很多工作的最终结局就已经注定了。要想做出改变，仅靠后端的小修小改是起不了作用的，就好像是在扬汤止沸。糟糕的系统结构无法帮你解决问题，它本身就是问题。只有从系统结构本身入手，釜底抽薪，才能解决那些看似不可能的问题，突破原有结构导致的困局。

第二序改变，重塑系统的结构

什么叫改变系统本身呢？我来给你讲个故事你就好理解了。奥地利克恩顿州一座美丽的山谷之中耸立着一块约 150 米高的天然石灰岩，人们能从周围的山坡上一眼望见这块醒目的巨石。这块巨石之上就是奥地利著名的霍赫奥斯塔维茨城堡。沿着古道蜿蜒而上，共有 14 座塔楼和

14 道门，一道道关隘巍然屹立，这是古人的屯兵要塞，这些城门与关卡高墙重叠，构成了重要的军事要塞，可以抵御外来军队的进攻。关于这座城堡，有一个广为流传的故事。

克恩顿州的西边与奥地利共和国的另一个州蒂罗尔州接壤。1334 年，蒂罗尔州的女公爵玛格丽特·莫塔丝发动进攻，想要攻占地势险峻的军事要塞霍赫奥斯塔维茨城堡，于是，她出兵把这座城堡团团围住。这位公爵非常聪明，她很清楚城堡地势险峻，足以抵挡正面攻击，只有长期围困才有可能取胜。果然，被围攻了一些日子之后，城堡守军就有点支撑不住了，食物只剩下最后一头牛和两袋大麦。而女公爵这边的情况也同样紧迫，因为长时间的围攻，她的士兵开始变得不听号令，大家都归心似箭，但结束围城的日子遥遥无期。

就在这个时候，城堡的首领做了一个决定，他命令士兵把最后的那头牛宰了，并且把剩下的大麦都塞到牛肚子里。士兵们都觉得他疯了，但不得已还是按照他的命令执行了。接着，首领命令士兵把牛的尸体扔下城堡，落在了敌人阵营前方的草地上。接下来的事情非常戏剧化，公爵和她的军队收到这份不同寻常的礼物之后，以为城堡里的食物还很充足，所以感到非常气馁，很快就撤走了军队。

城堡首领看似不合逻辑且非理性的行动，反而使形势发生了逆转，在危急关头成功拯救了城堡。这个故事中的首领运用的就是“第二序改变”原理，通过重塑系统结构打破困局。那什么是第二序改变原理呢？

如果一种改变发生在某个系统之内，而系统本身维持不变，这种改变就叫作第一序改变；如果一种改变发生时也改变了系统本身，那这种改变就叫作第二序改变。比如，一个正在做噩梦的人，他想摆脱梦中的困境，但无论他在梦里怎样厮打、躲避、喊叫，甚至跳下悬崖，也都无法摆脱噩梦，这些他在梦中的尝试就属于第一序改变。

跳出梦境的唯一方法，就是想办法醒过来，从梦境回到现实，做出一个切换到不同状态的改变，这就是第二序改变，也可以称之为“改变之改变”，它为人们提供了一个跳到系统之外而让改变发生的方法。

质疑前提假设，重新定义问题

系统结构的重要性再怎么强调也不为过，但现实中却往往会被忽视。有很多人在面对问题的时候都认为可以通过不断迭代改进，用渐进的方式，在发展中解决问题。但是很多时候，发展并不能解决问题，只是掩盖了问题。如果一直沿着惯性前进，我们很可能会陷入路径依赖，结果就会遭遇重大挫折，付出惨重的代价。

1973 年 10 月 6 日，就在以色列人迎来一年里最重要的圣日“赎罪日”时，埃及和叙利亚同时出兵攻打以色列，其中埃及军队进展神速，第二天就突破了以色列的防线。幸亏以色列火速动员了全国的后备役部队，才抵御住了这场突如其来的进攻。

战争结束之后，以色列彻底调查了军队系统，想要搞清楚为什么系统没能提前预警战争的爆发，结果让人大吃一惊。原来，军方早就得知埃及和叙利亚在以色列的边境部署了数千辆坦克，而且两个国家还通过电视公开报道了这些消息。

但以色列军方认为对方只是虚张声势，他们坚信，叙利亚只有在埃及愿意出兵的情况下才会发起进攻，而埃及绝不可能出兵，因为埃及空军早在以前的战争中被以色列打残了，战场制空权完全掌握在以色列手里。在缺少空军保护的情况下，埃及是绝对不可能贸然出兵的。以色列军方决策层的头脑里有一个根深蒂固的假设：只要自己的空军仍然处在优势地位，埃及和叙利亚就绝对不敢发起进攻。

然而以色列军方没有想到，虽然埃及空军远远弱于以色列，但他们另辟蹊径，大量装备了新型的移动式防空导弹。这些防空导弹可以伴随部队前进，撑起一张空中防御网，这就抵销了以色列的空中优势，让埃及陆军可以长驱直入发起突然袭击。

可以看出，以色列一直在坚守一个错误的假设，而没有注意到埃及已经进行了第二序改变，通过新式武器颠覆了战争系统的原有结构，改变了战场上的对抗规则，扭转了力量的强弱对比。

要让第二序改变发生，我们就要对过去认为天经地义的前提假设进行审视，看它在当下的环境中是否还成立，以此来重新定义面临的问题。

乔布斯为苹果公司重新制定战略方向也是一个关于第二序改变的典型案例。1997 年，乔布斯回归苹果公司担任首席执行官，当时他面对的局面是，公司有各种五花八门的产品，每个产品还有不同的版本，光是 Mac 电脑就有十几个版本，而且每个版本又有不同的型号。乔布斯花了几个星期听取研发团队的报告，了解每款产品的目标用户，了解用户的需求。不过，他越是深入了解这些已有的产品，就越是感到头晕脑涨，于是他开始质疑苹果产品战略的前提假设：消费者的需求真的有那么复杂吗？消费者真的需要那么多种选择吗？

苹果公司以往的假设是，消费者的需求会变得越来越细分，所以要根据不同需求设计不同的产品。而乔布斯的质疑引发了苹果公司的第二序改变，他把“根据需求种类做设计”的系统扭转成了“根据用户类型和使用场景做设计”，带领团队把繁杂的产品简化成了四种：专业级台式机、专业级笔记本电脑、消费级台式机、消费级笔记本电脑。苹果公司只要聚焦在这四种产品上，把它们做到极致就好了。而且这样还能帮用户降低挑选产品的决策难度，“闭着眼买也不会错”。就这样，乔布斯调整了苹果公司未来的战略方向，带领苹果公司重新回到了正确的轨道。

这种重新定义问题的方法奏效的原因在于，人们在理解和体验一种具体情境或情绪时，会依据自己的人生经验给出某种普遍的假设或者与大众趋同的观点。而当你能把假设和观点换成另外一组设定，改变和扭转这种情境和情绪对人们而言的意义，你就完成了框架重塑，也就能带来真正有效的第二序改变。

斩断循环链条，跳出轮回困局

现实当中，很多职场人还会陷入一种常见的困境，那就是感觉自己在做无用功，每天辛辛苦苦地解决问题，但永远也不能彻底消灭问题，这些恼人的问题就像能自我繁殖一样，总是能在平息不久之后卷土重来，让人陷入没有尽头的“打地鼠”困局。

而第二序改变，不仅能帮你解决导致这些问题产生的根本原因，还能让你的工作成果是可积累、可进化的，帮助你跳出死循环，重新赢回对工作和生活的掌控感。具体来说，你需要一个能让问题得到改观的新概念架构，而最基本的规则是就地取材，回到问题本身，用困局对抗困局，用怪圈打破怪圈。

一家公司的销售经理总在抱怨产品种类太少，产品部门的开发速度太慢，不能满足客户的差异化需求，如果能满足这些需求，公司的销售额早就翻番了。而与此同时，产品部门也总是抱怨销售部不给力，之前辛苦做的产品卖不出去，要是能多卖一些，他们就有更多的动力和资源做新产品了。两个部门的经理相互抱怨，就好像陷入了一个争论“先有鸡还是先有蛋”的怪圈。

后来，一位新领导走马上任，他发现销售部门和产品部门的关系紧张，不是个人矛盾问题，也不是利益分配问题，而是系统结构问题。公司过去把利润当成唯一目标，什么来钱快就做什么，缺乏清晰的客户定位，“眉毛胡子一把抓”，于是产品部门就没法集中火力针对重点客户开发出足够好的产品，自然没法获得市场认可。反过来，产品没有竞争力，销售部门要在短期内追求销售额，就只好对客户提出的各种需求照单全收，不管合不合理，也不管对公司产品战略会造成怎样的长期影响。如此一来，两个部门自然就会互相扯皮，把整个公司拖入恶性循环。

明白了问题所在，新领导就调整了公司的系统目标，暂时不盯着销售额，而是以目标客户满意度为指针。他带队重新展开市场调研，圈定了最具发展潜力的市场的核心用户，重点开发拳头产品，逐渐带领公司在竞争中站稳脚跟，进入了良性循环。

可以看出，如果看不到第二序改变，只是不断重复第一序改变，结果只能是徒劳一场。只有跳出问题，重新定义问题和目标，才能打破恶性循环，跳出轮回困局。

在本章开头的思考题里我讲到，管理专家威廉·安肯三世提出过一个著名的“猴子管理法”。所谓“猴子”，就是企业在解决问题、实施项目计划的时候要完成的一个个任务。当领导遇到下属求助时，如果领导背负了太多本该由下属负责的“猴子”，就会形成“逆向管理”，下属没有做好自己的工作，而是由领导代替下属来工作。这样一来，不但领导身上的工作越来越多，效率越来越低，而且下属也得不到锻炼，成长的速度也会特别慢。要改变这种情况，有三条原则可以帮到你。

第一条，明确责任，谁的“猴子”谁抱走。无论是寻找解决问题的思路，还是思考达成目标需要什么资源，只要是下属职责范围内的事情，就要让他自己来做。如果遇到了下属把握不了的问题，领导可以帮助和指导，但所有工作还是要由下属来负责推进。这样能让下属们逐渐明确哪些工作责任是自己的，进而提高主动性和工作效率，而领导也能有时间处理自己该负责的问题。

第二条，让下属做具体的工作，领导只负责参谋。当下属需要请示领导的时候，必须带着方案才能来。换句话说，就是领导不做填空题，只做选择题。而且在讨论的时候，领导要通过提问启发下属思考，下属则要思考问题、给出答案。比如，下属要针对问题给出 3 ～ 5 个方案，然后在请示的过程中，逐个分析每个方案的利弊、成功的可能性，等等。领导要运用自己的知识和经验，不断追问下属：这个问题为什么要用这种方法解决？这是性价比最高的方法吗？由谁来执行效果最好？在这样的追问下，下属不仅会进行更深入的思考，找到更有效的解决方法，还能举一反三，在未来的工作中提前预想可能遇到的问题，做出更好的应对。

第三条，只做同步沟通。领导与下属沟通时最好面谈，或使用电话沟通，绝对不能通过邮件、聊天软件之类的工具，因为在下属等待领导回复的时间里，“猴子”又会跳到领导的身上。所以，领导者应该在每次沟通的时候，都当场给出判断，告诉下属自己的结论，或者让他回去做更多的准备，下次再沟通。总之，领导要确保“猴子”始终待在下属身上，这样一来，自己才能专心做好本应负责的工作。

这样做还有一个好处，那就是把自上而下的管理型组织，变成自下而上的赋能型组织，领导者从评判、审核、提供解决方案的管理者，变身成协调资源、提供启发、激发员工潜力的教练。

爱因斯坦曾说过：“所谓疯狂，就是重复做同一件事却期待不同的结果。”那些工作和生活中反复出现的问题，之所以来来回回，是因为这个系统结构里根本没有解决方案。除非你能洞悉系统的结构，看透这个局面，然后改变系统破局而出，才能终止这种循环。每个人的时间和精力都是宝贵而有限的，绝不应该消耗在这种无解的循环问题之中。

当你下次感觉自己已经困在系统里的时候，不妨后退一步，站远一些，重新审视整个系统，这样才能更好地找到破局点，引发第二序改变，把系统的困局转化为认知的红利。

栗 权

“我思故我在。”笛卡儿在 400 年前提出这个哲学命题时，就已经道出了自我意识和思考的本质：“我无法否认自己的存在，因为当我否认、怀疑时，我就已经存在。”时至今日，“思考”这个行为作为探索人生的“元认知”也发挥着同样的作用。

通过思考，我们可以具备多样性视角，来普遍怀疑、排除各种成见。

通过思考，我们可以具备独立客观地区别和衡量不同特质的能力，让自己的精神逐渐超越感官。

通过思考，我们可以拥有开放式思维，从而找到一条有更大概率通往确定知识的道路。

阅读与思考的价值，不在于你掌握并记住多少知识与方法，而是通过看似平淡实则耐人寻味的过程，将自己的思维精密度提升到极致。你能够从自己理性的判断中得出结论，拓展自己思想的边界。

Just Smile

思考使我们进步。我们不仅要知道自己擅长什么，更应该知道自己不擅长什么。不是我们认为自己懂、自己行，自己就真的懂、真的行。很多时候，现实会不留情面地给我们“上一课”。

扩大我们的认知宽度是读书的重要意义之一。韩总的这本《把思考作为习惯》很好地完成了这一使命。通过提供一系列思维工具，辅以案例、故事讲解，阐明了每个思维工具是什么、怎么用。想要了解思维工具不难，互联网上一搜就全出来了，但是我们真的会用吗？

思维工具是理性的、噪声极少的。善用思维工具、活用思维工具会帮助我们做出更理性、更正确的决策，有利于我们理解生活中的问题，找到行之有效的解决方案。

悟 行

书名《把思考作为习惯》是一个很好的倡议。

本书是当下每个人都值得拥有的思考工具箱，可以让我们把思想内化成真正的习惯。

书中每章结构都非常清晰，总体按照“思—学—练”的顺序：首先是本章思想精华的提炼，然后引入一个贴近日常生活的思考力训练，让我们有种身临其境的感觉，接着带着问题去读具体内容，并通过故事或案例来加深我们对知识的理解，最后则是对思考力训练进行回顾。

总而言之，全书十分符合问题式学习法（problem-based learning）的操作模式，让读者主动去想、去学，整合理论与实践，真正做到“事上磨，事上练”。

仇莉莉（Shirley）

如今我们的生活与工作每天都在被海量的知识围绕、描绘和解构着。这些知识帮我们打开了认知世界的不同视角，但如果不能通过科学的思维方式，对知识进行有效的加工，那它们就仅仅是一堆散落的“事实材料”，并不能真正帮我们“站在巨人的肩膀上”，更好地获得个人成长与成功，以及了解社会发展的一般规律。

正如爱因斯坦所说，我们如果想要更好地适应不断进步、飞速变化的社会环境，除了掌握大量的“知识”外，更重要的是要学会运用科学思维，客观、理性地去分析和解决问题。

而这本《把思考作为习惯》结合了这个时代最伟大的科学家、思想家、战略家和领导者的思维工具，他们分别来自自然科学、大脑认知、心理社科、金融投资、科技创新、企业管理、文化教育等多个前沿领域，在各个领域贡献着可以影响并改变世界的先进思想。韩焱老师用通俗易懂的语言，让更多人有机会与这些“最伟大的头脑”连接在一起。

爱因斯坦还说，如果一个人掌握了学科的基础理论，并且学会了独立地思考和工作，他必定会找到自己的道路，并且比起那些以获得细节知识为主的人，他一定能更好地适应进步和变化。

阅读的目的其实就是要帮助我们进行有效的思考。阅读可以帮助我们获得必要的数据信息和知识，但是这些内容必须要通过思考才能形成智慧，才能让我们在面临任何问题的时候做到创造性地选择和使用相关知识，顺利地去解决问题。想做好任何事，都要先打破自己，在此基础上，构建学习力、升级决策力、打造创新力，才能为我们的职场进阶保驾护航。

如果你能够把思考变成习惯，那么你在智慧世界里经历过的冒险旅程，不论最后成功与否，都会带给你远超过幸福的回报。每个人存在的意义只能由每个人从自己的内心开始探寻。最终，我们活着的意义，只能由我们自己来决定。

所以，我们应该把思考作为习惯，这样才能从容地应对复杂程度不断升级的社会。

向 北

湛庐文化的创始人韩焱老师引进并推出了那么多书，终于迎来了自己的首部作品。湛庐文化一直是我关注的图书品牌，家中书架上的“小红帽”真是不少，我也从中了解到，思想前沿和认知领域更是湛庐的强项。

韩老师在本书中给大家深入浅出地解读了 28 个思维工具，这些都是与我们的日常生活和工作息息相关的，每一个工具我在阅读中都能联想到自己生活中的案例。

如果你想了解一个伸手不见五指的房间的状况，最高效的方式就是打开灯。显然，这本书就是这样一盏明灯，可以帮助我们省却不少在黑暗中胡乱摸索和猜测的弯路。而通过学习这 28 个思维工具，培育自己拥有敏锐的感知力，把概念思维带入自己的思维模式中，并衍生出更多的抽象概念，相信你会成为那个在更短时间内看透本质的人。

门 为

收到韩焱老师新作《把思考作为习惯》撷英集的电子版，我的心情很是激动！作为湛庐 2021 年度“终身学习者奖”获得者，我见证了湛庐的不断进化，湛庐的书籍、课程、专栏和精读班，已经深深融入了我的生活和工作，对我产生了巨大的影响。这次应邀成为韩焱老师新作的体验官，我是幸运的。

《把思考作为习惯》共 5 个部分 28 章，韩焱老师把这些年来对“思考”的所思所得用更系统、更容易理解和应用的方式总结贡献出来，全书从“元认知”开始讲起，以“想做好任何事，都要先打破自己”开篇，逻辑层层递进，讲解了“构建成长框架”“职场影响力”“心理能量”“交响力”等主题，每章都有一个统一的主题，每个主题下的小节都有一个或者数个案例或故事，娓娓道来，使模型内容既有趣又易于理解，就像一个装满超级思维模型的工具箱。这本书用一个个概念模块，系统地分析和解释了重要的思维工具及相关知识，帮助我们职场人把思考作为习惯，更好地指导我们的工作和生活，实现能力跃迁和职场进阶。

“问渠那得清如许，为有源头活水来”，这就是思想的源头。

“享受思维乐趣，成就精英人生”，我太喜欢韩焱老师的这本新书了。

鲍瑷菁

感谢湛庐文化的信任，让我作为韩焱老师新作《把思考作为习惯》的首发体验官，有幸在第一时间能够同对话过许多最伟大的大脑的大脑通过作品对话。

我们处在一个快速变革的（乌卡）时代，社会环境是复杂和不确定的，这越来越需要我们具备“看透本质的能力”，也就是抽象化思考的能力和将各领域知识融会贯通的能力。从本书的前言和目录中可以看到，这是一本融合了心理学、社会学、经济学、营销学、系统论等多学科思维模型的跨学科通识力作，我们完全可以把本书当作一本工具书时时翻阅，快速建立认知，真正做到“把思考作为习惯”，把书中的思维工具活学活用，来分析、判断和理解我们所处局面的性质和特点，用系统性的思维更好地指导自己的工作和生活，实现能力跃迁和职场进阶！

期待看到韩焱老师的新作，期待早日出版及大卖！

任 强

我是一个销售人，读完这本书，我意识到销售人的天职就是推进与客户的关系，在推进客户关系中，最重要的就是要让自己的观点和客户的观点互相影响，那就不可避免要养成持久的思考习惯，在这个习惯的养成中，最难的就是精进自己原有的思考方式，这本《把思考作为习惯》着眼未来，给了具体的行动方法，我非常喜欢。

皆布衣

尼采在一个多世纪前留下了一句著名的断言：“没有事实，只有阐释。”

是的，这个世界不存在完全的客观，人人都带着由自身经历塑造成的眼镜来看世界，面对同样一件事，每个人都有自己眼中的事实和解释。

世界纷繁杂芜，谁都不能仅用单一视角来看待所有的场景。面对飞速发展的浪潮，思维方式越丰富，越有可能找到复杂问题的答案。只有正视自己的不足，看到人和人的差异，接收不同信息，才能找到打开世界的万千法门。我们只有不断学习、运用、反思更多的思维模型，练习在不同的场景中切换，才会逐渐找到更适合每个当下的应对方式。应对复杂系统，是面向未来最重要的能力。

如何获得应对复杂系统的能力呢？韩焱老师的新书《把思考作为习惯》为我们提供了很有效的认知升维工具。如何打破自己的固有认知、突破自身的桎梏？如何运用多样性思维，构建自己的成长框架？如何链接更多能量，为自己创造更好的环境？如何提升自己的心理能量，拥有更持久的动力？对于这些问题，你都可以从这本书里找到解答。

更好的自己，由时间铸就，在“把思考作为习惯”的日常里。

把思考作为习惯，踏上我们每个人的“英雄之旅”

苏格拉底说过：“未经审视的人生是不值得过的。”我想说，**未经审视的思考，也不是真正的思考。**

如何审视思考，这不仅与我们掌握了多少思维工具相关，更与我们的人生宽度有关。在漫漫人生路上，复杂性和不确定性有如悬崖与沼泽，时常拦住我们前进的脚步，而每个人克服困难前进的过程，其实就是在经历自己的“英雄之旅”。

著名的“神话学之父”约瑟夫·坎贝尔在长达60多年的时间里，广泛研究世界各国的神话和宗教故事，并结合现代心理学的发现，总结出了所有英雄故事背后存在的相同的叙事模式，构成了“英雄之旅”模型，而这也是深藏在人类自身成长和社会生活中的核心密码。这个模型包括四个组成部分：

- 启程：离开当前的处境，进入历险的领域；
- 启蒙：获得某种以象征性的方式表达出来的领悟；
- 考验：陷入险境，与命运搏斗；
- 归来：再度回到正常的生活场景中。

这是每一位英雄的必经之路。其实，**我们每个人都是人生旅程中接受考验的潜在英雄，只有接受生活的召唤，踏上直面考验的旅程，不断丰富自己的思维，生命才能达到充盈的境界。**

不过，当人们的日常生活被突发事件打乱时，大多数人都会拒绝接受召唤。当思考舒适区被入侵时，人们的直觉反应常常是拒绝的。故事里的很多英雄也是如此，得被人拿鞭子抽、拿利益诱惑，甚至拿棒子敲晕，才会开始自己的冒险。所以，当我们面对难解的问题时，会产生退却情绪是非常正常的。那么要怎么做才能打破这个魔咒呢？有人说，人生成长的方式无外乎三种：外驰、内求、依他。在面对未知、踟蹰不前的时候，依他可能就是一个很好的选择。在“英雄之旅”当中，这个阶段总会出现一位导师，为英雄提供保护和引导，帮助他完成从内心到外在的准备工作。甚至，导师会在英雄拒绝响应召唤的时候，踢他一脚，直接把他送上征途。

如果你在前进的道路上正需要那个临门一脚，我希望《把思考作为习惯》可以帮助你，给你带来动力，点燃你的冒险激情，激发你的思维火苗，让你能勇敢地展开自己的“英雄之旅”，塑造有意义的人生。

你可能会问，人生的意义究竟是什么？这其实是一个穷尽一生也无法得到客观答案的哲学问题，或者应该说，这个问题从来都不存在唯一的答案，生命的意义不是某种先验的东西，而是非常实在和具体的。每一天都是崭新的，面对层出不穷的新问题，有时你需要当机立断采取行动，有时你会觉得深思熟虑更为可取，有时你会发现顺其自然才是正道。生活永不重复，而不同问题需要不同的应对方法。从这个角度来讲，生命的意义就在于，你最终承担并接受了命运带来的所有挑战，完成了自己应该完成的任务。换句话来说，你通过对生命的理解回答了生命的提问，这就是生命的意义。

中世纪的神话中马代表着自然的力量，骑马者代表着可以掌控的心灵。**一个人能否成为骑士，取决于他如何握住手上的缰绳。**如果你紧紧抓住缰绳不放，那就意味着你只是在沉湎于过去，无法看到更多的可能性。而如果你让缰绳松垂在马的脖子上，这意味着你可以做到轻松驾驭自己的本性，这时真我的力量就会开始显现。这里的真我是所有可能性的集合，其中甚至包含你从未想到过的可能性。

祝你成为既能掌控自我也能影响他人的“思维骑士”，愿你能在今后的人生之路上，勇敢地追寻并睿智地保护真我，不断领悟人生的意义，进而拥有更多深刻的人生体验。

这是一次新的启程

作为一个出版人，策划出书是我的专业。在很多读者眼里，我是一个引进了很多优秀作品的出版人。但是事实上，出版领域的专业人士，在写作图书的过程中，会面临更多困难，多次质疑自己、推翻自己。这个过程，有痛苦，有争执，也有无奈。可以说，每一本书的出版都是一件困难的事，而写书更甚。

《把思考作为习惯》的成书就经历了这样“痛苦”的过程，在此我要感谢很多人，因为有了你们的热情、守护以及激励，这件事才从难事变成了美妙的事。

首先我要感谢湛庐的所有同侪，没有你们的支持与陪伴，湛庐就不可能在“对话最伟大的头脑，与最聪明的人共同进化”的使命上越走越远、越走越顺，你们每个人都是“把思考作为习惯”的填薪者和践行者，也都是我成书的灵感之源。当然，没有你们的不断鼓励，我也不会把自己沉淀下来，让这本书从无到有。

还要感谢为这本书写下推荐的老师们，你们都是湛庐和我的老朋友，要感谢你们多年的支持和帮助，湛庐才能一直在前沿性和思想性上保持着高水准。没有你们的一次次鞭策和建议，就没有今日湛庐的成就，这本书当然也将不复存在。

尤其要感谢为这本书稿提供了专业审读意见的三位老师，他们分别是华南师范大学心理学院副教授迟毓凯老师、前海再保科技董事长檀林老师和《巴菲特选股 10 招》作者刘建位老师。因为三位老师真诚和客观的修改意见，《把思考作为习惯》这本书才能更严谨，更值得推敲。

当然，我还要感谢 A Black Cover Design 设计工作室，感谢我的老朋友 Nod Young。因为你们的“匠心”，这本书才有了如此亮眼的设计。

最后，我要感谢我的创业伙伴们，陈晓晖、张晓卿、夏红卫、李承喆、赵丽琴、季阳，当然，还有湛庐的伙伴们，以及曾经在湛庐与我们一起奋战过的所有人。和你们在一起的每一天都很美好，因为你们，所有的成功和失败都有了意义。同时，我还想要特别感谢我的爱人晓晖、我的女儿思雨以及儿子思翰，有你们就有了一切。

一直以来，我都把传播伟大的思想作为使命，把帮助大家共同进化作为目标。所以，在我看来，每本书都是一次践行使命的新启程，而这本《把思考作为习惯》正是一次新的启程。

YAN HAN

韩 焱

湛庐创始人

全球前沿思想的“天才捕手”

Thinking Habits

从首屈一指的商业图书出版人到最前沿阅读品牌缔造者

韩焱刚刚毕业就步入了出版界。她的第一份工作，是在全球最大的出版集团西蒙 & 舒斯特任职。当时正值中国重返 WTO 的关键时刻，急需学习先进的科技和商业新知，韩焱的工作正是背靠丰厚的国际出版资源，精心遴选，输送给中国各行各业的读者，引进了“哈佛经典译丛”“20 世纪工商管理经典译丛”“MBA 工商管理译丛”“20 世纪经济经典译丛”等经典丛书，以及“现代营销学之父”菲利普·科特勒的《营销管理》。韩焱就像一个积极耕耘的“播种者”，为中国高校的商科教材和面向企业的商业图书的蓬勃发展不断奔忙。

随后，她加入了国内最大的出版社之一机械工业出版社，担任华章公司的副总经理，创建了“华章经管”这个品牌。她从零开始建团队，带领团队引进策划了众多国际前沿商业作品，出版了“管理大师德鲁克世纪经典”系列、MBA 核心教材系列，还有《体验经济》《彼得·林奇的成功投资》《巴菲特致股东的信》《执行》《沉静领导》等畅销不衰的精品图书，是彼得·德鲁克、彼得·林奇等大师在国内声名鹊起的关键推动者，她还引进了第一本关于项目管理、六西格玛、平衡计分卡、物流管理、流程管理等世界先进管理经验和方法的图书，比如《平衡计分卡》《供应链物流管理》《运营管理》《六西格玛管理法》等，还引领了 MBA、EMBA 工商管理教育浪潮的巨大发展。

2005 年，韩焱创立了湛庐文化，担任董事长兼总编辑，继续为中国读者遍寻最伟大的思想家和最先进的智慧，帮助大家不断升级自己的思维，拥有改变世界的雄心和力量。“十年磨一剑”，韩焱带领湛庐在出版界和读者心目中树立了独一无二的品牌形象，推出了《影响力》《大数据时代》《牛奶可乐经济学》《最好的告别》《价值》《证券分析》《简单的逻辑学》等超级畅销书，积累了 3 000 多万忠实读者，形成了无法取代的影响力。湛庐 5 次荣获国家最高图书奖——国家图书馆文津图书奖，并获得华语界最高科普奖项——吴大猷科学普及著作奖金奖。韩焱也被《中国出版传媒商报》、《出版人》杂志、中国出版协会民营工作委员会、中国书刊发行业协会民营书业工作委员会等多家机构评选为年度出版人。

2015 年，韩焱引领湛庐创立阅读社群“庐客汇”，就此走上了从出版机构向知识服务商的转型之路。2017 年，“湛庐阅读” App 应运而生。2021 年，湛庐小程序成功上线。在这个过程里，韩焱不断探索更多服务终身学习者的技术和方式，让读者不仅可以看到纸书、电子书，听到有声书，还可以享受多样化的阅读服务，比如一书一课、通识课、精读班、直播等，满足泛读、通读、精读等多元阅读需求，让大家的学习和思考更有拓展性。不仅如此，韩焱还亲自上阵，她主理的“韩焱精选”“精英思维训练营”“对话最伟大的头脑”等系列专栏课程，声音作品累计超过 300 小时，播放量突破 500 万，好评如潮。

作为中国阅读服务领域的重要推动者与创新引领者，韩焱先后在 TEDx、喜马拉雅、得到、樊登读书会、大V店、少年商学院、钉钉等一线知识服务平台推出付费栏目、直播或演讲。同时，她还发起了多场高含金量的思想盛宴，包括“12+思想节”“CHEERS年度大会”“思想马拉松”等，鼓励更多人亲近最前沿的知识，并帮助更多的思想者从专业之梯走入社交之网，持续推动社会文化向前发展。

韩焱一直说，自己的使命就是做先进思想传播，这份初心至今都没有变。曾有人问韩焱：“是什么驱动你不断向前？”她回答说：“那是对未知的一种渴望，是无尽的探索欲和好奇心。”

韩焱还是一位颇为专业的马拉松跑者，是世界马拉松大满贯六星跑者之一，这样的殊荣在中国只有340个人获得。她说：“不管是思想者还是为思想者做嫁衣裳的出版人，都需要一种马拉松精神。我们需要持续不断地把好思想和好实践总结出来，传播出去。这是最好的长期主义。”

对话最伟大的头脑，与最聪明的人共同进化

“十年磨一剑”，是湛庐成立伊始作为知识传播者的使命，直到今天，韩焱和她的团队依然在秉承和坚守着这一使命。实际上，这已经不是一场和时间的赛跑，而是一次和自己的赛跑。

在外界看来，韩焱神秘而低调，却堪称全球前沿思想的“天才捕手”，她对前沿趋势和思想的把控非常独到，总能从茫茫书海中找到最有价值的选题，也总能把最有价值的思想从潮水般的观点中深挖出来。这可以从湛庐1000多位重磅作者的华丽构成中得到佐证，因为他们几乎都是各个领域的思想源头、学科创始人以及当代最值得关注的伟大思想家，每个人的名字都熠熠生辉，他们的研究很大程度上影响着人类未来的走向，其中包括诺贝尔

经济学奖得主丹尼尔·卡尼曼、“人工智能之父”马文·明斯基、全球商业太空探索领军人彼得·戴曼迪斯、当代最伟大的进化生物学家理查德·道金斯、社会生物学奠基人爱德华·威尔逊、神书《哥德尔、艾舍尔、巴赫：集异璧之大成》作者及著名认知科学家侯世达、当代著名思想家史蒂芬·平克、诺贝尔生理学或医学奖得主及“DNA 之父”詹姆斯·沃森、诺贝尔物理学奖得主及引力波的发现者之一基普·索恩、美国心理学会前主席菲利普·津巴多、“积极心理学之父”马丁·塞利格曼、“认知神经科学之父”迈克尔·加扎尼加、欧洲脑科学研究领军人斯坦尼斯拉斯·迪昂等，不胜枚举。

很多人经常问她：“韩总，你为什么能够看到这些未来趋势和思想？”在她看来，其实答案不神秘，也很纯粹，因为无论是过去还是未来，韩焱都在时刻提醒自己拒绝单纯迎合流行风口，而是要始终筛选最有价值的优质内容。所以，多年来她也在不断进化。她为“终身学习”的理念奔走，让大家了解到学习的重点不是摄取更多信息，而是掌握更多好的方法。她号召大家“亲自阅读”，让大家了解到只有亲自阅读，以及有选择性地阅读，才能在这个没有标准答案的世界里探索出路，在所有已知和未知的边界，和更多的人一起“对话最伟大的头脑，与最聪明的人共同进化”。

在韩焱看来，最好的知识传播，从来都不是“注满水桶”，而是要“点燃火种”。

未来，属于终身学习者

我这辈子遇到的聪明人（来自各行各业的聪明人）没有不每天阅读的——没有，一个都没有。巴菲特读书之多，我读书之多，可能会让你感到吃惊。孩子们都笑话我。他们觉得我是一本长了两条腿的书。

——查理·芒格

互联网改变了信息连接的方式；指数型技术在迅速颠覆着现有的商业世界；人工智能已经开始抢占人类的工作岗位……

未来，到底需要什么样的人才？

改变命运唯一的策略是你要变成终身学习者。未来世界将不再需要单一的技能型人才，而是需要具备完善的知识结构、极强逻辑思考力和高感知力的复合型人才。优秀的人往往通过阅读建立足够强大的抽象思维能力，获得异于众人的思考和整合能力。未来，将属于终身学习者！而阅读必定和终身学习形影不离。

很多人读书，追求的是干货，寻求的是立刻行之有效的解决方案。其实这是一种留在舒适区的阅读方法。在这个充满不确定性的年代，答案不会简单地出现在书里，因为生活根本就没有标准确切的答案，你也不能期望过去的经验能解决未来的问题。

而真正的阅读，应该在书中与智者同行思考，借他们的视角看到世界的多元性，提出比答案更重要的好问题，在不确定的时代中领先起跑。

湛庐阅读 App：与最聪明的人共同进化

有人常常把成本支出的焦点放在书价上，把读完一本书当作阅读的终结。其实不然。

时间是读者付出的最大阅读成本

怎么读是读者面临的最大阅读障碍

“读书破万卷”不仅仅在“万”，更重要的是在“破”！

现在，我们构建了全新的“湛庐阅读”App。它将成为你“破万卷”的新居所。在这里：

- 不用考虑读什么，你可以便捷找到纸书、电子书、有声书和各种声音产品；
- 你可以学会怎么读，你将发现集泛读、通读、精读于一体的阅读解决方案；
- 你会与作者、译者、专家、推荐人和阅读教练相遇，他们是优质思想的发源地；
- 你会与优秀的读者和终身学习者为伍，他们对阅读和学习有着持久的热情和源源不绝的内驱力。

下载湛庐阅读 App，
坚持亲自阅读，
有声书、电子书、阅读服务，
一站获得。

湛庐CHEERS

出品人　韩　焱　陈晓晖
总编辑　董　寰　季　阳

特约策划　安　烨　刘　朔
特约编辑　李亚楠　张　頔
版式设计　张志浩
封面设计　ablackcover.com

投稿方式　publishing@cheerspublishing.com
营销合作　marketing@cheerspublishing.com
商务合作　BD@cheerspublishing.com
数字产品合作　learning@cheerspublishing.com
销售咨询　sales@cheerspublishing.com
010 5667 6359

法律顾问　北京市盈科律师事务所
崔　爽　律师

添加企业微信
专属客服随时为您服务。

湛庐CHEERS

出品人	韩 焱 陈晓晖
总编辑	董 寰 季 阳
特约策划	安 烨 刘 朔
特约编辑	李亚楠 张 頔
版式设计	张志浩
封面设计	ablackcover.com
投稿方式	publishing@cheerspublishing.com
营销合作	marketing@cheerspublishing.com
商务合作	BD@cheerspublishing.com
数字产品合作	learning@cheerspublishing.com
销售咨询	sales@cheerspublishing.com 010 5667 6359
法律顾问	北京市盈科律师事务所 崔 爽 律师

添加企业微信
专属客服随时为您服务。

前　言

“基础会计学”是会计学专业的核心课程之一，也是所有经济、管理类专业学生的必修课程。本书是暨南大学会计系宋献中教授主持的国家精品课程“基础会计学”的配套教材。为建设好精品课程，我们在教材建设方面将针对不同学习对象编制相应的教材，包括主要适合会计专业学生学习的本教材，以及适合非会计专业学生、外国留学生和港澳台学生学习，适应双语教学的其他三本教材。

为体现“精品”二字，我们力图使本教材具有以下特色和创新：第一，我们将会计理解为一种信息与控制系统，从而有别于其他教材。在本书中不仅对以提供信息为目的的财务会计的基本概念、基本程序和基本方法进行了系统讲解，而且对以控制为主要目的的管理会计和内控基础知识进行了介绍。第二，我们以企业的生产经营活动及企业资金运动为依据安排会计核算内容的章节。第三，为便于教学，我们在编写体例上有所创新。如在各章之前安排“导言”、“本章结构”、“本章要点”。在各章之后均附有“练习题”、“案例分析”等。

本书由宋献中教授与石本仁教授共同主编。参编人员均为精品课程建设队伍和国家级教学团队的成员。具体分工为：宋献中教授编写第一章，石本仁教授编写第七、九、十、十一章，罗绍德教授编写第五、六、八章，谭小平副教授编写第二、三、四章，卢馨副教授编写第十二章，白华副教授编写第十三章。最后由宋献中教授审阅总纂。

本书的写作参考了大量的文献和其他教材。在此对文献和教材的作者表示感谢。同时，对暨南大学出版社编辑的认真负责表示感谢。由于编者水平有限，本书肯定存在不少错漏之处，期待读者的批评指正。

编　者

2010 年 7 月于暨南园

目　录

Contents

Contents

Contents

第一章　会计的性质与目的

导言

每年六月，是中国高考季，七月，是高考志愿填报和录取的时期，这也是考生和家长最紧张难熬的日子。

罗女士是广州××大学的一名行政管理人员，女儿是广州某重点中学的应届高三学生，成绩一向名列前茅，其高考意向是报考国内排名前10的大学，就读其国际金融、国际贸易或国际会计专业。2008年高考成绩出来后，女儿的成绩为608分，比先前预计的有落差，原先的设想必须调整。多方了解后，罗女士得知：××大学会计学科的前身是中国现代会计学宗师潘序伦博士于1925年亲手创办的会计统计系，也是中国最早在大学设立的会计学专业之一。目前该会计系开设注册会计师专门化（CPA）、会计学和财务管理三个专业，这三个专业近几年一直没有扩招，每年就业情况非常好，平均一个学生有三到四个就业机会可供选择，并且待遇也非常可观，成为考生填报的热门专业，因而竞争十分激烈。其中，CPA和国际学院的国际会计专业（与加拿大注册会计师协会CGA合办）近几年平均录取分数线在××大学所有专业录取分中一直位居前三。罗女士和女儿商量后，决定报考××大学会计系。

2008年，××大学录取分数线（广东省）分别为文科583分，理科590分。会计系三个专业实际录取情况为：会计学（文科）最低612分，最高634分，平均616.06分；财务管理（文科）最低611分，最高612分，平均611.33分；CPA（文科）最低613分，最高634分，平均619.13分；会计学（理科）最低607分，最高618分，平均611.29分；财务管理（理科）最低603分，最高626分，平均607.8分；CPA（理科）最低616分，最高628分，平均619.5分。按罗女士女儿的分数，她最终被财务管理专业录取。

本章结构

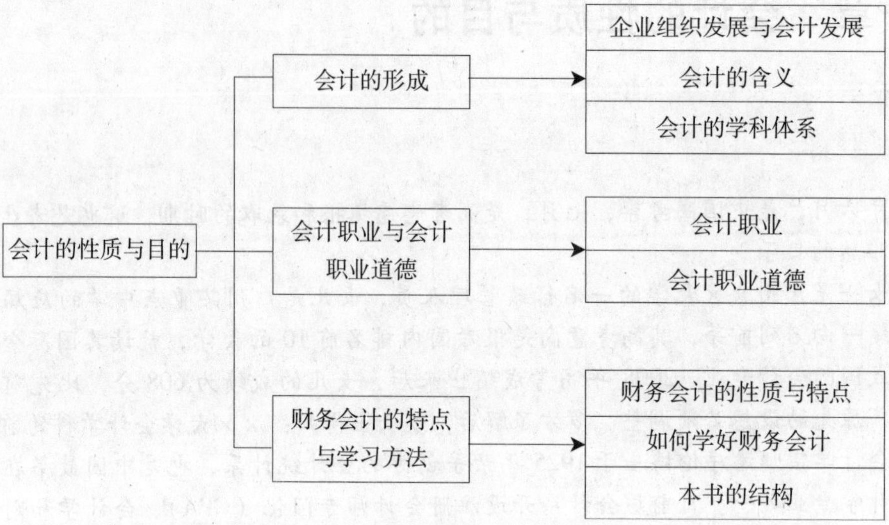

本章要点

- 了解现代会计与经济发展的关系
- 认识会计的实质
- 掌握会计学科的结构
- 了解会计职业
- 认识职业道德的重要性
- 了解财务会计的性质与特点
- 明确如何才能学好财务会计

会计学是所有经济管理专业，特别是会计专业的学生必须掌握的一门应用学科。在进入会计学的门槛时，我们面临的第一个问题是：学习会计学有何意义，会计学的性质和作用是什么？接下来的问题是：会计（职业）是干什么的，会计这门学科的内容是什么？第三个问题是：如何才能学好这门课程？这一章，我们将主要回答这些问题，使同学们对这些问题有了较为明确的答案后，带着一个清晰的目标，朝着一个既定的方向，按照一个正确的方法去学习，从而学好会计学，走好我们职业人生的第一步。

第一节我们将介绍会计的性质与作用；第二节则讨论会计学科的分类、会计职业的特点与分类，以及会计职业道德；第三节讲述财务会计学的特点、给学生的建议，最后对本书的基本结构进行概述。

第一节　会计的形成

一、企业组织发展与会计发展

会计产生于人类的生产经济活动，会计最早是服务于官厅（政府）的，后来随着商品经济的发展，会计的重心开始转向企业的经济活动，现代会计学研究、会计学科的重心也是集中在企业会计上的。所以，可以这样说，现代会计的核心就是现代企业（公司）会计，是以现代股份公司为对象而建立的、直接为现代股份公司服务的会计。从发展的维度看，现代会计的整个框架都是在适应股份公司不断发展基础上演变完善而成的。因此，在了解会计的含义之前，我们先了解一下现代会计是如何在企业组织发展的进程中形成的。

"对那些认为会计不仅是一种技术系统，而且认为其多样的形式受到各时代工商组织发展的影响的人来说，会计史与经济史的密切关系是显而易见的。所谓时代，指的是这些技术形式达到的发展阶段。正是每个时代企业发展的需要，创造了这一技术系统的结构。"① 的确如此，会计的发展和经济发展尤其是企业组织的发展是紧密相连的。从历史的发展进程来看，引领世界发展的一系列强国分别为四大文明古国——威尼斯（意大利）——荷兰——英国——美国，而同时，会计也在这些国家得到了充分的发展。为了便于更直观地了解企业组织变迁与会计发展二者之间的联系，现将这一关系归纳成下表(见表 1-1)。

表 1-1　企业组织发展与会计发展

企业发展	概况	年代	会计发展	概况
家庭经济	自给自足，简单商品交换	15 世纪前的中国、印度、埃及、巴比伦	简单刻记及单式簿记	
独资合伙	资本主义的兴起和东西方贸易的发展，资本主义生产方式的萌芽与发展期	15、16 世纪的意大利	复式簿记	1494 年，卢卡·巴乔利（Luca Pacioli）在《算术大全》中系统阐述了复式簿记，为现代会计产生奠定了基础
股份制萌芽期	资本主义生产关系进一步发展，海上贸易进一步扩张	17 世纪荷兰	会计发展停滞期	复式簿记进一步完善，会计分期观念形成。1673 年，法国国王路易十四签署颁布了《商业条例》，明确规定商人必须每两年编报财产目录

① ［荷］O. 腾·海渥. 会计史. 文硕等译. 北京：中国商业出版社，1991. 3

（续上表）

企业发展	概况	年代	会计发展	概况
公司制形成期	机器取代工场手工业，资本主义生产规模不断膨胀，商业资本向工业资本转化，借贷资本逐渐形成	18、19世纪英国	民间审计 折旧会计 成本会计	1720年，英国南海泡沫公司倒闭，斯内尔（Charls Snell）于次年编制世界第一份审计报告书。1854年，苏格兰成立世界第一个皇家特许会计师协会 持续经营观念产生，与之相应的是折旧概念和方法的形成以及资本与收益的区分，出现配比观念萌芽，对收益计算的要求日趋严格，推动成本会计的产生与发展
现代公司成熟期	大规模现代股份公司大量出现，职业经理层形成，科学管理兴起，资本市场建立	20世纪20年代后的美国	现代财务会计、公认会计准则、内部审计、管理会计	1938年，美国注册会计师协会（AICPA）组织成立会计程序委员会，对外颁布公认会计准则；以会计准则为指南，定期对外提供通用财务报告的现代财务会计逐步形成。随着"泰罗制"在生产中的广泛应用，以及数学模型、电子计算机等技术被引入会计，在20世纪60年代末以后，管理会计进一步从执行会计转入决策会计阶段

由此，我们可以把会计和企业组织的发展划分为相互对应的三个阶段①：第一阶段，与以自给自足、家庭经济为主的生产组织形式对应的简单刻记和单式簿记的会计，这一时期的会计我们可以称为古代会计。严格来讲，这一时期的会计并不是真正意义上的会计，它同统计、算术是混合在一起的，还没有完全独立出来自成一体。会计诞生在企业发展的第二个阶段。这一时期会计的基本特征为以复式簿记（主要为借贷记账法）为记录手段，以历史成本为计量属性，以权责发生制为计量基础。现代会计则是在企业发展进入第三个阶段产生的，是在现代股份公司发展成熟后而逐步形成的。除了具备传统会计的基本特点外，现代会计的一些主要特征还包括形成了以对外提供财务报告为主的现代财务会计和以企业内部经济决策为主的现代管理会计两大分支，公认会计准则为会计核算的基本规则，对外财务报告必须经过严格的独立审计，企业内部设立了越来越严格和科学的内部审计和控制制度等等。应该说，现代会计就是现代公司会计，是围绕现代股份公司而建立的、直接为现代股份公司服务的会计。

二、会计的含义

对会计下一个明确的定义是一件棘手的事。在众多的定义中，有人将会计定义为一种（商业）语言，或一种历史记录，或目前的经济现实，或信息系统，或一种商品，甚至一种意识形态②。我们倾向于将会计理解成一种信息与控制系统。

1. 会计作为一种信息系统

会计作为一种信息系统，主要是通过对企业经济活动按照会计处理规则加工成财务报

① 石本仁．公司治理与中国会计改革．广州：广东人民出版社，2000. 30

② ［美］艾哈迈德·R. 贝克奥伊．会计理论．钱逢胜译．上海：上海财经大学出版社，2004. 60

告（会计产品），向外部使用者提供企业的财务状况（如企业的资产规模、结构、资产的来源与构成等）、经营成果（收入、成本费用结构）、所有者权益变动（所有者投入的变化过程和结果）和现金流量（现金流入与现金流出）等信息。这些外部的使用者主要包括企业的投资者、债权人、原料供应商、客户、政府、证券分析师、经济学者、经济管理专业的学生等，他们利用这些信息主要是进行投资、贷款、产品买卖、管理与征税等决策，当然，也有一部分人利用这些信息进行分析、学习和研究等活动。

企业日常的经济业务是纷繁复杂的——如设备购置、原材料采购、员工招聘与培训、产品设计与生产、战略规划与管理、组织与实施、谈判、修理、广告宣传、产品销售、售后服务、法律纠纷等。如果将这些图景一幅幅展现在我们面前，我们感受到的只能是树木，却难见森林，因而无法评估一个企业真正的实力和经营能力。这时就需要一个处理系统通过特定的加工手段给我们提供一幅全景式的图画。作为一种信息系统的会计，就是通过对企业纷繁复杂的经济活动按照会计处理规则向我们提供一种全景式的画面——财务报告。

下面我们用一个图来归纳会计信息处理的基本过程（图1-1）。图中企业经济业务是输入会计信息处理系统的“原材料”，进入会计处理系统后，按照一定的会计处理规则——确认、计量、记录和报告进行加工，最后，信息产品以标准的形式——财务报告向外部信息使用者提供。

图1-1　财务会计信息处理过程

在输入经济业务时，不是所有的经济业务都能进入会计处理系统进行加工，要根据会计处理规则对这些“原材料”进行一定的筛选，并且选择适当的时间，以恰当的会计名目进行登记，这一程序称为“确认”①。确定了要登记的经济业务，要进一步解决的问题是以什么计量属性和什么计量单位进行登记。属性是指要计量对象的某一方面，比如一张桌子，是登记其长度、高度还是面积、体积；计量单位是计量标准，是米还是分米等。如果以交换的商品为例，它的计量属性是指其购买价格还是销售价格等，它的计量单位则是指名义货币还是不变购买力。计量问题解决了，登记的名目解决了，以什么数量进行登记也解决了，接下来的工作就是记录。初学会计者往往会认为记录是一件非常简单的工作，实际上以什么方式进行记录正是会计区别于其他工作（如统计、数学等）的最主要的特色。会计记录是以复式簿记的方式进行的，复式簿记是会计工作的最大特色。对复式簿记的系统论述将在下一章中展开。

会计信息处理系统的最后一个环节就是将已经记录的众多经济业务按一定的标准进行

① 这里不是对确认、计量等相关概念的准确定义，而是一种通俗的说法，更深入的讨论参见本教材后面的内容。

分类、汇总，最终按照标准的格式加工成财务报表。需要说明的是，财务报表只是财务报告的一部分内容，除财务报表之外，还需要将其他相关内容如报表附注和其他报告加工成财务报告，这时会计产品才算最终加工完毕。

2. 会计作为一种控制系统

如果说会计作为一个信息系统主要是向外部提供企业的相关信息的，那么，会计作为一种控制系统则主要是对内部为管理决策服务的。

在一定意义上说，会计就是为管理服务的。管理从一门艺术走向科学，也是结合了会计的结果，因为会计使管理决策数量化、精细化和科学化，使管理的过程更加制度化、程序化和标准化，使管理的结果更具有预见性、计划性和可控性。从其活动的基本职能和过程来看，管理可以分为：预测、决策与计划，组织、实施与控制，评估、考核与分析。在管理活动的每一个阶段，管理会计都在其职能范围内提供支持（图1－2）。

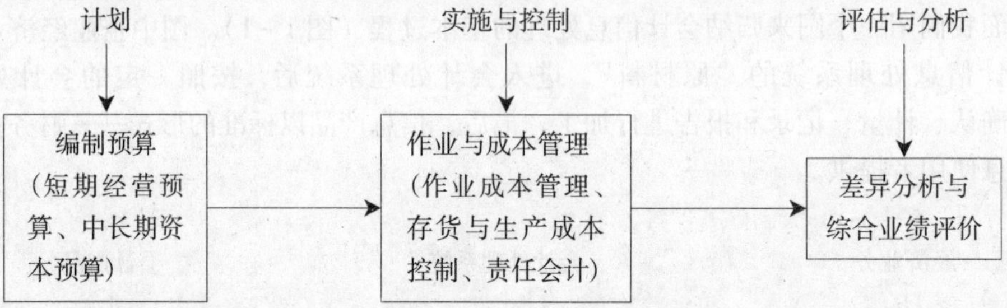

图1－2　管理会计信息处理过程

（1）计划阶段。在管理层作出各项中、长期投资决策前，会计要提供投资项目的可行性分析报告，对该项目的市场前景进行预测，对项目带来的经济效益进行计算，以测算投资回报率与投资回收期，供管理层最终决策使用；决策通过后，会计还要编制详细的人力、资金、物资等方面使用的计划（预算）。同时，每年管理层都要确定当年的经营目标，会计要根据这一目标编制系统的经营预算，经营预算既是对年度企业总目标的一个分解和计划方案，也是各部门执行和考评的一个依据和标准。一句话，预算就是企业的行动方案和行动标准。

（2）实施与控制阶段。组织计划的实施是管理的关键环节，为与管理过程相配合，管理会计的工作主要体现在对生产与成本的管理上。具体包括作业成本的管理与核算，根据对每一项经济活动和产品生产过程的分析，将产品的价值链和成本动因结合起来，确定产品生产的每一个必要环节，去设计企业生产流程、设置岗位（机构）和制度，保证企业经营活动的合理性、功能的最大化和成本的最小化。核算作业成本的同时，提供系统的成本数据，并根据事先确定的标准成本，对生产成本进行适时的控制。我们应该清楚，企业的成本主要来源于人工、材料和设备的使用，对材料的控制主要体现在存货的控制，零存货就是一种理想的状态，如果做不到这一点，向这个方向靠拢就是一个目标。对人工成本的控制，主要体现在责任会计上，责任会计的实质就是将总目标的责任落实到每一个部门、每一个岗位和每个人身上，将企业分为投资中心、利润中心、收入中心和成本中心。

各个部门、岗位和个人都有明确的责任（目标），不同的责任层级分别按投资、利润、收入、成本等指标进行考核。降低人工成本最有效的途径是充分调动每个员工的积极性。

（3）评估与分析阶段。每期生产活动的结束并不是管理活动的结束，而是一个新的管理过程的开始。只有这样，管理才会不断改善，生产成本才会不断降低，生产效率和效益才能不断提高。管理会计在这一阶段所做的工作，一是对期初预算进行评估，找出差距，并进一步分析原因；二是对企业所有部门的业绩进行评估，落实奖励措施。由于促进一个企业发展的因素是多方面的，对一个部门的评价不能只从能够量化的财务指标上，还要从市场、顾客、学习能力等全方位进行考评，这就是所谓的综合业绩评价。

现在，我们可以对现代会计进行一个小结：一方面，为了满足股份公司对外筹资的需要，现代会计必须按公认会计准则的要求向外部使用者提供企业经营的基本信息，以便投资者对企业经营能力作出一个基本的评价，从而作出正确的投资决策。由于这一信息是由企业内部加工完成的，因此，需要由独立的第三方进行客观公正的审查和评价。另一方面，就企业内部而言，要做到对生产成本的控制、生产经营的全面预算、长期投资的科学决策等，管理要同会计结合起来，才能真正做到科学化的管理；同时，加强对生产过程中的内部审计和内部控制，可以起到防护性和建设性的作用。防护性的作用是监督和控制、揭露和制约各种不道德和不规范的行为；建设性的作用是对企业经济活动的检查和评价，对经济活动的效益和效率不足提出建议，充分提高企业经济活动的效益和效率。所以，我们可以归纳一下：会计是一个信息控制系统，它的基本职能主要表现在两个方面，一是它的反映和评价的职能，这一职能主要由财务会计和审计来完成；二是它的监督和控制职能，这一职能主要由管理会计和内部审计来完成。因此，我们认识会计必须从一个更全面的角度来认识，会计既不是单一的财务会计，也不是单一的管理会计，它是由财务会计、管理会计、审计和内部审计与内部控制共同组成的一个集合体（图1-3）。当然，会计是一个发展的概念，随着公司对会计提出新的要求，会计将会产生新的功能以适应公司发展的需要，这时会计可能又会产生新的分支。

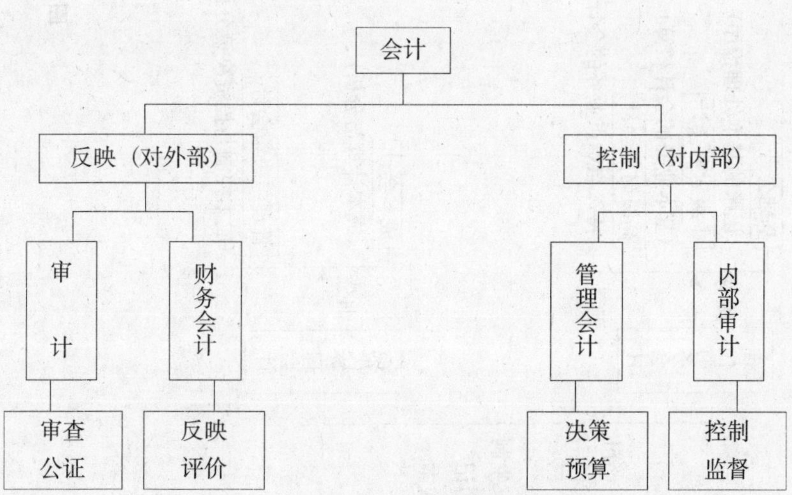

图1-3　会计——一个信息控制系统

三、会计的学科体系

认识了现代会计的基本内涵，现代会计的学科体系的构建逻辑也就明晰了。图 1－4 是现代会计学科体系（主要为会计专业核心课程）的一个基本框架图。

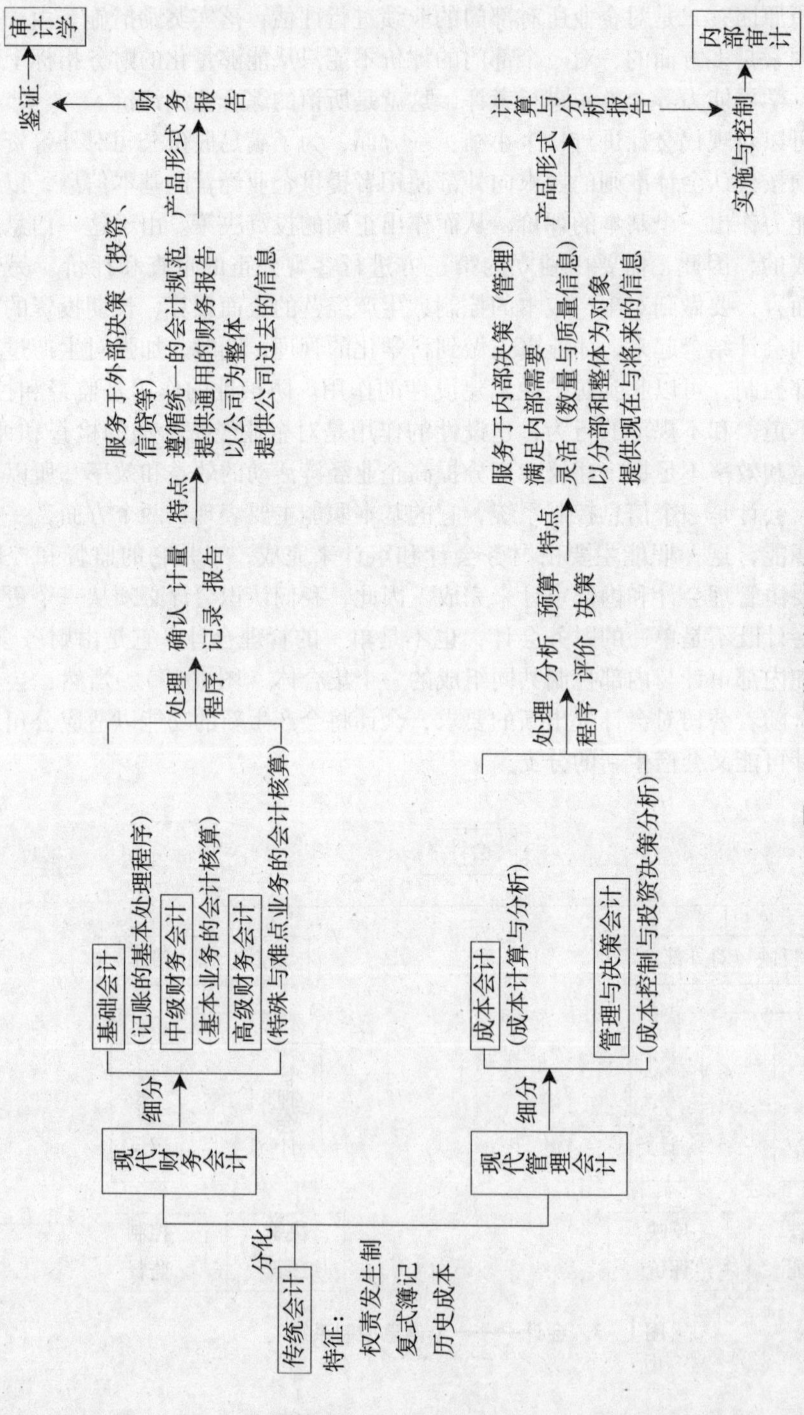

图 1－4 现代会计学科体系

在图1－4中，我们可以发现，财务会计和管理会计在核算程序、核算特点和产品形式，包括提供的对象、产品加工要求上都存在很大差异。至于审计和内部审计的结构和特点，我们不再进一步讨论了，请同学们在以后的学习中自己归纳。要说明的是，在会计活动中，财务活动（包括筹资、投资等）是其中一个重要的组成部分，这些内容是由“财务学”来讲解的（也可分为初级、中级和高级三个层次）。另外，财务会计（包括中级和高级财务会计）都是针对一般工商企业，一些特殊行业的会计处理如银行、保险、农业、石油等，需要在专门的课程（即专业选修课程）中去学习。最后要指出的是，会计已经由手工转向计算机处理阶段（包括计算机会计和计算机审计甚至更高级的信息管理系统），对于这些工具的掌握是必不可少的，这也是会计专业学习的基本核心课程。因此，财务会计（初、中、高三个层次）、管理会计（含成本会计）、审计学、内部审计、财务学（初、中、高三个层次）以及计算机会计和审计等，组成会计专业的基本专业核心课程。当然，经济学、管理学、税收、法律、商业环境等也是学习会计必不可少的课程。

第二节 会计职业与会计职业道德

“职业是一个人准备以它作为谋生手段以前需要多年学习和训练的一种事业。这个术语……也包含献身于某一目标而不是为了谋生的意思。”① 这段话实际上包括了两层含义：职业是我们谋生的手段；同时，也是我们为此献身的一项事业。当我们选择会计作为与我们终生相伴的职业时，我们应当明确会计（职业）是干什么的。会计作为一个加工信息的职业，更强调诚实和信用，强调坚守一些基本的原则——职业道德。

一、会计职业

在人类社会，人是社会基本的组成细胞。但从社会学的角度，每个人都生活在一定的组织内，如幼儿园、小学、中学、大学、工厂、商场、饭店、宾馆、银行、保险、典当行、证券公司、信托投资公司、基金公司、租赁公司、财务公司、期货公司、会计师事务所、律师事务所、咨询公司、医院、政府机关、图书馆、慈善机构等形形色色的组织。上述组织有不同的分类标准和分类结果，如果按照盈利性这一标准来分，大体可分为两类：一类是单纯以追求利润为目标的，如工厂、商场、饭店、宾馆、银行、保险、典当行、会计师事务所、律师事务所等组织，这些组织也被称为盈利组织或企业；另一类是不以盈利为主要目的但要收取一定费用的组织，如各类学校、医院等组织，或者完全不收费用的如政府机关、图书馆、慈善机构等组织，这一类统称为行政或事业单位，或政府及非盈利组织。会计主要是为这些组织服务的。我们把服务于盈利企业的会计称为企业会计，后者称为政府及非盈利组织会计。另外，我们把会计师事务所这一行业称为公共会计。

1. 企业会计

企业会计是向企业内部和外部提供决策支持的信息控制系统。现代会计主要是针对盈

---

① ［美］劳伦斯·B. 索耶. 现代内部审计实务. 汤云为等译. 北京：中国商业出版社，1990. 15

利企业的经济活动来展开研究的。因此，在会计专业设置的专业课程上，大部分也是与企业会计有关的。

为了明确企业会计的基本工作内容，我们将一个大型公司的财务系统组织结构图勾勒如下（图1－5）。

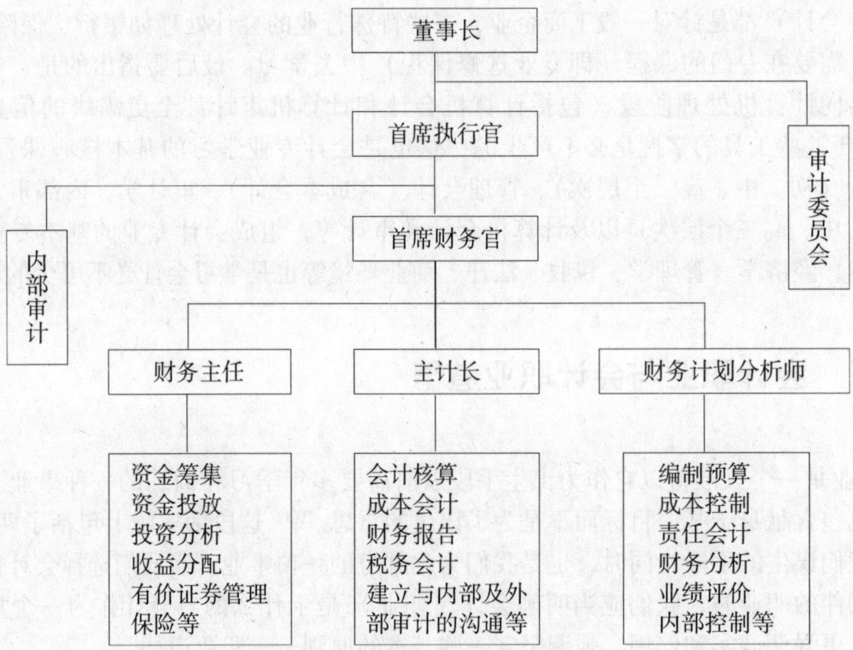

图1－5　大型公司财务系统组织结构图

在图1－5中，我们看到一个大型公司财务系统的最高负责人为首席财务官（CFO），他（她）是接受首席执行官（CEO）的直接领导的。财务系统的工作又分为三块：财务会计、管理会计和财务管理。

第一，财务会计。财务会计是企业财务系统的一项基础工作。这一部门在主计长（或会计科长、会计经理）的组织下，对企业经济活动按财务会计的基本处理程序和规则加工为财务报告，其中包括对生产成本的核算。另外，税务会计是企业财务会计的一项重要工作，企业要缴纳各种税收（包括流转税和企业所得税），税务会计就是根据税法的要求，计算和缴纳企业应缴的各项税收。同时，税务会计人员在不违反税法的情况下，可以进行税务筹划，以降低企业的税收负担。一般而言，企业财务会计部门会设置出纳（收支两条线），各会计核算岗位如固定资产、材料、往来款、销售，税务会计，总账会计，主管会计等。岗位的多少和每个岗位配备人员的多少由企业的规模和需要而定。

第二，管理会计。管理会计是从财务会计中分离出来的。应该说，一个企业越重视管理，管理的水平越高，就越会加强和突出管理会计的工作，因为管理会计是直接为企业内部管理决策服务的。前面我们已经提到会计作为一个控制系统的基本活动过程，实际上这些活动过程就构成了管理会计工作的基本内容。具体来说，管理会计部门从事的工作主要有：编制企业预算（包括企业短期经营计划和中长期资本投资预算），为企业经济活动提供系统的计划；对企业生产成本实施控制，降低企业消耗，节约成本；落实、分解、执行企业预算，落实责任，提高计划的执行力；对企业财务活动进行分析，总结经验，找出问题，提出解决问题的办法；期末对各部门（个人）的成果（从财务、市场、顾客和学习等多方面）进行综合考核与评价，兑现奖励措施，激励全员的士气；与内部审计部门和公司审计委员会一道，建立一套良好的内部控制体系。和财务会计岗位设置有一定规律性不同，管理会计岗位的设置主要看企业的需要，根据自身的特点来设置，具有很大的灵活性。

第三，财务管理。财务管理是整个会计工作的延伸。资金是企业经济活动的血液，一旦企业血液流通不畅，就会危及企业的经营。财务管理就是围绕企业的资金运转展开的，以保证企业资金流动的畅通、高效。具体来讲，财务管理的工作包括：①资金的筹集。通过各种渠道，及时、低成本筹集企业所需资金。②资金投放与投资分析。在周密的可行性分析后，确定资金的投放方向与方式。③在保证投资者利益最大化的前提下，确定利益的分配方式。④对企业的投资品（包括各种有价证券）实施有效的管理。⑤对企业的各种风险进行评估，并有针对性地进行投保和实施风险控制等。

最后，在企业财务系统之外，还会设置一个与会计关系十分密切的内部审计部门。从工作的内容和程序上讲，内部审计与外部审计工作十分接近，内部审计和外部审计都是会计工作的一个必不可少的组成部分。在管理上，内部审计是直接接受首席执行官和审计委员会领导的。内部审计的工作就是会同其他部门为企业建立一套完善的内部控制体系，对企业的经济活动和内部控制制度进行审查和评价。其目的，一是保证企业的资产安全运行，防止出现舞弊和企业资产流失；二是评价企业资产的运行效率，保证企业经济资源的有效利用。

2. 政府及非盈利组织会计

任何一个组织都离不开会计核算。在一个社会中，政府和非盈利的组织如政府机关、图书馆、医院、学校、慈善机构等占很大比重，因此，也需要相当多的会计专业人才到这些部门从事会计工作。

我国的政府及非盈利组织会计可分为三种类型：

第一种类型：财政总预算会计，或称总预算会计。总预算会计是各级政府财政部门核算、反映和控制政府预算执行和财政周转金等各项财政性资金活动的专业会计。它由中央和地方各级政府的财政机关具体实施。我国政府预算是按照统一领导、分级管理的原则进行的，每一级政府都设置相应的总预算，每一级总预算都设置总预算会计。现在，我国政府机构是按中央、省、市、县、乡（镇）5 级来设置的，按一级政府建立一级财政的原则，相应地设置五级总预算会计。

第二种类型：行政单位会计。行政单位是指行使国家权力、管理国家事务、维护社会公共秩序、进行各项行政管理工作的政府机构，其人员列入政府行政编制，所需经费全部由政府预算拨款。行政单位会计就是核算、反映和控制本单位经济业务活动的专业会计。行政单位包括国家各级权力机关，如各级人民代表大会及其所属机构；各级行政机关，如国务院及其所属各部委和各省、市、县、乡的各级人民政府及其所属机构；司法和检察机关，如各级司法部门、法院和检察院。此外，有些单位虽不属于行政单位，如各党派、人民团体，因其人员列入行政编制，经费也由预算拨给，也视同行政单位对待。军队虽然也通过预算拨款解决经费，但因人员不属于行政编制，不划为行政单位，而作为独立的系统。

第三种类型：非盈利组织会计。非盈利组织会计是核算、反映和控制非盈利组织经济活动的专业会计。与盈利企业相比，非盈利组织提供的服务和产品具有公共品和准公共品的特点，即所提供的服务和产品具有很强的正外部性，其生产成本与收益不对称，导致这些组织的生产成本不能完全得到补偿。因此，这些组织，除了收取一定的费用外，政府还通过减免税收、提供补助或通过其他渠道如捐赠使其获得资助，从而使这些组织既能向社会提供具有福利性质的产品或服务，又能长期存在下去。非盈利组织的类型主要有以下几种：一是教育、文化、科学研究机构，包括幼儿园、小学、中学、职业技术学校和高等学院、科学研究部门、博物馆、图书馆、艺术表演机构等；二是健康和福利组织，包括医院、疗养院、福利院、儿童保护组织、红十字会、社会救济机构等；三是慈善机构，包括社区筹资机构、基金会等。另外，还包括有关气象、体育等单位。

在我国，非盈利组织分为公立（国有）和民间两大类。尤其是改革开放后，多种形式的民间非盈利组织不断出现。公立的非盈利组织一般称为事业单位。这样，我国政府及非盈利组织会计也称为政府（总预算）、行政单位、事业单位和民间非盈利组织会计。

3. 公共会计

与上述两种会计职业是为了加工自身企业经济活动的信息不同，会计师事务所（或会计公司）是为其他企业的财务信息提供鉴证、评估和其他相关服务。因此，我们把会计师事务所所从事的相关会计工作称为公共会计。会计师事务所提供的服务主要包括两类：一类是提供鉴证服务，即审计服务，提供审计服务的会计人员称为审计师或注册会计师；另一类是向客户提供非鉴证服务，包括管理咨询服务、税务服务、会计和记账服务、其他咨询服务等。

在会计师事务所从事审计工作，要求审计人员具备很高的执行能力和独立性，因此必须取得执业资格，通过注册会计师考试后方能执业。注册会计师是审计人员从事审计工作的一个执业资格。区分一个审计师的级别，各事务所的方法不同，但大体上可分为助理审计师、审计师、高级审计师，项目经理、高级经理，最后是合伙人（合伙人有时也分等级）。提供其他服务的人员，与此类似。

从事财务会计和审计工作，都要遵循统一的外部规范。财务会计遵循的是公认的会计准则（或会计制度），从事审计工作遵循的是公认的审计准则。从事管理会计和财务管理没有相应的外部规范，但各个企业有自己内部的制度规范。另外，在企业和其他组织从事会计工作的会计人员也要取得相应的上岗资格，即会计证。随着会计工作能力的提高，通过相应考试后，可以取得一系列技术职称，如助理会计师、会计师、高级会计师、正高级会计师。需要说明的是，有些大型企业设置总会计师，这是一个职位而不是技术职称。

二、会计职业道德

综合上面的论述，会计作为一种职业，可以细分为财务会计、管理会计、财务管理、内部审计和审计等。无论哪一种会计职业，一个共同的特点是，会计人员（包括审计人员，下同）熟知企业的经营情况、管理和控制单位的资金和财产运行、为管理层提供决策支持等。如果会计人员的行为没有一定的约束，出现泄露单位商业秘密、私自或合谋侵吞企业财产、不胜任本职工作等，都会给单位带来重大损失。因此，会计人员在工作中除了遵守相应的法律、法规、制度外，还要遵循一定的职业道德规范。

所谓会计职业道德，就是会计人员从事会计、审计工作时所必须遵循的行为准则。由于会计工作分为不同种类，其会计职业的道德规范有所不同。

在我国，财务会计工作人员的道德规范是由《会计法》和《会计基础工作规范》来规定的。《会计法》第39条规定："会计人员应当遵守职业道德，提高业务素质。对会计人员的教育和培训工作应当加强。"《会计基础工作规范》第二章第二节"会计人员职业道德"对会计人员的职业道德进行了比较详细的规定。具体包括：

总体要求（第17条）：会计人员在会计工作中应当遵守职业道德，树立良好的职业品质、严谨的工作作风，严守工作纪律，努力提高工作效率和工作质量。

爱岗敬业（第18条）：会计人员应当热爱本职工作，努力钻研业务，使自己的知识和技能适应所从事工作的要求。

熟悉法规（第19条）：会计人员应当熟悉财经法律、法规、规章和国家统一会计制度，并结合会计工作进行广泛宣传。

依法办事（第20条）：会计人员应当按照会计法律、法规和国家统一会计制度规定的程序和要求进行会计工作，保证所提供的会计信息合法、真实、准确、及时、完整。

客观公正（第21条）：会计人员办理会计事务应当实事求是、客观公正。

搞好服务（第22条）：会计人员应当熟悉本单位的生产经营和业务管理情况，运用掌握的会计信息和会计方法，为改善单位内部管理、提高经济效益服务。

保守秘密（第23条）：会计人员应当保守本单位的商业秘密。除法律规定和单位领导人同意外，不能私自向外界提供或泄露单位的会计信息。

注册会计师作为对外提供鉴证服务的行业，对其职业道德有更高的要求。《注册会计师法》和《注册会计师职业道德基本准则》中有专门的规定。《注册会计师法》第18条规定："注册会计师与委托人有利害关系的，应当回避；委托人有权要求其回避。"第19条规定："注册会计师对在执行业务中知悉的商业秘密，负有保密义务。"《注册会计师职业道德基本准则》对注册会计师从业的职业道德进行了全面系统的规范，包括一般原则、专业胜任能力与技术规范、对客户的责任、对同行的责任、其他责任等方面。其中，一般原则包括"注册会计师应当恪守独立、客观、公正的原则"和"注册会计师执行审计或其他鉴证业务，应当保持形式上和实质上的独立"等。

一般而言，职业道德规范是由行业协会来制定的。我国《注册会计师职业道德基本准则》就是由中国注册会计师协会来制定的。实际上，在国外各会计职业都成立有相应的会计行业协会。以美国为例，财务会计就专门成立有全国会计师协会（NAA）、财务管理有财务经理协会（FEI）、管理会计有管理会计师协会（IMA）、内部审计有内部审计师协会（IIA）、审计师有美国注册会计师协会（AICPA）。职业道德规范与法律不同，它不属于强制性的规定，一般都是由行业协会对会员实施约束，主要强调自律。无论哪个会计职业，归纳起来，职业道德的基本规范不外乎这几点：胜任、廉洁、保密、独立、客观、公正等。

从我们跨入会计职业门槛的第一天起，就要铭记：道德和职业道德是我们做好会计工作的前提，是我们一生的立身之本。在日后的工作中，在遇到两难选择时，一要牢记法律，二要牢记职业道德。

第三节 财务会计的特点与学习方法

一、财务会计的性质与特点

前面两节所涉及的是一个广义的会计学的概念，它包括了财务会计、管理会计、审计、内部审计甚至财务管理。严格来讲，财务管理不属于会计学的范畴。由于基础会计是会计专业的第一门专业课程，我们想让同学们首先对会计建立一个总体的印象。接下来我们的阐述将集中于财务会计这门学科上。

财务会计是对企业经济活动进行加工，从而对外提供财务报告的一个信息处理系统。1494 年，意大利人卢卡斯·帕乔利在其《算术、几何及比例概要》（简称《算术大全》）中，第一次系统地介绍了复式簿记，由此形成了传统的财务会计。传统财务会计的基本特点表现为以权责发生制为基础、以历史成本为计量属性、以复式簿记为记账方法等。20 世纪后，随着公认会计准则的出现，在传统财务会计的基础上，逐步形成了以会计准则为规范、提供通用的财务报告、经过严格的审计、财务报告披露的范围不断扩大的现代财务会计。

总体而言，现代财务会计具有如下一些特点：

（1）是对企业经济业务进行加工的一个信息处理系统。财务会计的一个主要目标就是向外部信息使用者提供企业财务状况、经营成果、权益变动和现金流动的信息，以便这些使用者做出正确的投资决策；同时，也是在股份公司两权分离情况下解除管理层的受托责任。所以把企业的经济业务转换成信息产品（财务报告），就是财务会计的核心工作。

（2）按照会计规范——会计准则或会计制度对企业经济业务进行加工处理。为了使各企业加工出来的信息产品（财务报告）具有可比性，必须要求所有企业在处理同样的经济业务时使用同一种或类似的会计规则。因此，财务会计在加工过程中就要遵循一定的会计规范，其核心就是会计准则。会计规范还包括相应的会计法律、法规、规章和制度。详细的讨论，同学们可以参见《中级财务会计》的有关内容。

（3）主要是对企业已经发生的经济业务进行处理。进入财务会计信息处理系统的必须是企业已经发生的经济业务，财务报告所反映的是企业的事实和结果。与此形成对照的是管理会计，管理会计为了向管理层提供对未来事项决策的依据，必须对诸如中长期投资进行预测、估计和测算。

（4）对外部的使用者提供通用的财务报告。财务会计向外提供的信息——财务报告不管是财务报表的种类、财务报表的格式还是内容，都是通用的。《企业会计准则第 30 号——财务报表列报》规定，企业对外提供的财务报表主要包括资产负债表、利润表、所有者权益变动表、现金流量表和附注。另外，上市公司提供的财务报告的格式和内容要求，则由中国证券监督委员会统一规定。

（5）信息的类型主要为企业经济活动的货币表现形式。财务会计提供的财务报告主要是企业经济活动货币金额，即用货币作为计量单位对企业的经济活动进行计量、记录、分类、汇总和报告。这是财务会计的一个基本特色。

（6）对外提供的具体信息为企业整体的财务状况、经营业绩、权益变动状况和现金流量等信息。财务会计的这一特点体现在两个方面：一方面，财务会计提供的是企业经营活动的整体信息；另一方面，这些信息包括企业的财务状况、经营业绩、权益变动状况和现金流量。

二、如何学好财务会计

财务会计的处理过程是在会计准则或会计制度的规范下进行的。因此，熟练掌握这些规范是学好财务会计的一个关键。2006 年 2 月，财政部颁布新的《企业会计准则》，包括 1 项基本准则和 38 项具体准则，从而形成了一个较为完善的会计规范体系。随后，又配套出台了《企业会计准则——应用指南》和《企业会计准则——讲解》等。由此，企业会计准则成为我国财务会计的基本规范文件。除了基础会计要先掌握会计基本核算程序和方法外，财务会计学的另外两门课程都将围绕讲解企业会计准则的制定背景、理论基础、处理方法、应用要点、国际比较等展开。

全球经济一体化是世界经济发展的潮流。2001 年，中国加入世界贸易组织（WTO）后，中国市场开始全面对外开放，资本国际交流大大增强，经济交流也日益频繁。“中国制造”开始出现在世界各国的市场上，同时，世界各国的产品也进入我们日常生活，包括世界 500 强中的许多公司也在我国落户扎根。各国各民族人民的交流是通过一种共通的语言来进行的，比如英语。而各国各企业间的交流则是通过财务会计信息来进行的，财务会计也被通俗地称为“商业语言”，因此，作为用于国际交往的商业语言的财务会计也必须国际化，以满足国际贸易交往的需要。1973 年，由澳大利亚、加拿大、英国、德国和法国等国发起成立了国际准则委员会（IASC），致力于制定各国公认的国际会计准则（IASs），经过 2001 年的改组后，国际会计准则理事会（IASB）逐步得到各国的认可，其所制定的国际会计准则（IASs）和国际财务报告准则（IFRSs）为越来越多的国家或地区所采纳。我国新颁布的《企业会计准则》全面向国际会计准则趋同就反映了这一趋势。

全球经济一体化给世界经济带来了巨大的冲击。这种冲击体现为：全球经济的竞争越来越激烈；为了取得竞争优势，各国加大对技术的研究与开发，技术的创新和突破日益频繁，知识经济（新经济）成为这个时代经济的最大特点；竞争的加剧和知识经济的出现，使得企业的风险日益凸显，不确定性也更加突出等。这些变化集中在企业经营上就是：企业产品的周期不断缩短；产品中的技术含量加大，产品越来越向知识性、无形化方向发展；产品日益多元化；经营风险不断增加等。对于财务会计人员而言，这既是一种机遇，也是一种挑战。机遇是指，在这个时代，会计人员的地位更重要了，企业价值与风险的评价离不开会计人员；挑战是指，我们在对企业的价值进行评估包括对具体的各项资产、收入等进行确认和计量时，在对每一项经济业务的实质进行认定时，将面临更大的不确定性和风险，对会计人员的能力提出了更高的要求。

学好财务会计，已经不是传统意义上掌握基本记账方法，熟悉会计准则或制度就可以了。在经济全球一体化，竞争日趋激烈的知识经济的时代下，一个合格的财务会计人员的基本能力的培养要从以下几个方面入手：

（1）动手能力。财务会计一个最大的特点是其实用性和操作性。任何一种会计程序、方法和具体处理的掌握都需要通过实际应用来检验，只有在实际中能够正确地运用，才能表明我们实际掌握了某种会计程序、方法和某项具体准则。因此，在财务会计的学习中，我们既要通过自己的学习、老师的授课等多种方式去理解基本的概念、方法和原理，更要注重对这些方法的运用，亲自动手去做练习，在每一个学习要点上都要通过这种方式检验和巩固自己的学习成果。会计是一项十分细致的工作，要求我们具体操作时，要兢兢业业、认认真真。动手能力还表现在对电脑的操作、对相关计算器（如对现值和股票期权价值计算等）的操作和动手搜集相关资料、数据等方面。

（2）职业判断能力。在今天日益复杂的经济环境中，对经济业务实质的判断，在众多的选择和不确定的条件下做出正确的抉择，是会计人员必须面临的一个考验，职业判断能力成为会计人员必须具备的一项基本素质和能力要求。既要知其然，还要知其所以然，这是我们在学习中必须注意的，只有这样，我们才能慢慢养成看清问题实质的能力。职业判断能力的形成，除了具备一定的专业和基础知识并不断地吸收新知识外，作为一个高水平的会计人员，还必须积累丰富的实际经验，对于任何一个会计处理，要学会分析、判断、综合、总结，养成一种良好的思维习惯。通过不断的积累，这种职业判断能力才会形成并得以不断提高。总之，职业判断能力从根本上来说是一种职业培养、职业训练的结果，它要求一个会计人员具备较高的理论素养，在实际工作中不断更新、提高，不断吸收新知识，掌握新情况。职业判断能力只能通过持续的、不间断的培养、训练，不断积累才能养成。虽然在学校我们无法完全形成这种能力，但思维习惯、能力和一些基本素质的建立已经开始。

（3）终生学习能力。这是一个不断变化的时代，有人说，现在唯一不变的就是变化。当同学们毕业后会发现，你们进入社会后，环境变化了，许多会计制度改变了，所学的很多知识没有用了。这里要强调一种基本的观念，学习最重要的是培养一种学习能力，一种终生都能受用的学习能力。正如美国会计教育改革委员会（AECC）在其第 1 号公报《会计教育的目标》中所强调的："学校会计教学的目的不在训练学生在毕业时即成为一个专业人员，而在培养他们未来成为一个专业人员应有的素质。"而且，"会计教育最重要的目标是教导学生独立学习的素质。大学教育应是提供学生终生学习的基础，使他们在毕业后能够以独立自我的精神持续地学习新的知识。因此，终生独立自学能力就成为会计专业人员生存与成功的必备条件"。①

（4）树立基本的职业道德观念。当你选择一种职业与你相伴终生时，一些基本的价值观念的建立是必不可少的。通过建立这些职业价值观念，认识会计职业的要求、作用和意义，珍惜并献身于该项事业、为之精诚工作，为之奋斗一辈子。正确的职业道德观念的

① ［美］里查德·E. 弗拉赫扬. 美国会计教育改革与会计教育委员会. 会计研究，1997（9）

树立，会使我们养成一种良好的心态，平静地对待工作和生活。

三、本书的结构

基础会计学是会计专业课程的入门课程，主要讲述现代会计学的基本概念和框架，重点则是对会计核算的基本程序和方法的讲解，在此基础上再介绍管理会计的基本架构、审计和内部控制的基本概念，使读者在掌握基本会计核算的程序和方法的基础上，对现代会计有个基本的把握。

在对会计的特点和性质有一个初步认识后，我们讲述会计核算的基本程序与方法，主要是复式簿记——借贷记账法的原理与运用。接下来，我们将结合企业组织（独资、合伙、公司）、企业类型（服务业、商业、制造业）和经济业务（购进、生产、销售）进一步讲解会计处理的程序与方法。比如，在讲述货币资产、应收款项时，与销售业务结合起来；讲述成本时，与生产过程、企业的经济活动类型（服务业、商业、制造业）结合起来；讲述权益与投资时，与企业组织（独资、合伙、公司）结合起来。使大家在学会记账的同时，又能将会计信息与企业组织、经济活动类型与经济业务有机联系起来。会计核算的最后，是两张基本报表——资产负债表和利润表的编制，另外对现金流量表的原理也要有一个基本的了解。之后，我们将对管理会计的基本架构作一简单介绍，主要包括管理会计的定义，成本会计的核算方法和管理会计的基本运用如本量利分析、经营预算和资本预算。最后，是对审计和内部控制（包括内部审计）的基本概念的讲解。

总之，通过会计专业入门课程的学习，首先，让大家对所从事专业的性质和地位、工作内容和特点有个基本的把握；其次，对现代会计有一个初步的认识，了解财务会计、管理会计、审计等课程的基本框架和它们之间的相互关系；最后，也是本门课程的重点，要掌握复式记账的基本原理和主要经济业务会计核算的方法，以及企业组织、经济活动类型、经济业务三者与会计核算的有机联系，能够编制简单的资产负债表和利润表，大致了解现金流量表的原理。

本章相关的法规、制度及主要阅读文献

1. 石本仁，谭小平．会计学原理．北京：中国人民大学出版社，2010
2. 中华人民共和国会计法
3. 中华人民共和国注册会计师法
4. 中华人民共和国财政部．会计基础工作规范
5. 中国注册会计师协会．中国注册会计师职业道德基本准则
6. 中华人民共和国财政部．企业会计准则．北京：经济科学出版社，2006

练习题

1. 结合你所学的历史，谈谈你对影响一个国家成为强国的主要因素的看法。
2. 为何会计的重心是为企业服务的？

3. 如何理解会计是一个发展的概念？

4. 简要归纳会计学科的核心课程及其相互之间的关系。

5. 会计信息的使用者有哪些，他们需要这些信息的用途是什么？

6. 以你自己的生活为例，举出与会计有关的一些事情。

7. 进入本章学习前，你对会计是如何理解的，学完本章后，这种理解发生了哪些变化？

8. 你准备怎样学好财务会计，会有意识地去设计一下学习方法吗？

9. 你是如何认识职业、会计职业和会计职业道德的，你觉得职业道德很重要吗？

10. 你是如何选择会计专业的，是家庭的选择还是你自己主动选择的，你对这个职业感兴趣吗？是哪些因素最终导致你选择会计这个专业，你对进入这个职业做好准备了吗？

11. 请上网搜索我国目前的会计人员和审计人员（注册会计师）的人数。

案例分析

小张是会计系一年级的新生，学习了一个学期后，假期乘火车回家和家人团聚过春节。

小张是家里的独生子。年初二，爸爸、妈妈、爷爷、奶奶、外公、外婆、姨夫、姨妈和表妹，大家在一起天南地北，七嘴八舌，拉着家常。话题突然转到小张的身上，大家对小张的学校生活情况，特别是学习情况（尤其是专业情况）询问了很多。虽然专业课还没有开设，但入学第一周系主任曾对专业作过一个系统的介绍，加上和师兄、师姐的接触，以及自己看了一些相关书籍、听了一些讲座，小张根据自己的理解作了一些回答。有些问题实在回答不了的，答应以后来解释。

以下是他（她）们的对话：

“你在学校都要学哪些课程？要学的东西多吧？”

小张：“我们的课程主要分公共基础课、学科基础课、专业基础课、专业必修课、专业选修课和公共选修课。现在学校采取学分制，四年内必须修满规定的学分才能毕业。”

“会计专业是干什么的，不就是算算账吗？还用学四年，两年就足够了。”说这话的是小张的表妹。

小张：“我原来也这么想，入学第一周系主任进行专业介绍后，对我触动很大。原来会计在市场经济中有很高的地位，在经济发达国家，会计师、律师和建筑师是很受社会尊重的职业，收入也不低，竞争非常激烈。现在我国沿海和经济发展好的地区，会计岗位的收入都很好，进我们学校会计系的学生都是高考中的佼佼者。”

“我一直弄不清楚会计师、注册会计师、高级会计师、审计师、会计员的区别，听说做会计还要考上岗证。”

小张：“这些区别我现在也不是太清楚。我们大学会计本科专业毕业，好像不用再考证。”

姨夫是一家上市公司的中层管理者，他问小张：“我们公司每年都请国内的会计师事务所进行审计，听说外资公司或在香港上市的大公司都请国外的四大会计公司进行审计，事务所和会计公司一样吗？”

小张："事务所是合伙企业，负无限责任，规模要小些。会计公司是公司制，负有限责任，所以四大会计公司的规模都很大，像普华永道、毕马威。"

"我以前看一篇报道，说一家公司的老总挪用公司资金，后来连财务经理也被抓了。做财务是不是风险很大？"

小张："是这样的，会计既算账又管财，特别是现金和银行存款，如果不加强自身法律知识和道德修养，是比较容易出问题的，所以我们的专业课中有很多法律课程和专门的会计职业道德课程。这也是系主任在专业介绍中重点强调了的。"

"现在很多英文的缩写，我们看不懂，什么 CPA、CEO、CFO、CTO、COO、WTO……太多了。"

小张："CPA 就是注册会计师，CEO 是总经理，CFO 是财务经理，WTO 是世界贸易组织，其他我就不太清楚了。"

"经常听说考 CPA，我们一个同事的女儿在大学是学历史的，也考 CPA，考 CPA 有什么用？"

小张："在会计师事务所工作，就必须通过 CPA 的考试。"

"但很多人并不在会计师事务所工作，为什么也去考？据说通过这个考试是很难的。"

小张："这个问题我现在回答不了。我的很多师兄、师姐在毕业前都去参加 CPA 的考试，一次全部（五科：会计、审计、财务管理、税法、经济法）通过的很少。"

"你会参加这个考试吗？"

小张："听我们系主任讲，如果计划念硕士研究生或者博士研究生，今后从事研究工作，就没有必要考。我现在还没想好做什么。"

"你总说会计很重要，会计除了算算账，还能干什么？"表妹不依不饶。

小张一时语塞，这还真是一句话回答不了的问题。

"算了，你这丫头，让你哥休息一会，我们马上吃饭了。"奶奶给小张打了个圆场。

问题：

1. 上述案例中，小张的回答准确吗？如果不准确，正确的说法是什么？
2. 对小张没有回答的问题请试着给出一个答案。

第二章 账户与复式记账

导言

小文与小宁是两个很有想法的人，他们是很要好的朋友。小文大学毕业后，看到电脑的普及以及人们对电脑维护的大量需求，打算自己开办一个电脑诊所，主要为人们提供电脑软硬件方面的咨询和维修服务，兼为客户拼装电脑和零售正版软件，小宁很喜欢花草，打算开一家花店，在店面和网上零售各类鲜花、盆花，并为爱花者提供花卉知识的咨询服务。

他们在一起谈论自己的设想，讨论创业过程中可能遇到的问题。他们对自己的专业技术很有信心，但怎么管理好企业的财务却是他们觉得棘手的问题。管钱、管账、纳税等工作，也需要相应的技术和头脑。

他们咨询了从事财务工作的邻居老李。老李建议他们了解一些基础会计学方面的知识，并告诉他们，会计是一门商业语言，正如大家使用汉语、英语等语言进行交流一样，企业在经营过程中，其与外部环境之间、内部各环节之间也需要交流，通用的语言就是会计。会计工作能够帮助他们及时系统地了解企业的经营情况。

小文和小宁在工商行政管理部门注册登记后，取得了营业执照，还进行了税务登记。他们的企业在同一天开张了。

小文在电脑城租了一个摊位，交了3个月的租金。在电脑诊所里，配置了两台电脑，一台是新买的，一台是原来在家里自己用的，用于帮助客户测试电脑。此外，还从供货商处赊购了部分主要电脑硬件和软件，安装了一部电话机，以便与客户联系。

小宁的花店开在其所住的小区，房子是楼盘的底层，小宁已经买下了产权。店内可以上网，也安装了一部电话机。小宁批发了不少盆花、包装纸、丝带。每日从花卉市场批发鲜花。

他们共同请老李帮忙记账。1个月过去后，他们很想清楚地了解自己的经营情况。小文和小宁向老李问了很多问题。

小文问：从供货商赊购来的电脑软硬件是属于我的吗？3个月的租金数额很高，开张第一个月一定亏了不少吧？

小宁问：一些客户电话订购了鲜花，还没有付款给我，我是赚了还是赔了呢？

老李耐心地给他们解释了会计要素的概念，以及企业开头一个月的财务状况和经营结果。

小文发现第一个月的经营比预期的好，因为费用并没有想象的那么多。房租和使用电脑的费用不等于付出的数额……

小宁每天从批发来的鲜花中挑出一些，装点自己的家，告诉老李将这些支出记到账上。小宁发现虽然第二个月还在使用开业时买的包装纸和丝带，可是第二个月的账上已经不计这些费用了……

老李告诉他们，会计工作是有原则可循的。

小文和小宁觉得会计并非简单的记和算，决定向老李系统学习一些基本的记账技术，认真了解账簿数字中的来龙去脉，为今后管好企业打基础。

老李告诉他们，记账前首先要为企业设账。比如，小文的电脑诊所应该设置现金、银行存款、物料用品、预付租金、电脑设备、维修收入、安装收入、物料费用、租金费用等账户。小宁的花店应该设置现金、银行存款、花卉存货、盆花和鲜花销售收入、咨询收入、电话费、水电费等账户。

老李接着讲解了设账后的工作，就是应学会借贷记账方法。小文和小宁不解地问老李，记账法中的“借”和“贷”的含义就是借款和贷款吗？

老李认真地向他们讲解了借贷记账法。①

本章结构

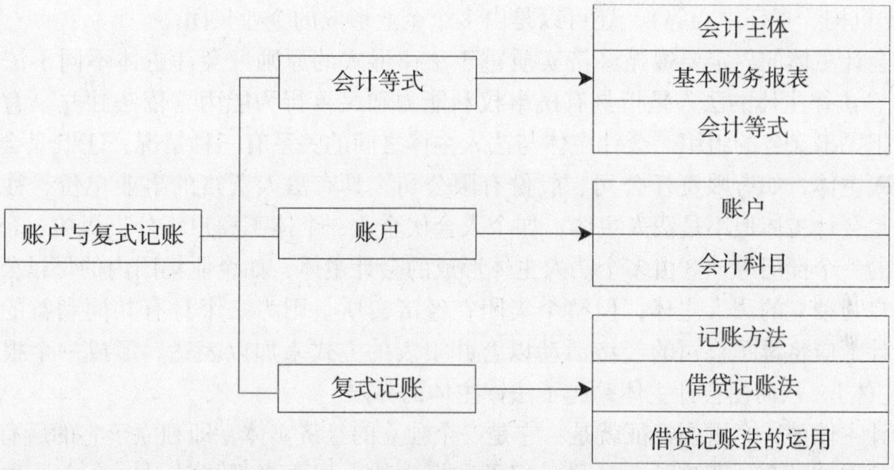

本章要点

- 理解会计主体
- 理解基本财务报表及其构成
- 掌握会计等式
- 理解货币计量
- 掌握账户与会计科目的关系
- 理解复式记账
- 掌握借贷记账法

① 王秀丽，赵旸．初级财务会计．北京：中信出版社，2006

财务会计是一个信息系统，基本过程包括确认、计量、记录和报告，最终以财务报告（核心为财务报表）的形式对外揭示企业的财务状况、经营成果和现金流量等信息。为了加工财务报表，必须对企业的经济业务进行确认、计量和记录，通俗地讲，就是“记账”。因此，学习财务会计，我们首先要掌握记账的基本概念、原理和流程。本章我们主要围绕这个主题展开，如记谁的账——会计主体，账记在什么地方——账户，以什么方法记账——复式记账等。记账的具体程序将在下两章进行阐述。

第一节　会计等式

一、会计主体

会计主体是指会计服务的特定经济实体，它为会计人员对经济活动进行会计确认、计量和记录以及编制财务报表等会计工作界定了空间范围。作为经济实体的会计主体可以是一个企业、一个行政事业单位、一个组织，也可以是一个企业或一个单位的特定组成部分（如分支机构、责任中心等），还可以是由多个企业形成的企业集团。

对会计主体的界定要遵循经济实质重于法律形式的原则。会计主体不同于法律主体（法人），法律主体的法人是指具有民事权利能力和民事行为能力，依法独立享有民事权利和承担民事义务的组织。会计主体与法人主体之间的关系有三种情况：①既是会计主体又是法人主体，如有限责任公司、股份有限公司、具有法人资格的事业单位、社会团体等；②是会计主体但不是法人主体，如个人合伙企业、个体工商户、分支机构、企业内独立核算的一个部门等；③由多个法人主体形成的会计主体，如企业集团内的母子公司在法律上各自为独立的法人主体，但整个集团在经济实质上则为一个具有共同利益的经济实体，会计上应将母子公司的经济活动以合并报表的方式来加以表达，形成一个报告主体（会计主体），从而使会计主体跨越了法律主体的界限。

会计主体的一个重要特征就是：它是一个独立的经济实体，即独立于它的所有者和其他的会计主体。会计所确认、计量、记录和报告的一切要素都是针对一个会计主体而言的，而不是所有者或其他主体（单位）的信息。例如，李明决定开办一家修鞋店，他将其全部积蓄3 000元中的2 500元投入到修鞋店。从会计的角度来看，修鞋店就是一个会计主体。修鞋店2 500元的现金就是修鞋店所拥有的资产，而这2 500元现金是所有者李明对修鞋店的投入资本，投入这2 500元的目的在于通过有效经营赚取收入，显然，李明拥有对这2 500元资产的要求权，会计上称之为“所有者权益”。如果李明后来决定不开办此修鞋店，则修鞋店必须将这2 500元“偿还”给李明。而从所有者李明的角度来看，开办修鞋店后，李明的资金就只有500元了，但拥有修鞋店2 500元的权益。

二、基本财务报表

财务会计的主要目标是向会计信息使用者提供有助于经济决策的信息。会计信息的使用者主要包括投资者、债权人、企业、政府、财务分析师、潜在投资者等。按照美国FASB第1号概念公告的说明，企业财务会计所生成的信息，最终是由以“财务报表”

（financial statements）为核心的“财务报告”（financial report）作为传输手段，提供给投资人、债权人和其他类似使用者使用。财务报表是财务报告的中心部分，是向外界传递会计信息的主要手段，同时也是会计人员的最终劳动成果。在对外的通用财务报告中，财务报表是一个会计主体所有已发生的交易或事项，按照会计准则确认为资产、负债、所有者权益、收入、费用等要素，在可靠计量和正确记录的基础上，再次确认为报表项目而形成的书面文件，它反映会计主体某个时点的财务状况（资产负债表，balance sheet），或某一期间的经营和财务业绩（利润表，income statement），或某一期间的现金流量（现金流量表，cash flow statement）。一个会计主体最基本的财务报表是资产负债表和利润表。

（一）资产负债表

资产负债表是反映会计主体在某一特定时日的财务状况，也就是其资产、负债和所有者权益状况的报表。资产负债表就像我们生活中所拍的一张“快照”，把会计主体在不断发生变化的、动态的财务状况冻结在某一时日，浓缩在一张静止的报表之中。反映财务状况的组成要素是资产、负债和所有者权益，这三大要素构成了资产负债表的主要内容框架。

1. 资产

资产是指企业过去的交易、事项形成的，由企业拥有或控制的，预期会给企业带来经济利益的经济资源。它包括各种财产、债权和其他权利。企业的资产按流动性可分为流动资产和非流动资产两大类。在资产负债表中也应分流动资产与非流动资产两组分别进行列报，且资产负债表中的资产类至少应当包括流动资产与非流动资产的合计项目。流动资产一般是指在1年或超过1年的一个营业周期内可以变现或被耗用的资产。满足下列条件之一的资产就应归类为流动资产：①预计在一个正常营业周期中变现、出售或耗用；②主要为交易目的而持有；③预计在资产负债表日起1年内（含1年）变现；④自资产负债表日起1年内，交换其他资产或清偿负债的能力不受限制的现金或现金等价物。现金、银行存款、应收账款、预收账款、其他应收款、存货等都属于流动资产。非流动资产是指流动资产以外的资产，具有以下几个特点：①使用年限在1年以上；②企业拥有此资产的目的是企业自身使用而不是出售；③通过对它的使用能直接或间接地给企业带来经济利益。固定资产、长期投资、无形资产等都属于非流动资产。固定资产是指使用年限在1年以上，单位价值在规定标准以上，并在使用过程中保持其原有实物形态的资产，如房屋及建筑物、机器设备、运输设备等。无形资产是指没有实物形态而可供企业长期使用的资产，如专利权、非专利技术、商标权、著作权、土地使用权等。

2. 负债

负债是指过去的交易或事项形成的，预期会导致经济利益流出企业的现时义务。按照流动性，负债可分为流动负债和非流动负债。所有负债，根据其流动性逐项单独列示于资产负债表之中，且资产负债表中的负债类至少应当包括流动负债、非流动负债和负债的合计项目。流动负债是指在1年或超过1年的一个营业周期内必须偿还的债务。满足下列条件之一的负债应当归类为流动负债：①预计在一个正常营业周期中清偿；②主要为交易目的而持有；③自资产负债表日起1年内到期应予以清偿；④企业无权自主地将清偿推迟至资产负债表日后1年以上的。短期借款、应付账款、应付职工薪酬、预收账款、应交税费、其他应付款等都属于流动负债。流动负债以外的负债为非流动负债，如长期借款、应付债券、长期应付款等。

3. 所有者权益

所有者权益是指在企业资产扣除负债后由所有者享有的剩余权益，其金额为资产减去负债后的余额，又称为净资产。所有者权益的来源包括所有者直接投入的资本、直接计入所有者权益的利得和损失、留存收益等。具体分为实收资本（或股本）、资本公积、盈余公积和未分配利润等列示于资产负债表。

所有者权益和负债都属于权益，都可看成是企业的债务，但所有者权益与负债有着本质的区别。所有者所投入企业的资财，一般企业可长期使用，无支付使用费的法定义务，并且所有者有权参与企业的经营管理；而负债是企业对内和对外所承担的经济责任，有使用期限，到期企业必须偿还，同时还需支付有关费用，如借款的利息费用等。另外，所有者可以参与企业的利润分配，拥有企业的剩余索取权，而债权人则无此项权利，只能按照预先约定的条件取得固定的利息收入。

（二）利润表

利润表是总括反映企业在一定期间经营成果的财务报表。反映企业经营成果的要素为收入、费用和利润，这三大要素构成了利润表的主要内容框架。

1. 收入

收入是指企业在日常活动中形成的，会导致所有者权益增加的，与所有者投入资本无关的经济利益的总流入。主要包括主营业务收入、其他业务收入和营业外收入。主营业务收入是指企业销售商品、提供劳务等主营业务所实现的收入；其他业务收入是指除主营业务活动以外的其他经营活动实现的收入，包括出租固定资产、出租无形资产、出租包装物和商品、销售材料、用材料进行非货币性交换或债务重组等实现的收入；营业外收入主要是指非流动资产处置利得、非货币性资产交换利得、债务重组利得、政府补助、盘盈利得和捐赠利得等。收入能导致企业所有者权益的增加，具体可能表现为企业资产的增加，如增加银行存款、应收账款等；也可能表现为企业负债的减少；或两者兼而有之，如商品销售货款部分抵偿债务，部分收取现金。

2. 费用

费用是指企业日常活动中发生的，会导致所有者权益减少的，与向所有者分配利润无关的经济利益的总流出。与收入会增加企业所有者权益相反，费用最终会减少企业的所有者权益，具体表现为资产的减少或负债的增加。费用中能对象化的部分就是成本。企业为生产产品、提供劳务而发生的各种耗费，如直接原材料、直接人工和制造费用等就应归为产品成本或劳务成本；不能予以对象化的费用则归为期间费用，如管理费用、财务费用和营业费用等，并于发生当期直接计入当期损益。

3. 利润

利润是指企业在一定会计期间的经营成果，也就是收入与费用配比、相抵后的差额，它反映了企业最终的经营成果，包括收入减去费用后的净额、直接计入当期利润的利得和损失等。

以上反映企业财务状况、构成资产负债表主要内容框架的三大要素与反映企业经营成果、构成利润表主要内容框架的三大要素，共同构成了《企业会计准则——基本准则》中所规定的六大会计要素。会计要素就是根据交易或事项的经济特征所确定的财务会计对象的基本分类，按照其性质分为资产、负债、所有者权益、收入、费用和利润。这些要素之间存在着密切的联系，会计等式揭示了这些要素之间的关系。

三、会计等式（accounting equation）

（一）会计等式概述

会计等式是指表明各会计要素之间基本关系的恒等式。企业要进行生产经营活动，必须拥有一定数量的资产。一方面，这些资产分布在经济活动的各个方面，表现为不同的占用形态，如货币资金、原材料、房屋建筑物等。另一方面，这些资产均有其来源，企业资产的来源最初只有两个：一是由企业所有者提供的经济资源；二是由企业债权人提供的经济资源。投资者（所有者和债权人）向企业投入经济资源不可能是无偿的，其代价就是对企业的资产享有一定的要求权，这种对资产的要求权，会计上称为“权益”。然而，债权人与所有者对企业资产的要求权是不一致的，会计上将债权人对企业资产的要求权称为负债（债权人权益），所有者对企业资产的要求权则被称为所有者权益。

资产和权益之间存在着相互依存的关系，二者是不可分割的。没有无权益的资产，也没有无资产的权益。从数量上来看，企业资产的总额必然等于权益的总额。因为资产反映的是企业拥有什么样的经济资源和拥有多少经济资源，权益则表明企业这些经济资源的来源渠道，资产和权益是同一事物的两个不同侧面而已。资产与权益之间的这种关系用公式表示如下：

资产＝权益

或

资产＝负债＋所有者权益 (1)

这就是会计等式，又称为会计平衡公式。它是会计核算中设置账户、进行复式记账和编制财务报表的理论依据，是会计核算方法的基础。下面举例说明会计等式的运用。

例2－1：李明于7月1日投资2 500元开办一家修鞋店。此时会计等式表示如下：

资产	＝负债	＋所有者权益
现金2 500元	0	2 500元（最初的投资）
资产（2 500元）	＝负债（0） ＋	所有者权益（2 500）

例2－2：承上例。7月3日，李明从市场购买了一个铺面，共1 800元，然后又从市场购买了一台修鞋设备500元和一些修鞋用材料200元。为保证修鞋店有一定的预防支

出，于是向其好友张明借款300元，期限为3个月（不考虑利息）。此时会计等式表示如下：

资产	=负债	+所有者权益
固定资产——铺面1 800元	300元	2 500元（最初的投资）
固定资产——设备500元		
存货——材料200元		
现金300元		

资产（1 800+500+200+300）=负债（300）+ 所有者权益（2 500）

例2-3：自开张以来，李明的修理业务很红火。截至7月31日，李明共获得了900元的修理收入，修理材料也全部用完。此时的会计等式如下：

资产	=负债	+所有者权益
固定资产——铺面1 800元	300元	2 500元（最初投资）
固定资产——设备500元		
现金1 200元（300+900）		700元（留存利润）

资产（1 800+500+1 200）=负债（300）+所有者权益（2 500+700）

李明获得了900元的现金收入，而修理材料的成本为200元（在此暂不考虑设备的损耗），我们可知李明赚得700元（900-200）的利润。利润是属于企业的所有者，在此例中则属于李明，如果所有者不将其进行分配，则所赚得的利润就留存在企业（称为留存利润），增加所有者的权益。

例2-4：承上例。李明将所获取的700元利润中的100元分配给自己（所有者）。此时会计等式表示如下：

资产	=负债	+所有者权益
固定资产——铺面1 800元	300元	2 500元（最初投资）
固定资产——设备（500元）		
现金1 100元（1 200-100）		600元（留存收益）

资产（1 800+500+1 100）=负债（300）+ 所有者权益（2 500+600）

由于向所有者分配了100元的利润，留存利润则为600元（700-100），企业的所有者权益减少了100元，现金资产也减少了100元。

上述实例可帮助我们进一步理解会计等式的基本原理：

（1）企业经营活动所获得的利润或发生的亏损是通过所有者权益进入会计等式的。债权人权益与所有者权益对企业资产的要求权存在本质的区别，债权人的权益是通过合同的安排，是固定的，即到期偿还本金与利息，相对风险较小；所有者对企业资产的要求权则是企业的“剩余收益”权，相对风险较大。企业经营成功，赚得利润，利润属于所有者，“剩余收益”增加；反之，若经营失败，发生亏损，损失由所有者承担，“剩余权益”减少。利润或亏损进入会计等式的流程如图2-1所示。

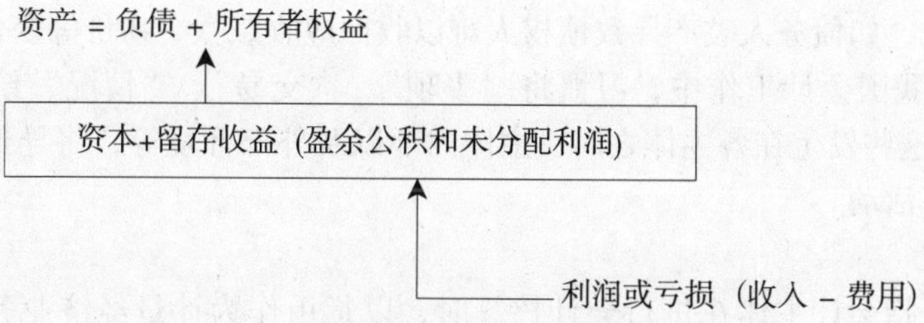

图 2 – 1　利润或亏损进入会计等式的流程图

这里，我们可以推导出会计等式的另一个变体，即：

资产 = 负债十所有者权益 + （收入 – 费用）　　(2)

等式（2）的重要意义在于把企业一定时期的经营结果考虑进去，把资产负债表和利润表的基本要素全部结合起来。它由等式（1）的完全静止状态变为一个动态的等式，反映某一时点企业经过一定时期经营后的财务状况的构成和分布。

由此可见，企业的经营成果（利润或亏损）通过影响所有者权益，最终会影响企业的财务状况，但变化后的资产、负债和所有者权益之间又会产生新的平衡关系。

（2）在任何时点，会计等式都成立。企业一旦开始正常的经营活动，其资产的形态就会不断地发生变化。这时很难区分哪些资产是由债权人的资金形成的，哪些资产是由所有者的资金形成的。尤其是大企业，随着经营的不断进行，要做这样的区分几乎是不可能的。如例 2 – 2 中，我们就有点难以确定，用来购买修理材料的 200 元是全部由所有者投入的还是借入款。但无论资产处于什么样的形态（如现金、固定资产、商品存货等），都有其来源，不是向债权人借入的就是所有者投入的，或是通过经营赚取的。也就是说，总资产与总权益相对应的关系始终不会改变，在任一时点上会计等式都成立。

另外，通过对会计等式“资产 = 负债 + 所有者权益”的重新安排，我们可获得如下等式：

资产 – 负债 = 所有者权益　　(3)

“资产 – 负债”在会计上又称为“净资产”，因此，可通过此等式来计算任一时点所有者权益的数额。

会计等式两边的金额是不断变化的，导致这种变化的是企业纷繁复杂的经济业务。

（二）经济业务对会计等式的影响

1. 经济业务的含义

经济业务是指发生于企业经营过程中，进入会计信息系统的，引起会计要素增减变化的事项、交易或情况。“事项”是某一实体所遇到的结果，通常是指发生在主体内部各部门之间的资源转移，如生产车间领用原材料、设备的消耗等，又称为内部事项。“交易”是指发生在两个（或几个）实体之间的价值转移，又称为外部事项，如购买固定资产、支付款项、取得借款、向另一主体进行投资和捐赠等。“情况”是指一般不会发生，一般不能预料的情景，如债务人破产导致债权人难以收回应收账款、物价等变化对资产或负债产生的影响①。我国会计工作中，习惯将“事项”、“交易”、“情况”统称为“经济业务”，指的就是这些发生在各主体之间、主体内部以及外部环境等，将导致会计要素数量发生变化的经济活动。

2. 货币计量

货币计量是指会计主体在进行会计核算时，以货币作为计量经济业务活动的最佳单位。尽管会计所提供的信息或数据不只限于以货币单位计量，但现有以财务报表为主体的财务报告体系主要包括以货币计量的财务信息。货币计量假设有两个含义：一是假设在诸多计量单位中，货币是计量会计主体经济业务活动及经营结果的最好单位；二是货币的单位价值是不变的。

3. 经济业务对会计等式的影响

由上可知，进入会计信息系统的每一经济业务都会引起会计要素的变化，从而影响到会计等式。企业发生的经济业务错综复杂，但从企业资产和权益的增减变动来看，归纳起来，所有经济业务不外乎以下四种情况（见图2－2）：

（1）引起企业资产和权益（负债或所有者权益）同时等额增加的经济业务。

（2）引起企业资产和权益（负债或所有者权益）同时等额减少的经济业务。

（3）引起企业资产内部有关项目之间此增彼减的经济业务。

（4）引起企业权益内部有关项目之间此增彼减的经济业务。

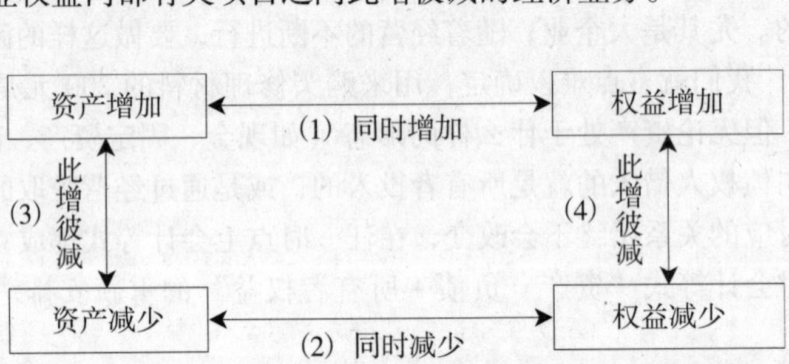

图2－2

由于企业权益由负债和所有者权益构成，企业经济业务在会计实务中表现为表2－1所列的九种形式：

表2－1　　经济业务对会计等式影响

经济业务	资产	=	负债	+	所有者权益
1	增加		增加		
2	增加				增加

① 在美国财务会计准则委员会（FASB）第6号“财务会计概念公告”——“财务报表要素”中，对需要进行会计记录的内容进行了全面讨论，提出了“事项（events）”、“交易（transactions）”和“情况（circumstances）”这三个概念。

（续上表）

经济业务	资产 =	负债 +	所有者权益
3	减少	减少	
4	减少		减少
5	增加，减少		
6		增加，减少	
7		增加	减少
8			增加，减少
9		减少	增加

下面举例说明各类经济业务对会计等式的影响。

例 2－5：珠江修理公司在 2007 年 12 月 31 日的总资产为 100 000 元，负债总额为 40 000 元，所有者权益 60 000 元。2008 年 1 月份发生了下列经济业务：

业务 1：1 月 1 日，收到投资者投入维修设备 1 台，价值 20 000 元。

业务 2：1 月 3 日，取得银行 5 年期借款 30 000 元。

业务 3：1 月 7 日，偿还已到期的长期借款 15 000 元。

业务 4：1 月 8 日，所有者抽回资本 10 000 元，用银行存款支付。

业务 5：1 月 9 日，购买维修用零部件 10 000 元，货款已用银行存款支付。

业务 6：1 月 10 日，签发商业票据，清偿到期的应付货款 8 000 元。

业务 7：1 月 16 日，宣布发放股利 4 000 元。

业务 8：1 月 21 日，将资本公积金 10 000 元转增为资本。

业务 9：1 月 26 日，由所有者直接偿还珠江修理公司到期的 3 年期借款 10 000 元，并将其转为投入资本。

上述业务是怎样影响会计等式的呢？这 9 项业务对会计等式影响的分析如表 2－2：

表 2－2　**各类经济业务对会计等式的影响**　单位：元

经济业务	影响结果			业务类型	
	资产	负债	所有者权益		
12 月 31 日	100 000 =	40 000 +	60 000		
业务 1	+20 000（固定资产）		+20 000（实收资本）	资产增加，所有者权益增加	(1)
新会计等式 1	120 000 =	40 000 +	80 000		
业务 2	+30 000（银行存款）	30 000（长期借款）		资产增加，负债增加	(1)
新会计等式 2	150 000 =	70 000 +	80 000		

（续上表）　　　　　　　　　　　　　　　　　　　　　　　　单位：元

经济业务	影响结果			业务类型	
	资产	负债	所有者权益		
业务 3	－15 000 （银行存款）	－15 000 （长期借款）		资产减少，负债减少	（2）
新会计等式 3	135 000 =	55 000 +	80 000		
业务 4	－10 000 （银行存款）		－10 000 （实收资本）	资产减少，所有者权益减少	（2）
新会计等式 4	125 000 =	55 000 +	70 000		
业务 5	＋10 000 （零部件） －10 000 （银行存款）			一项资产增加，一项资产减少	（3）
新会计等式 5	125 000 =	55 000 +	70 000		
业务 6		＋8 000 （应付票据） －8 000 （应付账款）		一项负债增加，一项负债减少	（4）
新会计等式 6	125 000 =	55 000 +	70 000		
业务 7		＋4 000 （应付股利）	－4 000 （未分配利润）	负债增加，所有者权益减少	（4）
新会计等式 7	125 000 =	59 000 +	66 000		
业务 8			＋10 000 （实收资本） －10 000 （资本公积）	一项所有者权益增加，另一项所有者权益减少	（4）
新会计等式 8	125 000 =	59 000 +	66 000		
业务 9		－10 000 （长期借款）	＋10 000 （实收资本）	负债减少，所有者权益增加	（4）
新会计等式 9	125 000 =	49 000 +	76 000		

从以上列举的四类经济业务可看出：任何一项经济业务的发生都会引起资产、负债和所有者权益的至少两个项目发生增减变动①。凡是只涉及资产或权益内部增减的经济业务，如：第（3）种和第（4）种类型，不会影响会计等式两边的总额；凡涉及资产和权益同增同减的经济业务，如：第（1）种和第（2）种类型，会影响会计等式两边的总额，但等式两边会发生同向同等金额的变动，变动后等式仍成立。由此可见，任何一项经济业

① 同收入、费用有关的经济业务最终通过所有者权益而影响会计等式，收入导致所有者权益的增加，而费用则导致所有者权益的减少。

务的发生，都不会影响资产与权益的相等关系。

（三）资产负债表与利润表的关系

资产负债表是反映会计主体在某一特定时日资产、负债和所有者权益状况的报表，资产、负债和所有者权益这三大要素构成了资产负债表的主要内容框架。利润表是反映企业在一定期间经营成果的财务报表，主要内容框架是收入、费用和利润。这两种基本财务报表之间存在怎样的关系呢？我们先来看业务 10 对会计等式的影响。

例 2－6：承上例。业务 10：珠江修理公司于 2 月 15 日完成一项维修活动，共获得 12 000 元的现金收入，款已存入银行，所耗用零部件的成本为 8 000 元。

从业务 10 可知，珠江修理公司获得了 4 000 元（12 000－8 000）的利润[①]，12 000 元是从事维修活动所获得的收入，8 000 元是进行维修活动所耗用零部件的成本，收入和成本（费用）是利润表的构成要素，反映在利润表中。同时这笔业务又使珠江修理公司增加了 12 000 元的银行存款，减少了 8 000 元的零部件，总资产增加 4 000 元。银行存款和商品属于资产要素，反映在资产负债表之中。通过这笔业务，珠江修理公司获得了 4 000 元利润，根据图 2－1 可知，所获得的利润会通过增加所有者权益 4 000 元而影响会计等式。发生业务 10 后，珠江修理公司的会计等式如下：

	资产＝	负债	＋所有者权益
原会计等式	125 000＝	49 000	76 000
业务 10	＋12 000（银行存款）		＋4 000（利润）
	－8 000（零部件）		（收入 12 000－成本 8 000）
新会计等式 10	129 000＝	49 000	＋80 000

从新会计等式 10 可看出，业务 10 发生后，会计等式仍然成立。同时，会计等式又把资产负债表与利润表紧密地联结在一起，即通过"所有者权益"要素使之联结起来。这是由于利润表中的利润（严格来说，应该是"未分配利润"）属于所有者，最终要作为所有者权益的一个组成部分，从而得以反映在资产负债表之中。有关资产负债表与利润表的编制以及两者之间的关系将在后面章节作更为详细的讲解。

第二节　账　户

一、账户

账记在什么地方以及以什么名目进行登记，是记账要解决的首要问题。本节主要讨论这两个问题——账户和会计科目。

---

① 暂不考虑其他成本。

（一）设置账户的意义

从上一节可知，任何一笔经济业务的发生都会引起相关会计要素的增减变动。然而，企业的经济活动各种各样、错综复杂，会计等式涉及的会计要素又少，根本不能全面反映各种不同类型的经济活动。如从银行提取现金与用银行存款偿还购货款，这两笔业务都表现为一项资产增加、另一项资产减少，可这是两笔完全不同的经济业务，单用会计等式无法反映出它们之间的差别。为了能更全面、系统、连续、综合地反映企业所有经济业务的实质，为会计信息使用者的决策提供有用的经济信息，就必须将会计要素具体化并进一步分类，此方法就称为“设置账户”。

账户就是对会计要素内容进行科学的分类，并给每一类都赋予标准的名称（会计科目）和相应的结构。如从银行提取现金与用银行存款偿还购货款这两笔业务虽然都是一项资产增加、另一项资产减少，可它们涉及的账户就不一样了。从银行存款提取现金涉及的是银行存款和现金两个账户，而用银行存款偿还购货款涉及的是银行存款与应付账款这两个账户。每一账户除了有自己的名称外，还有其特定的结构。同类账户具有相同的结构，不同类账户则具有不同的结构。

（二）账户的基本结构

所谓账户的基本结构是指所发生的经济业务对会计要素在数量上的影响。对于一个会计主体来说，尽管经济业务种类繁多，但从其对会计要素数量的影响方面来看，不外乎两种情况：一是“增加”，二是“减少”。因此账户也相应地分成两个部分——左方和右方，一方登记增加额，另一方登记减少额。至于在左右两方中，哪一方登记增加，哪一方登记减少，则取决于所采用的记账方法和所记录的经济业务的内容。其中，本期增加的金额称为本期增加发生额，本期减少的金额称为本期减少发生额。账户增加方金额与减少方金额相抵后的差额称为余额。余额按其表示的时间不同，分为期初余额和期末余额。这样，账户中所记录的金额就有期初余额、期末余额、本期增加发生额和本期减少发生额四项。这四项金额的基本关系如下：

期末余额＝期初余额十本期增加发生额一本期减少发生额

账户的基本结构如图 2－3 所示：

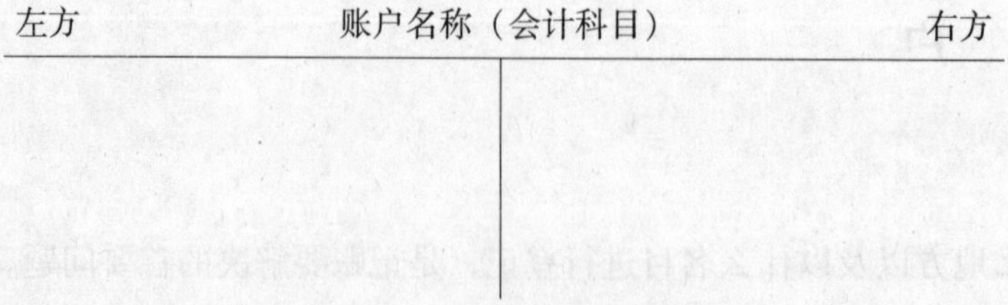

图 2－3　账户的基本结构

图 2－3 所表示的账户结构是账户结构的简化形式。由于它的形状像英文字母“T”，

故在英语系国家被称为 T 形账户。在我国，由于中文“丁”字的形状与其相似，所以我国实务工作中有人称之为“丁”字形账户。这种形式一般多用于教学当中，实务中很少采用这种形式。

实际工作中所运用的账户一般应包括下列内容：①账户名称（会计科目）；②日期和摘要（记录经济业务的日期、概括说明经济业务的内容）；③所依据的记账凭证的编号；④增加额、减少额以及余额。具体格式如表 2－3：

表 2－3　　账户名称（会计科目）

年		凭证编号	摘要	左方	右方	左方或右方	余额
月	日						

在实际的会计处理过程中，对某些账户如原材料、应收账款、应付账款、固定资产等，还需要进一步了解其详细的信息。如原材料，必须知道具体各种材料的种类、数量、单价和金额等信息，管理当局才能进行原材料的优化管理；对应收账款和应付账款，则必须掌握各债务人、债权人所欠的和应付的款项、期限，以便于应收账款与应付账款的管理。为此，对某些账户就需要在原有的账户下再根据其用途和需要具体设置细目。原有的基本账户（直接根据会计科目所设置的账户）称为“总分类账户”（general ledger account）或“一级账户”，简称为“总账户”，而根据用途和需要具体设置的细目则称为“明细账户”。如：

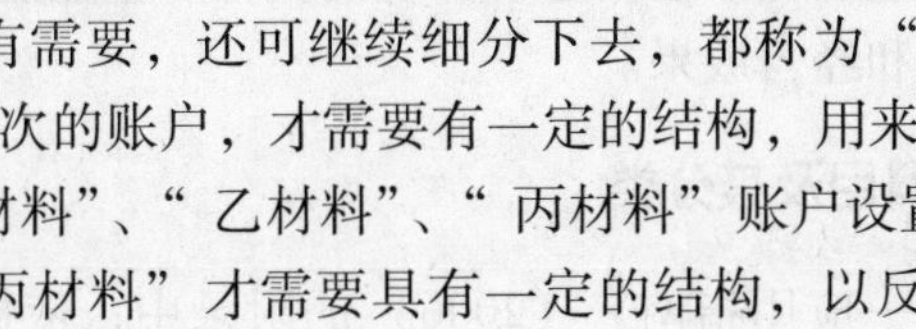

“原材料”账户就是“总账户”，“甲材料”、“乙材料”、“丙材料”称为“明细分类账户”。在实务中，若有需要，还可继续细分下去，都称为“明细分类账户”。一般而言，只有处于结构最低层次的账户，才需要有一定的结构，用来反映具体经济业务的数量增减变化。假定到“甲材料”、“乙材料”、“丙材料”账户设置就完成了，则只有“甲材料”、“乙材料”、“丙材料”才需要具有一定的结构，以反映相应数量的增减变化，“原材料”就不需要有反映数量增减变化的结构了。从数量关系看，“总账户”的借方、贷方发生额合计和期末余额，应当与它所属的全部明细分类账户的借方、贷方发生额合计和余额合计相等。

二、会计科目

（一）会计科目的概念

会计科目是对会计要素的具体内容进行进一步科学分类的项目。会计科目与账户之间既有联系，又有区别。会计科目就是账户的名称，而账户除了名称之外，还有一定的格式和结构；会计科目只能反映会计要素的具体内容，而账户还能反映经济业务所引起会计要素的增减变动及其结果。在会计核算中，会计科目发挥着重要的作用，它是设置账户的依据，也是编制记账凭证和会计报表的基础。

（二）设置会计科目的原则

1. 全面性和互斥性原则

会计科目作为对会计要素的具体内容进行进一步分类的项目，其设置应能够全面、系统、综合地反映企业所有经济业务的实质，不能有任何遗漏。同时，各科目之间在核算的范围和内容上则要互相排斥。各科目核算的内容必须严格、明确地加以界定，每一科目原则上只反映一项经济内容，各科目之间不能互相混淆。要在科学分类的基础上形成有机的整体。

2. 统一性和灵活性原则

此原则是指企业设置会计科目，既要按照我国《企业会计准则》中关于确认、计量和报告的规定，又可在不违反上述规定的前提下，根据本会计主体的实际情况自行增设、分拆、合并会计科目。对于企业不存在的交易或事项，可不设置相关的会计科目。

3. 内外兼顾原则

企业在设置会计科目时，要兼顾对外报告信息和对内经营管理的要求，根据所需要的会计信息详略程度的不同，分设总分类科目和明细分类科目。总分类科目提供总括性信息，满足对外报告的需要；明细分类科目提供更详细、更具体的信息，满足企业内部经营管理的需要。

4. 稳定性和发展性原则

会计科目的设置应该保持相对稳定，以便在一定范围内综合汇总，在不同时期分析对比。同时，会计科目的设置还应该适应经济环境的变化和企业业务发展的要求，以便更准确地反映企业的财务状况和经营成果。

（三）企业常用会计科目及其分类

在《企业会计准则——应用指南》（2006）的附录中，依据《企业会计准则》中确认和计量的规定制定了会计科目的名称、编号和每一会计科目的主要账务处理。所有的会计科目被分为六大类，即资产类、负债类、共同类、所有者权益类、成本类和损益类。会计科目的编号仅供企业填制凭证、登记会计账簿、查阅会计账目、采用会计软件系统参考，企业可结合实际情况自行确定会计科目的编号。资产类科目分为流动资产、长期投资、固定资产、无形资产和其他资产，包括现金、银行存款、固定资产、长期投资、无形资产和长期待摊费用等。负债类科目分为流动负债和长期负债，包括短期借款、应付账款、预提费用、长期应付款和递延税款等。共同类科目主要应用于金融类企业，其特点是需要从其期末余额所在的方向来界定其性质，余额在借方表现为资产；余额在贷方表现为负债，包括清算资金往来、货币兑换、衍生工具、套期工具等。所有者权益类科目包括实收资本、资本公积、盈余公积、本年利润和利润分配等。成本类科目包括生产成本、劳务成本和制造费用。损益类科目包括收入类科目和成本类以外的其他费用类科目。在实际处理过程中，参照我国《企业会计准则——应用指南》(2006)，企业常用的会计科目如表2-4：

表2-4　企业常用会计科目

顺序号	编号	会计科目名称	顺序号	编号	会计科目名称
		一、资产类	46	2232	应付股利
1	1001	库存现金	47	2241	其他应付款
2	1002	银行存款	48	2501	长期借款
3	1012	其他货币资金	49	2502	应付债券
4	1101	交易性金融资产	50	2701	长期应付款
5	1121	应收票据	51	2801	预计负债
6	1122	应收账款	52	2901	递延所得税负债
7	1123	预付账款			三、共同类
8	1131	应收股利	53	3001	清算资金往来
9	1132	应收利息	54	3101	衍生工具
10	1221	其他应收款			四、所有者权益类
11	1231	坏账准备	55	4001	实收资本
12	1401	材料采购	56	4002	资本公积
13	1402	在途物资	57	4101	盈余公积
14	1403	原材料	58	4103	本年利润
15	1404	材料成本差异	59	4104	利润分配
16	1405	库存商品	60	4201	库存股
17	1406	发出商品			五、成本类
18	1411	周转材料	61	5001	生产成本
19	1461	融资租赁资产	62	5101	制造费用
20	1471	存货跌价准备	63	5201	劳务成本
21	1501	持有至到期投资	64	5301	研发支出
22	1503	可供出售金融资产	65	5401	工程施工
23	1511	长期股权投资	66	5402	工程结算
24	1512	长期股权投资准备			六、损益类
25	1531	长期应收款	67	6001	主营业务收入
26	1601	固定资产	68	6011	利息收入
27	1602	累计折旧	69	6021	手续费及佣金收入
28	1603	固定资产减值准备	70	6041	租赁收入

（续上表）

顺序号	编号	会计科目名称	顺序号	编号	会计科目名称
29	1604	在建工程	71	6051	其他业务收入
30	1605	工程物资	72	6061	汇兑收益
31	1606	固定资产清理	73	6101	公允价值变动损益
32	1701	无形资产	74	6111	投资收益
33	1702	累计摊销	75	6301	营业外收入
34	1703	无形资产减值准备	76	6401	营业成本
35	1711	商誉	77	6402	其他业务成本
36	1801	长期待摊费用	78	6403	营业税金及附加
37	1811	递延所得税资产	79	6411	利息支出
38	1901	待处理财产损溢	80	6421	手续费及佣金支出
		二、负债类	81	6601	销售费用
39	2001	短期借款	82	6602	管理费用
40	2201	应付票据	83	6603	财务费用
41	2202	应付账款	84	6701	资产减值损失
42	2203	预收账款	85	6711	营业外支出
43	2211	应付职工薪酬	86	6801	所得税费用
44	2221	应付税费	87	6901	以前年度损益调整
45	2231	应付利息			

第三节　复式记账

一、记账方法

账户是专门用来记录经济业务的工具，而在账户中应如何记录经济业务，则取决于记账方法。记账方法是指在账户中记录经济业务的方式、方法。目前世界各国普遍采用的是“借贷记账法”。实际上，在会计学的发展历程中，记账方法总体上经历了从简单到复杂、从单式到复式、从不完善到完善和科学的发展过程。记账方法可分为单式记账和复式记账两种类型。

单式记账法是指对发生的经济业务一般只在一个账户中进行单方面记录的一种记账方法。单式记账法比较简单，其账簿记录考虑的主要是货币资金和债权、债务的发生情况，一般只设置现金、银行存款、应收账款和应付账款等账户，其余事项则不设置账户进行记录。如用银行存款 5 000 元购买原材料，在记账时，只记银行存款少了 5 000 元，至于原材料增加了 5 000 元则不进行记录。可见，单式记账法的记账手续虽简单，但账户之间不能形成互相对应的关系，难以保证账户记录的正确性，也不能形成一套完整的账户体系。

复式记账法是在单式记账法的基础上演变出来的，是指对每一项经济业务，都以相等的金额，同时在相互对应的两个或两个以上的账户中进行记录的记账方法。如用银行存款购买原材料这笔经济业务发生后，一方面应记录在银行存款账户中，反映银行存款的减少；另一方面还要记录在原材料账户中，反映原材料的增加。通过账户之间的这种对应关系，全面、清晰地反映经济业务的来龙去脉，从而能够了解经济业务的具体内容。同时，由于经济业务发生后，复式记账法是以相等的金额在有关账户中进行记录，因而便于用试算平衡的原理来检查账户记录的正确性。

二、借贷记账法

借贷记账法是指以“借”、“贷”为记账符号的一种复式记账法。借贷记账法产生于12、13世纪资本主义开始萌芽的意大利。1494年，意大利人卢卡·巴乔利在其《算术大全》中第一次系统阐述了借贷记账法。20世纪初，这种记账方法传入我国，是目前世界各国通用的一种记账方法。1992年我国颁布的《企业会计准则》规定，企业会计记账统一采用借贷记账法。借贷记账法的内容包括记账符号、账户结构、记账规则和试算平衡四项。

（一）记账符号

借贷记账法是以“借”（Debit，简写为Dr）、“贷”（Credit，简写为Cr）作为记账符号。“借”、“贷”两字最初是从借贷资本家的角度来解释的，即用来表示债权（应收款）和债务（应付款）的增减变动。借贷资本家把放出的款项称为“借”，表示“人欠”，把吸收的款项称为“贷”，表示“欠人”。随着社会经济的发展，经济业务的内容日趋复杂，“借”、“贷”也就逐渐失去其原有的含义，成为纯粹的记账符号，其意义随账户的性质而异。

（二）账户结构

如上一节所述，每一个账户都有左、右两方。在借贷记账法下，账户的基本结构是左方为借方，右方为贷方。但究竟用哪一方来登记金额的增加，哪一方登记金额的减少，期初或期末余额又在哪一方，则应根据账户所反映的经济内容以及与此相联系的性质而定。

在借贷记账法下，按照账户反映的经济内容设置的账户有六大类：资产类、负债类、所有者权益类、收入类、费用类和利润类。此外，还可设置共同类账户。

1. 资产、负债和所有者权益类账户的结构

反映各项资产的账户称为资产账户，反映负债和所有者权益的账户则分别称为负债类账户和所有者权益类账户。资产类账户的借方（左方）用来登记其增加额，贷方（右方）用来登记其减少额，通常其余额在借方；负债类账户和所有者权益类账户的贷方用来登记其增加额，借方用来登记其减少额，通常余额在贷方。正因为在期末，资产、负债和所有者权益类账户一般都有期末余额，因此又被称为实账户。资产、负债和所有者权益类账户的结构如图2-4所示：

借方　　资产账户	贷方
期初余额	
本期增加额	本期减少额
期末余额	

借方　　负债、所有者权益账户	贷方
	期初余额
本期减少额	本期增加额
	期末余额

注：

资产类账户的期末余额（借方）＝期初余额（借方）＋本期增加额或本期借方发生额－本期减少额或本期贷方发生额

负债、所有者权益类账户期末余额（贷方）＝期初余额（贷方）＋本期增加额或本期贷方发生额－本期减少额或本期借方发生额

图2－4　资产、负债和所有者权益类账户的结构

2. 收入、费用、利润类账户的结构

企业在生产经营过程中会取得各项收入，为取得这些收入又会发生各种费用。当一定时期内收入大于费用时，表明企业的经营成果为利润，反之，则表明企业的经营成果为亏损。为了记录和反映一定时期内企业所获得的收入和发生的费用，完整地反映企业经营的最终结果，需要专门设置收入账户、费用账户和利润账户。

如前，通过分析会计等式可知，企业实现的利润最终归所有者拥有，利润使企业的所有者权益增加。因此，利润账户结构应与所有者权益账户结构相同，即增加额记在贷方，减少额记在借方。利润账户余额可能出现在贷方，也可能出现在借方。如在贷方，表示为企业实现的利润；如在借方，表示为企业发生的亏损。但在年末时，需要将其期末余额转入所有者权益类账户（未分配利润）。从这个意义上来说，它的期末余额在性质上已变成所有者权益，原有意义上的利润类账户则无期末余额。

收入使企业利润增加，同时导致资产和所有者权益的增加，其账户结构也与所有者权益类账户相同。收入的增加额记在贷方，收入的减少额记在借方，期末将净收入（收入账户的贷方发生额减去借方发生额的差额）转入利润账户。经结转后，收入账户一般没有期末余额。

费用使企业利润减少，同时引起资产和所有者权益的减少，其账户结构应与所有者权益账户相反。费用的增加额记在借方，费用的减少额记在贷方，期末将费用账户的借方发生额减去贷方发生额的差额转入利润账户。费用账户一般也没有期末余额。

正因为经结转后，收入和费用类账户一般没有期末余额，因此它们又被称为虚账户。

收入、费用、利润账户的结构如图2－5所示：

借方　　　　收入账户	贷方
本期减少额 或转销额	本期增加额

借方　　　　费用账户	贷方
本期增加额	本期减少额 或转销额

借方　　　　利润账户	贷方
费用转入额（本期减少额）	收入转入额（本期增加额）
	期末余额（转入未分配利润）

图 2－5　收入、费用、利润账户的结构

3. 共同类账户

共同类账户是指具有资产和负债双重性质的账户。这类账户可能出现借方余额，也可能出现贷方余额，但不可能同时出现借方余额和贷方余额。根据期末余额的方向，可确定账户的性质。如果余额在借方，就是资产类账户；如果余额在贷方，就是负债类账户。设置共同类账户，可以减少账户的数量，使账务处理简便灵活。共同类账户的结构如图 2－6 所示：

借方　　　　共同类账户	贷方
期初余额（表示资产） 本期资产增加额 本期负债减少额	期初余额（表示负债） 本期负债增加额 本期资产减少额
期末余额（表示资产）	期末余额（表示负债）

图 2－6　共同类账户的结构

为了便于掌握和使用不同的账户，现将上述各类账户的结构用表 2－5 概括如下：

（三）记账规则

在借贷记账法下，根据复式记账的原理，对发生的每一笔经济业务都以相等的金额、相反的方向，同时在两个或两个以上的相互联系的账户中进行记录，即按照经济业务的内容，一方面记入一个或几个有关账户的借方，另一方面记入一个或几个有关账户的贷方，并且记入借方与记入贷方的金额必须相等。这就是借贷记账法的记账规则，即“有借必有贷，借贷必相等”。

表 2-5　　各类账户的结构

账户类别	借方	贷方	余额
资产类账户	增加	减少	一般在借方
负债、所有者权益类账户	减少	增加	一般在贷方
收入类账户	减少	增加	期末一般无余额
费用类账户	增加	减少	期末一般无余额
利润类账户	减少	增加	实现利润，余额在贷方； 发生亏损，余额在借方。 年末转入所有者权益，无余额

（四）试算平衡

试算平衡是根据会计等式“资产＝负债＋所有者权益”的平衡关系，按照记账规则的要求对本期账户记录进行汇总和比较，以检查和验证账户记录正确性的一种方法。在借贷记账法下，具体方法有余额试算平衡法和发生额试算平衡法两种。前者是以会计等式“资产＝负债＋所有者权益”的平衡关系理论为直接依据，而后者是以记账规则为直接依据的。

1. 余额试算平衡

根据会计等式“资产＝负债＋所有者权益”的平衡关系可知，期末所有资产账户余额的总和与所有权益类（负债和所有者权益）账户余额的总和必定相等。而在借贷记账法下，所有资产账户的余额都在借方，所有权益类（负债和所有者权益）账户的余额都在贷方，因此，全部账户的借方余额合计必等于全部账户贷方余额合计。用公式表示如下：

期末资产总额＝期末负债总额＋期末所有者权益总额

全部账户借方余额合计＝全部账户贷方余额合计

借贷记账法就是利用上述公式对账户余额来进行试算平衡的。

2. 发生额试算平衡

在借贷记账法下，根据其记账规则，对发生的每一笔经济业务必须是“有借必有贷，借贷必相等”。也就是说，每项经济业务发生后，相关账户的借方与贷方（发生额）都被同时、等量地予以记录，因此，将一定时期（如 1 个月、1 个季度或 1 年）内全部经济业务登记入账后，所有账户的本期借方发生额合计与所有账户的本期贷方发生额合计必相等。用公式表示如下：

全部账户本期借方发生额合计＝全部账户本期贷方发生额合计

借贷记账法就是根据上述公式来对账户本期发生额进行试算平衡的。

余额试算平衡和发生额试算平衡都是通过编制试算平衡表来进行的。试算平衡表的格式有两种：一是根据各个账户的本期发生额编制的“总分类账户本期发生额试算平衡表”（如表 2 -6 所示）；二是根据各个账户的期末余额进行编制的“总分类账户期末余额试算平衡表”（如表 2 -7 所示）。在会计实务中，也可将两表合一，通过编制“总分类账户本期发生额及余额试算平衡表”（如表 2 -8 所示）来进行试算平衡。

表 2 -6　　总分类账户本期发生额试算平衡表

账户名称	借方发生额	贷方发生额
合计		

表 2 -7　　总分类账户期末余额试算平衡表

账户名称	借方余额	贷方余额
合计		

表 2 -8　　总分类账户本期发生额及余额试算平衡表

账户名称	期初余额		本期发生额		期末余额	
	借方	贷方	借方	贷方	借方	贷方
合计						

三、借贷记账法的运用

运用借贷记账法登记经济业务时，基本记账步骤如下：

第一，必须明确经济业务发生后受影响账户的名称和类别；

第二，确定这些账户的变动方向，是增加还是减少，以及相应的金额；

第三，根据账户的性质，确定应记入账户的借方还是贷方。现仍以珠江修理公司为例说明怎样运用借贷记账法进行记账。

例2－7：珠江修理公司2007年12月31日各账户的余额如表2－9，2008年1、2月份，珠江修理公司发生例2－5、例2－6所述经济业务。

表2－9　　**珠江修理公司资产负债表**

编制单位：珠江修理公司　　2007年12月31日　　单位：元

资产		负债及所有者权益	
流动资产：		流动负债：	
货币资金	35 000	短期借款	7 000
应收账款	5 000	应付账款	8 000
存货	30 000		
流动资产合计	70 000	流动负债合计	15 000
非流动资产：		非流动负债：	
固定资产	30 000	长期借款	25 000
		非流动负债合计	25 000
		负债合计	40 000
		所有者权益	
		实收资本	30 000
		资本公积	20 000
		盈余公积	5 000
		未分配利润	5 000
非流动资产合计	30 000	所有者权益合计	60 000
资产总计	100 000	负债和所有者权益合计	100 000

注：货币资金中，银行存款为30 000，现金为5 000。

第一步，根据经济业务的性质确定账户名称和账户变动方向，登记入账。

业务1：1月1日，收到投资者投入维修设备1台，价值20 000元。

对这笔业务的分析如下：

受影响的账户	账户类别	变动方向	借方	贷方
固定资产	资产	增加	20 000	
实收资本	所有者权益	增加		20 000

此笔业务可在这两个账户中作如下记录：

固定资产

期初余额	30 000		
①	20 000		

实收资本

		期初余额	30 000
		①	20 000

业务2：1月3日，取得银行5年期借款30 000元。
对这笔业务的分析如下：

受影响的账户	账户类别	变动方向	借方	贷方
银行存款	资产	增加	30 000	
长期借款	负债	增加		30 000

此笔业务可在这两个账户中作如下记录：

银行存款

期初余额	30 000		
②	30 000		

长期借款

		期初余额	25 000
		②	30 000

业务3：1月7日，偿还已到期的长期借款15 000元。
对这笔业务的分析如下：

受影响的账户	账户类别	变动方向	借方	贷方
银行存款	资产	减少		15 000
长期借款	负债	减少	15 000	

此笔业务可在这两个账户中作如下记录：

银行存款

期初余额	30 000	③	15 000
②	30 000		

长期借款

③	15 000	期初余额	25 000
		②	30 000

业务 4：1 月 8 日，所有者抽回资本 10 000 元，用银行存款支付。
对这笔业务的分析如下：

受影响的账户	账户类别	变动方向	借方	贷方
银行存款	资产	减少		10 000
实收资本	所有者权益	减少	10 000	

此笔业务可在这两个账户中作如下记录：

银行存款

期初余额	30 000	③	15 000
②	30 000	④	10 000

实收资本

④	10 000	期初余额	30 000
		①	20 000

业务 5：1 月 9 日，购买维修用零部件 10 000 元，货款已用银行存款支付。

对这笔业务的分析如下：

受影响的账户	账户类别	变动方向	借方	贷方
银行存款	资产	减少		10 000
库存商品	资产	增加	10 000	

此笔业务可在这两个账户中作如下记录：

银行存款

期初余额	30 000	③	15 000
②	30 000	④	10 000
		⑤	10 000

库存商品

期初余额	30 000		
⑤	10 000		

业务 6：1 月 10 日，签发商业票据，清偿到期的应付货款 8 000 元。
对这笔业务的分析如下：

受影响的账户	账户类别	变动方向	借方	贷方
应付账款	负债	减少	8 000	
应付票据	负债	增加		8 000

此笔业务可在这两个账户中作如下记录：

应付账款

		期初余额	8 000
⑥	8 000		

应付票据

		期初余额	0
		⑥	8 000

业务7：1月16日，宣布发放股利4 000元。

对这笔业务的分析如下：

受影响的账户	账户类别	变动方向	借方	贷方
未分配利润	所有者权益	减少	4 000	
应付股利	负债	增加		4 000

此笔业务可在这两个账户中作如下记录：

未分配利润

		期初余额	5 000
⑦	4 000		

应付股利

		期初余额	0
		⑦	4 000

业务8：1月21日，将资本公积金10 000元转增为资本。

对这笔业务的分析如下：

受影响的账户	账户类别	变动方向	借方	贷方
实收资本	所有者权益	增加		10 000
资本公积	所有者权益	减少	10 000	

此笔业务可在这两个账户中作如下记录：

实收资本

		期初余额	30 000
④	10 000	①	20 000
		⑧	10 000

资本公积

		期初余额	20 000
⑧	10 000		

业务9：1月26日，由所有者直接偿还珠江修理公司到期的3年期借款10 000元，并将其转为投入资本。

对这笔业务的分析如下：

受影响的账户	账户类别	变动方向	借方	贷方
实收资本	所有者权益	增加		10 000
长期借款	负债	减少	10 000	

此笔业务可在这两个账户中作如下记录：

实收资本

		期初余额	30 000
④	10 000	①	20 000
		⑧	10 000
		⑨	10 000

长期借款

		期初余额	25 000
③	15 000	②	30 000
⑨	10 000		

业务10：2月15日，完成一项维修活动，共获得12 000元的现金收入，款已存入银行，所耗用零部件的成本为8 000元（本分录涉及的结转和结账的概念在第四章具体讲解）。

对这笔业务的分析如下：

首先，银行存款增加，收入增加。

受影响的账户	账户类别	变动方向	借方	贷方
银行存款	资产	增加	12 000	
主营业务收入	收入	增加		12 000

此笔业务可在这两个账户中作如下记录：

银行存款

期初余额	30 000	③	15 000
②	30 000	④	10 000
⑩a	12 000	⑥	10 000

主营业务收入

		⑩a	12 000

同时，由于使用零部件减少了库存商品，减少的库存商品结转至主营业务成本中。

受影响的账户	账户类别	变动方向	借方	贷方
主营业务成本	成本费用	增加	8 000	
库存商品	资产	减少		8 000

成本结转可在这两个账户中作如下记录：

库存商品

期初余额	30 000	⑩b	8 000
⑤	10 000		

主营业务成本

⑩b	8 000		

另外，主营业务收入与主营业务成本配比形成的利润 4 000 元，直接转入未分配利润账户。

主营业务成本

⑩b	8 000	结账	8 000

主营业务收入

结账	12 000	⑩a	12 000

未分配利润

		期初余额	5 000
⑦	4 000	结账	4 000

第二步，计算各账户本期发生额及期末余额。

1 月 31 日，珠江修理公司各账户本期发生额和期末余额如下：

固定资产

期初余额	30 000		
①	20 000		
本期借方发生额	20 000	本期贷方发生额	0
期末余额	50 000		

银行存款

期初余额	30 000	③	15 000
②	30 000	④	10 000
⑩a	12 000	⑤	10 000
本期借方发生额	42 000	本期贷方发生额	35 000
期末余额	37 000		

库存商品

期初余额	30 000		
⑤	10 000	⑩b	8 000
本期借方发生额	10 000	本期贷方发生额	8 000
期末余额	32 000		

应付账款

		期初余额	8 000
⑥	8 000		
本期借方发生额	8 000	本期贷方发生额	0
		期末余额	0

应付票据

		期初余额	0
		⑥	8 000
本期借方发生额	0	本期贷方发生额	8 000
		期末余额	8 000

应付股利

		期初余额	0
		⑦	4 000
本期借方发生额	0	本期贷方发生额	4 000
		期末余额	4 000

长期借款

		期初余额	25 000
③	15 000	②	30 000
⑨	10 000		
本期借方发生额	25 000	本期贷方发生额	30 000
		期末余额	30 000

未分配利润

		期初余额	5 000
⑦	4 000	结账	4 000
本期借方发生额	4 000	本期贷方发生额	0
		期末余额	5 000

资本公积

		期初余额	20 000
⑧	10 000		
本期借方发生额	10 000	本期贷方发生额	0
		期末余额	10 000

实收资本

		期初余额	30 000
④	10 000	①	20 000
		⑧	10 000
		⑨	10 000
本期借方发生额	10 000	本期贷方发生额	40 000
		期末余额	60 000

现金

期初余额	5 000		
本期借方发生额	0	本期贷方发生额	0
期末余额	5 000		

应收账款

期初余额	5 000		
本期借方发生额	0	本期贷方发生额	0
期末余额	5 000		

短期借款

		期初余额	7 000
本期借方发生额	0	本期贷方发生额	0
		期末余额	7 000

盈余公积

		期初余额	5 000
本期借方发生额	0	本期贷方发生额	0
		期末余额	5 000

第三步，编制试算平衡表（表 2－10）。

表 2－10　　**珠江修理公司试算平衡表**

编制单位：珠江修理公司　　2007 年 12 月 31 日　　单位：元

账户名称	期初余额		本期发生额		期末余额	
	借方	贷方	借方	贷方	借方	贷方
现金	5 000		0	0	5 000	
银行存款	30 000		42 000	35 000	37 000	
应收账款	5 000		0	0	5 000	
库存商品	30 000		10 000	8 000	32 000	
固定资产	30 000		20 000	0	50 000	
短期借款		7 000	0	0		7 000
应付账款		8 000	8 000	0		0
应付票据			0	8 000		8 000
应付股利				4 000		4 000

（续上表）

账户名称	期初余额		本期发生额		期末余额	
	借方	贷方	借方	贷方	借方	贷方
长期借款		25 000	25 000	30 000		30 000
实收资本		30 000	10 000	40 000		60 000
资本公积		20 000	10 000	0		10 000
盈余公积		5 000	0	0		5 000
主营业务收入			12 000	12 000		
主营业务成本			8 000	8 000		
未分配利润		5 000	4 000	4 000		5 000
合计	100 000	100 000	149 000	149 000	129 000	129 000

本章相关的法规、制度及主要阅读文献

1. 张磊．会计学．北京：北京大学出版社，2005
2. 陈信元．会计学．上海：上海财经大学出版社，2005
3. 中华人民共和国民法通则
4. 企业会计准则——基本准则
5. 企业会计准则——应用指南

思考题

一、多选题

1. 会计主体与法律主体存在以下几种关系（　　）。

A. 既是会计主体，又是法律主体　　B. 是法律主体，不是会计主体

C. 是会计主体，不是法律主体　　D. 几个法律主体，一个会计主体

2. 会计信息使用者包括（　　）。

A. 投资者　　B. 债权人　　C. 政府　　D. 企业自身

3. 具有以下特征的资产可归为流动资产（　　）。

A. 预计在一个正常营业周期中变现、出售或耗用

B. 主要为交易目的而持有

C. 预计在资产表日起1年内（含1年）变现

D. 使用流动资金购买

4. 所有者权益包括（　　）。

A. 投资者投入资本　　B. 直接计入所有者权益的利益或损失

C. 盈余公积　　D. 未分配利润

5. 期间费用包括（　　）。

A. 管理费用　　B. 制造费用

C. 财务费用　　D. 公允价值变动损益

6. 经济业务对会计等式的影响存在以下几种情况（　　）。

A. 资产与权益同时增加　　B. 资产与权益同时减少

C. 所有者权益与负债同时增减　　D. 资产之间有增有减

7. 各类账户增减变化的特点有（　　）。

A. 资产的借方与费用的借方表示增加

B. 负债、所有者权益、收入和利润的减少在借方

C. 资产、费用的期末余额在借方

D. 负债、所有者权益、未分配利润的期末余额在贷方

8. 试算平衡主要体现在以下几类平衡关系（　　）。

A. 所有资产的借方余额等于所有资产的贷方余额

B. 所有账户的本期借方发生额等于本期贷方发生额

C. 所有账户的期初借方发生额等于期初贷方发生额

D. 所有账户的期末借方发生额等于期末贷方发生额

二、判断题

1. 企业既是一个经济主体，也是一个法律主体。（　　）

2. 财务报表反映的是一个企业某个时点的财务状况和现金流量，以及某个时期的经营成果。（　　）

3. 资产是指企业过去的交易或事项形成的，由企业拥有并控制的，预期会给企业带来经济利益的经济资源。（　　）

4. 所有者权益又称剩余权益，企业在取得利润后，先支付债务人的利息，剩余为投资者所有，全部以利润分配形式分配给投资者。（　　）

5. 收入既可表现为所有者权益的增加和资产的增加，也可表现为负债的减少和所有者权益的增加。（　　）

6. 成本是对象化的费用，不能对象化的费用为期间费用。（　　）

7. 资产负债表和利润表的联系纽带为未分配利润。（　　）

8. 总分类账户是根据一级会计科目设置的基本账户，它的余额与所属明细分类账的余额总数相等，但方向可能不一致。（　　）

9. 坏账准备属应收账款的抵消科目，属于负债类科目。（　　）

10. 借贷记账法中“借”、“贷”是一种记账符号，“借”表示增加，“贷”表示减少，资产的余额在借方，负债与所有者权益的余额在贷方。（　　）

三、连线题

1.

	应收票据
流动资产	应收账款
	固定资产
非流动资产	存货

	递延所得税资产

2.

	预付账款
资产	固定资产清理
	预收账款
负债	应收账款
	未分配利润
所有者权益	短期借款
	应付职工薪酬

3.

	生产成本
成本	制造费用
	主营业务成本
费用	财务费用
	营业外支出

4.

	用现金购买设备
资产负债同时增加	向银行借款
资产内部有增有减	赊购商品
负债、所有者权益同时减少	支付已宣布发放的股利
	用现金购买股票

5.

	应付债券
流动负债	短期借款
	预计负债
非流动负债	应付股利
	预收款项

四、简答题

1. 简述会计主体与法律主体之间的关系。
2. 什么是会计要素，会计要素的种类主要有哪些以及各要素之间的相互关系是什么？
3. 负债与所有者权益的主要区别是什么？
4. 何谓复式记账，其主要特点是什么？
5. 简述账户的作用、结构与特点。
6. 会计科目的作用是什么，主要有哪几类会计科目？